挺进欧洲的匈奴

从大青山到阿尔卑斯

张金奎　罗三洋　著

中国国际广播出版社

图书在版编目（CIP）数据

挺进欧洲的匈奴——从大青山到阿尔卑斯 / 张金奎，罗三洋著. —北京：
中国国际广播出版社，2021.8
（消失的帝国）
ISBN 978-7-5078-4956-1

Ⅰ.①挺…　　Ⅱ.①张…②罗…　　Ⅲ.①匈奴－民族历史－通俗读物
Ⅳ.①K289-49

中国版本图书馆CIP数据核字（2021）第164025号

挺进欧洲的匈奴——从大青山到阿尔卑斯

著　　者	张金奎　罗三洋	
责任编辑	笑学婧	
校　　对	张　娜	
设　　计	GF Design Studio	

出版发行	中国国际广播出版社有限公司［010-89508207（传真）］
社　　址	北京市丰台区榴乡路88号石榴中心2号楼1701
	邮编：100079
印　　刷	环球东方（北京）印务有限公司

开　　本	710×1000　1/16
字　　数	250千字
印　　张	23.5
版　　次	2021 年 10 月 北京第一版
印　　次	2021 年 10 月 第一次印刷
定　　价	56.00 元

目录

1

找寻两千年前失落的华夏儿女

2004 年年末，2500 多名匈牙利公民向政府提出申请，要求政府承认他们是"匈奴族"。尽管这一要求后来被匈牙利国会人权、民族和宗教事务委员会驳回，但关于匈奴民族是否在欧洲还有后裔存在的话题再一次把人们的视线拉回到 1500 多年前。

460 年，最后一位匈奴政权的国王——北凉国王沮渠安国在西域称王称霸 16 年后被西迁的柔然顺手消灭。从此以后，这个曾经叱咤蒙古草原 700 多年的民族作为一个整体在中国的历史文献中彻底消失了。他们到哪儿去了？真的是完全和汉民族融为一体了吗？还是另外又找到了一块乐土，正在欢乐逍遥呢？

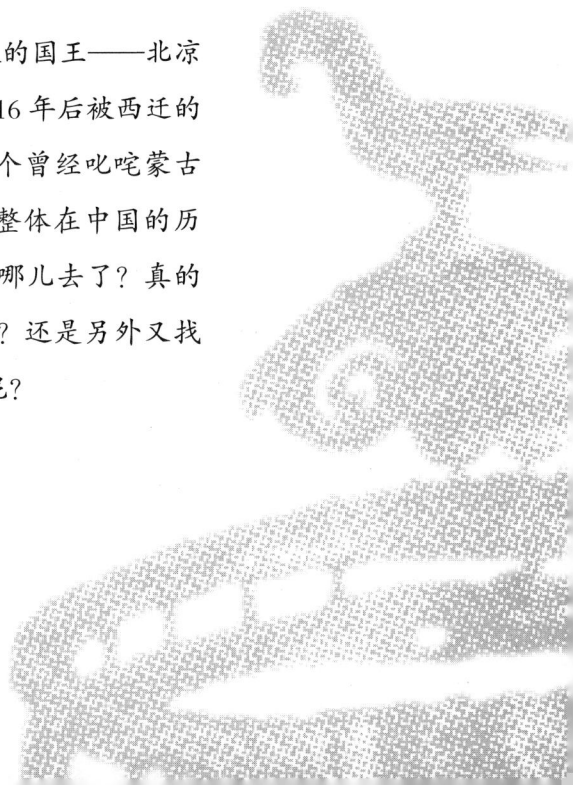

第一章
朔漠黑暴：来自高原的冲击波

大约在公元前 3 世纪，原本默默无闻的匈奴人突然进入华夏人的视野，蒙古高原上发祥出来的一支游牧民族，以异乎寻常的速度开始对东方和西方世界发起猛烈冲击。

匈奴人的出现，是游牧文明对农业文明的第一次深犁。

一、中亚高原：人类文明发展的原动力区

中亚高原的地理、气候特点，构成了它的优势。沿着这条横贯东西的绿色草原地带，向西可以打击欧洲，向东可以直指东北亚，向北可以越过白令海峡进入美洲，向南可以进攻伊朗、印度；东南则对黄河、长江流域构成巨大威胁。在这里的游牧民族往往速兴速亡，在崛起之后就向南或向西掀起黑色风暴，刮起一次次的飓风。这种强迫性的动力，不断地把人类推向更高的境界。

英国学者迈金德为此请求沉迷于"欧洲中心论"的人们"暂时地把欧洲和欧洲的历史看作隶属于亚洲和亚洲的

历史，因为在非常现实的意义上说，欧洲文明是反对亚洲人入侵的长期斗争的结果"。

无边无际的草原，用绿色的舌尖舔吻着蓝天的胸膛。"天苍苍，野茫茫，风吹草低见牛羊"的祥和气氛掩饰不住瑟瑟秋风吹临后的肃杀之气。草原有博大的胸怀，有开阔的视野、温馨的空气、明媚的阳光。当你看到一只雄鹰振奋双翼、搏击长空之时，当你眼前掠过一匹嘶鸣的战马，拖着长长的尾巴消失在绿色和蓝色之间时，你一定会渴望变成一匹烈马，去感受大自然内在的节奏。那是一个令人神往的所在，因为它的勃勃生机；那又是一个令人想仓皇躲避的世界，因为它有暴风骤雪。在漫长严冬有几十度的昼夜温差，因为它满目疮痍。

在亚欧大陆的腹地，大约从东经 30 度到 120 度、北纬 35 度到 50 度之间，从黑海向东，跨过乌拉尔山、帕米尔高原、蒙古高原，一直到大兴安岭，就有这么一块总面积不下千万平方公里的空间，那里自古以来一直是游牧民族的乐土。在这一广阔的地理区域内，由于远离海洋，所以气候非常干燥，降水很少，昼夜温差、季节温差很大，是典型的大陆性气候地带；其环境十分恶劣，森林稀少，基本是干旱的草原。自然条件给在这里生活的人们只提供了一种选择，即必须经常移动，靠一块草地是无法长久活下去的。为了生存，他们逐水草而居，把整个草原当成自己的家，把整个草原作为生存的竞技场。可就是这片乍看起来并不太适合人类生存的区域，恰恰对人类历史的发展发挥了举足轻重的作用。

在亚洲的北部地区，蒙古高原以其平均海拔 1000 米以上的高度显示着它的雄姿。阿勒泰山脉是它的西端，它宛若游龙拥向东南，直到与所谓的戈壁"瀚海"衔接。向东则是杭爱山和肯特山，直至最东端的大兴安岭。与其他中亚腹地地区不同，蒙古高原总体上比较平缓，几座大山也并不陡峭；除了零星点缀着腾格里、巴丹吉林、毛乌素等几片沙漠外，这里分布着大片可供利用的牧场和小片森林。在高原南端，阴山山脉成为天然的屏障。这片相对平缓又封闭的空间给了游牧民族充分活动的场所。这里是游牧民族最活跃的地带，是绝大多数对中国乃至世界产生过强烈影响的马背民族诞生的地方。不论是匈奴、突厥，还是后来的契丹，都曾占据过这块土地，建立起自己的草原帝国。

阴山以南历来是汉民族农耕文化的地盘。不幸的是，糟糕的气候总是给游牧民族带来无尽的灾难，特别是旱灾和白灾（雪灾），对马、牛、羊的生存构成巨大威胁。一旦遭灾，游牧民族只好南下，到定居生活的邻居那里寻求救济。当无际的草原、糟糕的气候造就出的粗犷性格和安土重迁的农耕民族那讲究温良恭俭的柔弱性格相遇时，难免会发生误会和碰撞，加上一些草原统治者的私心杂念，草原政权和中原政权的冲突也就难以避免了。这也是游牧民族向来保持进攻姿态的原因。来自北方的压力，成为中原汉族政权延续了两千多年挥之不去的噩梦。

一般来讲，有着骑射优势的草原民族总会在冲突中讨得便宜。

可风水总归是轮流转的。三十年河东，三十年河西，一旦中原政权强大起来，"扫北"就成了一个必须完成的任务。马背上的民族往往喜欢直来直去，打得过就打，打不过就跑。向东是浩瀚无际的太平洋，骑马是断然游不过去的；向北是西伯利亚的猎猎寒风和漫无边际的原始森林，还不如待在原地；于是，向西成了唯一的选择。因此强盛时向南、衰落时向西成为草原民族迁徙的一条无法回避的历史规律。

由此向西进入中亚，眼前却是另外一番景象。中亚是一片浩瀚无垠的沙漠和草原，它在地理上最显著的特点是几乎完全隔绝了来自海洋的影响，大部分地区异常干燥。沿锡尔河与天山一线，中亚北部地区虽然有部分地区比较干旱，但大部分地区还比较湿润，提供了广袤的牧场供游牧民族生活。天山南部地区却非常干燥，塔克拉玛干沙漠占据了塔里木盆地的绝大部分地区。中亚地区另一显著特点是高山林立，一条东北—西南走向的山链将中亚劈为两半。独特的自然地理条件把中亚大地分割成一些独立的绿洲与谷地，相互间或有终年积雪的高山，或有干旱不毛的沙漠戈壁，穿越起来非常困难。这里的居民只能在分散的小片绿洲上生活。在这些绿洲上建立的国家规模都很小，民族成分相对单一。一旦出现气候异常变化，等待他们的只能是国破家亡。不信你就去看看楼兰，除了留在地面上的一点点遗迹，有价值的东西哪一个不是从沙子底下挖出来的？统治这些绿洲国家的王朝虽然长期内争不断，但王族却很少被替代。它们对外随时准备根据国际形势的变化归降某个大国做附庸，以保存王统，但也随时准备摆脱附庸地位而独立自主。

由于水利技术的熟练应用，这里从很早的时候就有了精耕细作的农业。除了一些富庶城市的诱惑之外，这里对于从蒙古高原败退下来的游牧民族没有什么吸引力。在这些"蕞尔小国"面前，西来的民族无疑是庞然大物。在他们处于低谷时，这里是他们谋求复兴的、优良的后勤补给地，等他们重新强大后，这里狭小的空间就不够他们腾挪辗转了。

在中亚当时的经济条件下，根本无法构建统一的国内市场，中央与地方之间的联系仅仅是建立在军事征服基础上的政治隶属和赋税榨取，而各个基层政权之间则缺乏横向的联系。况且中亚的任何一块大绿洲也都没有能力供养一支足以长期威慑附庸国使之俯首听命的军队。因此，不论是匈奴人、突厥人、阿拉伯人还是蒙古人，都不得不向这严酷的地理和历史条件臣服。他们唯一的选择就是离开，另寻生存空间。

回到蒙古高原不太现实，因为总有后来者占据他们的"故土"。在西域零散的农耕文化熏陶下，他们的骑射技艺在不知不觉中被削弱了不少，回去只会自讨没趣。向南是青藏高原的雪山绝域，羌藏骑士的武功更是不得了，于是他们只好再向西拓展。

幸运的是，造物主在中亚的群山之间留了几条羊肠小道，穿过阿拉套山、穆扎特山口，呈现在骑士脚下的是广袤无边的吉尔吉斯草原和俄罗斯草原，向西一直延伸到了中部欧洲。尽管这里的绿草和呼伦贝尔草原相比实在矮了点，可如此广阔的生存空间对于人口并不很多的游牧民族而言绰绰有余。兴奋的草原骑士重新找到了自己的乐土，他们长啸着冲向草原的怀抱。怀着重建幸福家园的梦想，他们一路杀去，无人能够阻挡，也由此在历史上掀起了一次又一次的巨大冲击波。

中亚高原的地理、气候特点，构成了它的优势。沿着这条横贯东西的绿色草原地带，向西可以打击欧洲，向东可以直指东北亚，向北可以越过白令海峡进入美洲，向南可以进攻伊朗、印度；东南则对黄河、长江流域构成巨大威胁。这里无疑是世界历史发展的核心动力区。崛起在这里的游牧民族往往速兴速亡，在崛起之后就向南或向西掀起黑色风暴，刮起一次次的飓风。游牧民族的突袭给其经过的地区带来了持续不断的灾难和恐惧。但也正是这种强迫性动力，不断地把人类推向更高的境界。

英国学者迈金德为此请求沉迷于"欧洲中心论"的人们"暂时地把欧洲和欧洲的历史看作隶属于亚洲和亚洲的历史，因为在非常现实的意义上说，欧洲文明是反对亚洲人入侵的长期斗争的结果"。美国学者麦高文说得更直接："倾覆罗马帝国的动力，便来自中亚细亚……侵入高卢和意大利的亚洲蛮族，虽携恐怖混乱俱来，但也未曾长期定居，他们所造成的政治变局，历时甚短。而直接倾覆罗马帝国旧制的，却是由于日耳曼诸族的入居帝国版图之内……（但这些日耳曼人）不过是一班丧胆的逃难者。这些哥特部落并非不畏惧罗马的大军，可是他们更畏惧突然出现于他们面前的、来自中亚的、狂暴的乘马战士。因为这种恐惧，才驱使他们冲破罗马的防线，而普遍侵入罗马各省。"这里所说的亚洲蛮族，就是本书要呈现给大家的离开故土的华夏儿女——西迁的匈奴族。

二、速度与开放：游牧民族的先天优势

人类文明就像露天花园里的花草，既需要和煦的阳光和充足的水源，也需要狂风暴雨的催逼和考验。来自蒙古高原的黑色狂飙正是农业文明不可缺少的养分。匈奴人——马背上的王者，天生的骑射专家，在用他们无与伦比的速度向南冲击的同时，也在用海纳百川的博大胸怀接收着来自农业文明的营养。草原和耕地的互动，催使人类文明的车轮不断向前。

马背上的民族：闪电战的专利持有人

对于游牧民族而言，马是不可或缺的劳动工具。为了追逐奔驰于无际草原上的黄羊、野鹿，为了驱赶逐水草生存的牛羊，为了驱逐或躲避外来部落的侵扰，草原的孩子们从小就要学会在马背上生活。三四岁的小孩子就能在没有大人帮助的情况下自如地上下马，他们中的很多人甚至就是在马背上脱离母腹，来到这个世界的。长年的骑马生活，使他们和马的结合异常和谐。当匈奴人第一次出现在欧洲骑士面前时，那些身着沉重铠甲、自以为是的骑兵们目瞪口呆，他们无法理解匈奴人竟然能那样紧紧地与马连在一起，比希腊神话中的"人身马"还要神奇。

匈奴人的马是什么样子现在已经无从得知。不过从当时人们的描述中可以看出，他们的马和后来成吉思汗率领下的蒙古铁骑骑乘的蒙古马很接近。我们不妨拿蒙古马来参照一下。蒙古马头很宽，眼睛突出，腿腕很细，比欧洲马普遍矮一些。由于是在空旷的牧区放牧，漫长的严冬里没有避寒之地，没有干草或谷物作为补充饲料，蒙古马的体格不是很高大，鬃毛很长，尾巴蓬松，显得非常单薄瘦弱，但却非常能吃苦，耐力、适应性很强。一匹蒙古马可以在不吃不喝的情况下一天连续奔跑 100 英里以上，而且特别擅长在山地上飞驰。若是换了欧洲马，早就累死了。不过第二天就不能再骑这么远了，得将它放牧几天才行。不过这对匈奴人来说不是什么问题，因为他们作战时习惯带上好几匹战马，能按需要连续不断地换着骑。高素质的战马保证了他们可以随心所欲地控制推进速度。

马鞍是人、马完美结合的关键。匈奴人的马鞍号称"高桥马鞍"，即两头是很高的木制托架，这样可以保证骑手无论怎么跑都不会摔下来。相反，罗马人的马鞍不过是裹在马肚子上的一块皮革而已，士兵征战时不光要躲避敌人的砍杀，还要时时提防从马上摔下来。匈奴人另外带给欧洲人一项伟大的发明——马镫。他们的马镫一般用皮革或亚麻制成，直接绑附在马鞍上。罗马历史学家阿米亚诺斯形容匈奴人的马镫是"用山羊皮裹住他们多毛的腿"。有了马鞍、马镫，士兵就可以在必要的时候从马上站起来甚至 180 度转身。奇怪的是，向来自我感觉良好的欧洲人直到匈奴铁骑退出欧洲历史舞台时也没有学会这项技术。

光有人、马的和谐结合还不行，总不能追上黄羊后再扑过去徒手搏斗。于是，另一种令定居民族胆战心惊的兵器——弓箭，应运而生。弓箭在人类历史上出现得很早，早在母系社会，负责打猎围捕的男性部落成员就开始使用弓箭。但草原民族的弓箭威力更胜一筹，自然的挑战要求他们的弓箭射程更远、穿透力更强、功能更全面。

匈奴人的弓箭恰恰满足了这个要求。他们的弓被称为"反背弓"，由弹性优良的木头和金属复合制成，弓的两端和中部另外用兽骨或毛皮加固，弓长接近1.3米，有效射程超过200米。他们的箭种类繁多，有用来猎杀鹿、羊的骨箭，有专门用来传令的响箭，更有射杀大型猎物的铁箭。至于专门用来作战的铁箭更是可怕：箭头呈三棱状，长度大约60厘米，穿透力大得惊人。匈奴骑兵一般随身带上30多支箭，足够一次大战使用。即使用完了也不用担心，因为负责制造弓箭的能工巧匠就在大军尾部，随用随造！草原民族比较粗犷，但对工匠是异常尊重的，如此也就不难理解为什么西征中的成吉思汗，十几次大规模地屠城，唯独工匠一个也不杀。

回头再看看同时代罗马战士的武器，就知道他们为什么对匈奴骑兵那么恐惧了。在古罗马，"远程"武器主要依靠投枪，和目前体育场上常见的标枪基本一样。为了增强杀伤力，投枪往往造得很重，以便增加其下落过程中的动能。但重投枪有一个致命的弱点，即投射距离很有限。至于他们的弓箭更是不值一提，有效射程不超过30米！在他们还没有看清敌人的模样时，匈奴人的如蝗长箭已经从四面八方倾泻下来，穿透罗马士兵的鱼鳞甲就像穿透一张纸。

等匈奴骑士冲到面前，在箭雨下幸存的罗马士兵又不得不面对另外几件魔鬼兵器——套索、弯刀和长剑。套索本来是牧民在奔跑过程中用来对付不听指挥的烈马的，对付人自然绰绰有余，不知道有多少罗马士兵在还没明白发生了什么事的时候就成了蹄下冤魂。至于长剑，中国人并不陌生。我们的双刃剑可劈、可刺，和欧洲有尖无刃的重剑相比优势明显，而且匈奴人的剑把上部还装有金属护手，在近距离白刃格斗时不必担心被刺伤手背。

有了马，有了弓箭，也就有了天生的骑射士兵。在冷兵器时代，骑兵具有十分明显的优势。有人甚至认为，一个训练有素的骑兵的战斗力能抵得上20个步兵的战斗力。如果以1∶20的比例计算，10万匈奴骑兵的战斗力即可抵得上200万罗马步兵的战斗力。骑兵有两大优势：（1）它能以最大的速度和力量向敌人冲锋，如果让它冲到步兵阵营中，唯一的结果就是屠杀；（2）可以在最短的时间内机动灵活地从侧翼迂回包抄敌人。正是靠着这种无与伦比的优势，匈奴铁骑在不太长的时间里就横扫了整个中、南欧洲。阿米亚诺斯说：“匈奴人就像从山里出来的旋风，他们的速度是如此之快，以至于还没等人发现他们，营地就已经被攻占了。”当代军事史家总是习惯于把“闪电战”的发明专利权送给成吉思汗，其实，蒙古草原帝国的开创者——匈奴人才是当之无愧的闪电战发明人。

匈奴人从小就开始随父兄围猎，习惯了长期的埋伏和狩猎的种种诡计。他们不会和猛兽硬碰硬地搏斗，而是选择时机，出其不意地攻击它们，然后即刻逃走，让受到袭击的猛兽发怒追击，等它追累了，又突然回头发起猛攻。一而再，再而三，直到使其精疲力竭。这和中国古代兵法所讲究的"一鼓作气，再而衰，三而竭"是何其相似。生活的经验很自然地会被运用到战场上。匈奴人战术的核心是速度与突袭，其中最擅长的有两个。第一个就是诱敌深入。先派一支受过专门训练的骑兵部队向敌人发起猛烈的进攻，500—1000人为一组，做一种显然事先计划好的、十分复杂的曲线运动来迷惑敌人并打乱其阵形，如同暴风骤雨般地射箭，当战斗呈胶着状态时，则佯装撤退，迅速消失在地平线上，吸引敌人紧追不舍。只有最精明和控制力极强的敌人才能抑制住追击的冲动。等敌人超出其后援所能顾及的范围或陷入包围圈后突然返回来，依靠自己弓箭射程远的特点，突然从百米外用密集的箭雨攻击敌人。随后，装备精良的铁骑会对陷入混乱和遭受严重伤亡的敌人发起最后一击。让我们来看看匈奴打败汉将李陵的战例。

公元前99年，依靠人海战术，在战略上已经确立优势的汉武帝派飞将军李广的孙子李陵率领5000步兵出居延泽千余里寻找匈奴主力。以步兵迎战铁骑，是典型的以弱敌强，可以说从一开始就埋下了失败的伏笔。李陵北行30多天，深入匈奴腹地，可连敌人的影子也没见到。行至浚稽山，突然被3万匈奴骑兵包围。汉军就地扎营，四周围上大车，逼迫敌军进行攻坚作战。攻坚战根本发挥不出骑兵的优势，加之此前几次大战失利，匈奴士气较为低落，所以第一战损失了几千人。单于又招来 8 万多骑兵围困汉军，以逸待劳，不时骚扰，逼得汉军只能且战且退，直到后退进一道山谷当中。匈奴居高山，巨石、长箭如雨下，汉军损失惨重。最后副将韩延年战死，主将李陵投降，5000 士兵只有 400 多人回到塞内。

此战是匈奴诱敌深入的典型战法。

战术之二是突然的大规模袭击，即闪电战。由于拥有优势的武器和强大的骑兵，匈奴人在欧洲军队面前一般不需要示弱，而是更多地主动出击，利用骑兵的冲击力直接打击敌人。

和他们交锋的欧洲军队都有一种经历暴风雨的感觉：先是看见在远方的地平线上升起了一片云彩，那是匈奴人高速行军时掀起的尘土；然后能听见闷雷般的轰鸣，那是马蹄铁踏击地面的响声；在连匈奴人的影子都没看见的时候，突然间大雨倾盆——无数铁箭已经像非洲沙漠中的蝗虫那样，遮天蔽日地飞过来，下起瓢泼的“死亡之雨”。大部分曾与匈奴人交战的欧洲将士们至死都不知道，杀死自己的敌手到底长的是什么样子。

更令敌人恐惧的是，匈奴人完全不遵守战争规则，凡是进行过武装抵抗的对手，一律格杀勿论，从来不抓战俘。只有在一开始就老老实实投降的人，才能保住自己的性命。这样做的目的是最大限度地打击敌人的士气，迫使大批潜在的敌人未战先怯，主动放下武器。

草原民族逐水草而居，看似毫无规律，缺乏组织纪律性，其实不然。每个部落、每个家庭都有相对稳定的活动区域，而且相互间保持着紧密的联系。游牧民族无一例外地实行全民皆兵的制度。平时，全体健康男子会提起套索，背上弓箭，外出放牧狩猎，既是生产劳动，又是最佳的战斗训练；战时跨马提枪，在本部首领的指挥下迅速组织起来，投入战斗。这样，游牧民族就具有了定居的农业民族所不具备的、超强的动员能力。一般来说，全体战士以十为单位成百成千组成，随时准备应召。如果战争规模有限，不需要全体动员，则按一定比例抽兵参战。更为可怕的是，他们几乎不需要什么薪给，完全靠"以战养战"。就匈奴骑兵而言，他们只要随身带上饮用水和干肉就足够了，没有水的时候还可以暂时喝牛奶或羊奶。至于其他的作战物资，就全靠敌人来"给我们造"了。在特殊的环境里，他们甚至可以一连十几天不食人间烟火。阿米亚诺斯曾经写道："艰苦的生活方式磨炼了他们，他们从来不把食物煮熟了吃，也不需要美味佳肴。他们吃野菜的根，任何一种动物的生肉。他们把肉放在自己的大腿和马背之间，以此来加温。"吃生肉是完全可能的，不过把生肉垫在马鞍下可不是为了加温，而是为了避免因为长期骑乘磨伤马背。马是骑士的命根子，保护好战马才有一切！这样的军人，这样的生活，造就了一支可以高速运转的军队，一个驮在马背上的国家，一个庞大的游牧帝国。

海纳百川：接受所有的归附者

"泰山不让土壤，故能成其大；河海不择细流，故能就其深。"2200多年前，秦国客卿李斯在被驱逐出境回返故国（楚）的途中，用这样骈散铺陈的话语，惊醒了被一帮别有用心的糊涂虫亲戚愚弄的、未来的秦始皇，使之及时收回了"逐客令"。秦国的发迹在中国历史上可以说是一个奇迹。秦国凭着一股不屈的韧劲崛起于西北，屡经挫折，终于把中原诸国打得落花流水，纳地称臣，统一了偌大中华，完成了千古一帝的伟业。

秦国成功的原因有很多，但有一点总是被人有意无意地忽视，即嬴秦尽管自称是"颛顼之苗裔"，但实际上是出自西戎。其祖先在商朝曾风光一时，可惜在武王伐纣时站错了队，惨遭打击，后世子孙只混了个周王的马夫身份。后来周王一时高兴，把秦地封给了他，希望他能有其祖先一样的运气，把周王的马群养好，同时利用他来"和西戎"。

西戎是我国古代西北地区的一个游牧民族部落，换句话说，是草原儿女。蒙古高原天高地远，天然造就了草原民族海纳百川的开放性格。源于西戎的秦王室继承了这一优良品格。在关东诸国拘泥于烦琐的礼仪，拘泥于华夏风骨，为是否应该称王甚至称帝吵个不停的时候，秦王室毫不犹豫地率先称王，把周王室甩在一边，同时以海纳百川的精神，广泛吸收各国人才来为本国服务，以弥补自身由于出自西部边陲、文化落后于东方诸国的缺陷。著名的客卿制度应运而生。由余、百里奚、公孙支、商鞅、范雎、韩非等名士纷纷西向入秦，为秦国的发展立下汗马功劳。当时在中国形成了两个人才中心，一个是秦国首都咸阳，一个是齐国临淄的稷下学宫。不同的是，后者聚集了大批思想者，百家思想汇集，更像是一个清谈场所，体现的是齐王形而上的理想主义情结。秦国则不同，只要实干家，耍嘴皮子的一概不要。对外来客卿用人不疑，政权由客卿把持也不担心，以至于当政者中除了樗里疾等少数人外，几乎见不到嬴秦本族人士。只可惜秦国在统一全国之后没有更广泛地吸收各国人才，反而"焚书坑儒"，自我放弃了行之已久的人才政策，落得个二世而亡。

西戎毕竟只是小邦，距离真正的草原帝国还差得很远。匈奴就不同了，作为整个蒙古草原上的第一个主人，它的开放性远远超过了前者。燕人中行说只是个宦官，赵信、卫律本来是从匈奴叛逃出去的"投降派"，李广利、李陵曾经是血债累累的敌人，成千上万匈奴骑士死在他们手里。这些都没关系，只要是真心归顺投诚，一概接受，而且决不秋后算账！

草原帝国都是散发着原始气息、充满野性和活力的骑马民族国家，和南方的中原王朝有着迥然不同的风格。在这里，崇尚的是朴素和粗犷，反感的是繁文缛节。在这里你可以大碗喝酒、大块吃肉，和首领一起醉卧草丛，抵足而眠。草原民族厌恶钩心斗角、尔虞我诈，只要他相信你是真心归诚，他肯定会以诚相待。对于刚刚走出原始社会，还没有完全摆脱军事酋长领导阶段的匈奴民族来说更是如此。

草原生活非常艰苦，这对人口的增加是很大的阻碍。当一个部落崛起后，如何利用广大的领土就成了一个必须面对的难题。游牧民族逐水草而居，并不是漫无目的地随意游走，而是有着相对固定的活动区域，一年四季，四个营盘足矣。新增的土地做什么用？空出来长草，留着备用吗？不行，因为一旦发生灾害，往往是大范围的，空地也跑不掉。唯一可行的办法是交给信得过的人去使用，遭灾时也好有个照应。那么谁可以信任呢？敌人！

草原民族性格粗犷，喜欢直来直去。礼仪三千的形式主义在南方司空见惯，在草原是绝对见不到的。有这样一个故事：南宋将军赵珙出使来到刚刚崛起的蒙古帝国。一天，成吉思汗派人去问他："今天打马球，你怎么没有来？"不请自来对于长期生活在礼教社会中的人来说是不可思议的，赵珙亦然。于是他实事求是地回答："大汗没有召唤我呀。"成吉思汗大笑道："既然来到我国，那就如同一家人。在宴会、打马球、打猎的时候，请不要客气，一起娱乐好了。何必每次都要让人请呢？"最后的结局是没学会入乡随俗的赵珙被罚酒六杯。

这个故事尽管是发生在 13 世纪的蒙古族，但同属草原民族的匈奴性格也大体一致，只是没留下具体的故事罢了。既然要直来直去，那不服气就打一打，打输了也决不矫情，认赌服输，随你处置。于是我们会经常看到下面一幕：

失败的部落投降后，其首领还会被委以各种官职，继续统领本部。随后，该部落成为通婚的对象，大家变成一家人。"引弓之民，并为一家。"当然，如果有着深仇大恨或者拒不投降，将面临残酷惩罚：成年男子全部屠杀，妇幼罚为奴隶。

匈奴崛起后的民族结构就呈现出这样一个"百蛮大国"的特

点：楼烦王、白羊王仍然统率本部人马，东胡、乌桓等由于并非一战征服，不再独立存在。至于汉人，大多是从中原掳掠去的，而且文化差异巨大，大多沦为奴隶。

诚心接纳归顺者，对匈奴的发展有很大帮助。燕人中行说就是个很好的例子。

中行说本来是汉朝内宫的一名宦官。文帝时汉匈"和亲"，嫁宗室女给匈奴新君老上单于，命他随行。中行说不愿去，后被逼无奈，只好前往，但临行时丢下一句狠话："一定要让我去，汉朝可要有大祸患了。"汉廷以为这不过是一句气话，没想到中行说说到做到，到了匈奴马上投降。中行说来自汉朝内宫，了解诸多汉廷机密，老上单于大喜，予以重用。由于长期的交往，很多匈奴上层开始向汉文化靠拢，喜爱汉朝的衣物、食品，长此下去有被汉化的危险。中行说投降后所做的第一件事就是极力阻止匈奴贵族汉化，维护匈奴文化的纯洁，指出汉族的织物尽管华美，但不适宜在草原穿着；汉族食品虽然味美，却没有奶酪便于携带。要维持本族铁骑的优势，必须保持旧有的生活习惯。当汉朝的书信送达时，中行说又教导匈奴用大出一寸的简牍回信，并虚张声势地书写"天地所生日月所置匈奴大单于"，从而在形式上压倒了自称天子的汉朝皇帝。

中行说深知匈奴虽然在军事实力上优于汉朝，但毕竟国力有限，真要和汉朝进行全面的较量肯定吃亏。所以，他一面努力帮助匈奴建立起"疏记"等制度，即定期统计一下匈奴的国民生产总值，了解自己的家底；一面帮助匈奴调整战略思路，把以前漫无目的的入侵改成在汉地粮食收割时出击要害部位。秋收季节是定居的农业民族最重要的日子，此时出击会毁掉汉族农民一年辛勤劳作的成果，杀伤虽有限，但心理打击却非常大。这样既保持了战略上的进攻姿态，又不至于逼迫太紧，招致汉朝倾全国之力反击。

不过，中行说担心的汉匈全面对抗还是发生了。这次，主动出击的是谋求建立万世功业、彻底改变屈辱地位的汉武帝。由于匈奴总体国力的不足，汉朝很快取得了战略优势。这时，另一位归顺的人才挽救了匈奴。

赵信，原本是匈奴支系小王，因为在内部倾轧中失势，带领本部人马投降了汉朝，被封为翕侯。公元前 123 年，赵信跟随皇上的小舅子卫青主动出击匈奴，遭到母国军队伏击，全军覆没，只好又投降了匈奴。在汉文化的政治伦理中是绝对容不下这样一个朝秦暮楚、左右摇摆的人物的。匈奴则不然，他们用草原博大的胸怀热烈欢迎这位叶落归根的游子。大单于伊稚斜委之以重任，封为"自次王"，意思是他的地位仅次于自己，并把姐姐嫁给了他。

知恩图报的赵信曾为汉军高级将领，深知汉朝的战略战法，于是建议匈奴全线北撤到漠北，脱离与汉军的直接接触。这样，强调主动出击的汉武帝必然会命令汉军出塞远征，深入匈奴腹地。匈奴则可以将计就计，利用地利、人和，诱敌深入，在移动中歼灭敌人。伊稚斜用人不疑，接受了这个建议。从此以后，汉匈之间虽然仍发生了多次大规模战斗，但在战略上逐渐趋于均势，赵信的功劳很大。

这样的例子还有很多。像燕王卢绾投降后被封为东胡卢王，陈良做了贲都侯，卫律受封丁零王，李陵做了右校王等，每一个都是"赐号称王，拥众数万，马畜弥山"。较之在汉朝职小官卑，稍不注意就可能丢官罢职，甚至祸连家族的境遇真是天壤之别。受此恩惠，岂能不倾全力报答？

草原民族缺乏细腻思考的习惯，政治斗争的智慧和已经有了上千年历史的中原王朝相比处于明显的劣势。公元前200年，汉高祖刘邦率领32万大军御驾亲征匈奴，结果被冒顿单于团团围困在平城白登山上。按理说，匈奴不用进攻，只要长期围困，就足以置刘邦于死地。这时，汉朝人狡猾的政治伎俩发挥了作用。谋士陈平用一幅美人图打翻了单于阏氏的醋坛子，靠她的枕边风吹走了千万匈奴铁骑。这样的馊主意粗犷的匈奴人是无论如何也想不出来的。可知己知彼，才能百战不殆，在和中原大国的竞争中还必须掌握这些小伎俩。靠自己来培养这样的人才显然是事倍功半，从敌国挖墙脚无疑是个好办法。在这里，匈奴人海纳百川的博大胸怀客观上弥补了谋略的不足。

广泛吸收异族人才不仅是匈奴帝国强盛时的国策，即便在其没落低潮时也是如此，这也是他们能在后来重新崛起、称霸欧洲的条件之一。像"上帝之鞭"阿提拉手下的三位心腹，没一个是匈奴人：康斯坦丁是希腊人；埃德克是出生于匈奴部落里的哥特人；奥雷斯出身不详，可他的妻子定是西罗马帝国的名门望族。

　　草原民族在处理军事事务、协调和周边民族关系方面往往能比定居民族取得更高的成就。原因是后者靠的是环境赐予的先天的力量，而前者依赖于兼容并包的草原情怀。唐朝成就过中华文化的一个高峰，可它的成就受益于南北朝期间长期的民族大融合，唐朝王室本身就充满了胡气，是多民族混血的结晶。唐以后的汉族政权要么偏安一隅，要么积弱积贫，乏善可陈，乃至于动辄被"夷狄"统治。唐以前的草原政权尽管没有取得君临天下、统一中国的成就，但其集多元文化之长、广采不同种族之优势的特点一样很鲜明。匈奴帝国能够长期和汉帝国抗衡，能够东方不亮西方亮，屡经挫折后在欧洲重新崛起，靠的就是这种海纳百川、兼容并包的博大胸怀和文化优势。

三、依赖英雄：草原帝国的致命弱点

　　冒顿、阿提拉、成吉思汗、帖木儿……他们的名字几乎出现在所有历史教科书当中。这些伟大的草原英雄有一个共同特点，即都是在短短几年之内即创立起一个庞大的草原帝国，把汉帝国、罗马帝国等近邻打得落花流水，制造了一堆堆文明的废墟。然而他们如狂风暴雨般倏忽而来，又在转瞬间消逝在历史的暮霭之中。

　　尊敬英雄、服从英雄、争做英雄成为草原文化的一个鲜明特点。可英雄毕竟不是随时都能出现的，于是，速兴速亡成了这些过分依赖英雄的草原帝国始终无法逃避的命运枷锁。

冒顿、阿提拉、成吉思汗、帖木儿……他们的名字几乎出现在所有的历史教科书当中。这些伟大的草原英雄有一个共同特点，即都是在短短几年之内即创立起一个庞大的草原帝国，把汉帝国、罗马帝国……这些近邻打得落花流水，制造了一堆堆的文明的废墟。然而他们如狂风暴雨般地倏忽而来，又在转瞬间消逝在历史的暮霭之中。万般无奈之下，信奉基督教的人们只好求助于上帝，把这些"魔头"甩给上帝，当成是上帝降下的灾难，对堕落文明的一种惩罚。

他们是"上帝之鞭"吗？当然不是。他们是草原的英雄，是游牧民族的马上领袖。

按《太平御览》的解释："草之将精者为英，兽之将群者为雄。"可见"英雄"二字的组合，乃是人群中之佼佼者，自有常人不可思议、不可测度、不可言喻、不合常理之处，"古之所谓豪杰之士者，必有过人之节，人情有所不能忍者。匹夫见辱，拔剑而起，挺身而斗，此不足为勇也。天下有大勇者，卒然临之而不惊，无故加之而不怒，此其所挟持者甚大，而其志甚远也"。苏东坡对留侯张良之评价，可以用在一切可称得上英雄的人物身上。"力拔山兮气盖世"的大英雄生于天地之间，"岂能郁郁久居人下"！先让我们看一看大英雄冒顿的表演吧。

　　冒顿是匈奴头曼单于的长子，很早即被确立为单于的继承人。后来头曼另有新欢，诞下一子。经不起爱妾的枕边风，头曼准备废长立幼，可又没有理由，于是把冒顿作为人质送到西边的月氏国。此时的月氏国还很强盛，头曼一直想消灭它。派太子到月氏，一方面可以麻痹对方，伺机发动突然袭击；一方面可以利用月氏之手，杀死冒顿，一石二鸟。冒顿知道此行凶多吉少，但父命难违，只好前往。

　　不久，头曼发兵急攻月氏，早有准备的冒顿乘月氏慌乱之际，盗得一匹良马，仓皇逃归。头曼认为冒顿壮勇，收回另立太子的心思，并交给他一万骑兵，叮嘱他要刻苦操练。冒顿得到兵权后悉心训练，并让能工巧匠制造了一支鸣镝（响箭），下令说："鸣镝所射而不悉射者，斩之。"

　　一次，冒顿与部下出猎，鸣镝一出，万箭齐发，鸟兽立毙。稍有迟缓的士兵立即被处死。不久，冒顿又用响箭故意射自己特别喜爱的一匹良驹，不少士兵不敢跟着射，冒顿立刻将他们杀掉了。此后，冒顿又以响箭射自己宠爱的妻子，左右的人都感到很恐慌，不敢跟着射，冒顿又将这些人杀死了。不久，冒顿出猎，故意用鸣镝射杀了头曼单于的良驹，左右的人连忙跟着射。此时，冒顿知道他的属下都听从他的命令，于是准备对父亲下手。

　　一天，冒顿随头曼狩猎，趁头曼不备，掣出鸣镝射向头曼，左右亲随乱箭齐发，头曼当即死于非命。父子之间就用这种残酷的方式完成了王位的交接。

冒顿登位后，正是东胡强盛时期。东胡听说冒顿杀父登位，想趁机攻打匈奴，讨一点便宜，于是派使者对冒顿说，希望得到头曼的千里驹。冒顿征求大臣们的意见，大臣们纷纷表示千里驹是匈奴的国宝，匈奴自从得了此马，国家兴旺发达，此马乃吉祥之物，万万不可送给东胡。冒顿却说："东胡是我国强邻，两国和睦相处才是头等大事，一匹马何足挂齿，给他吧。"于是把头曼的千里驹送给了东胡。东胡认为冒顿惧怕他们，不久又提出想得到冒顿一个美貌的阏氏。冒顿又问群臣，左右大臣都愤怒地说："东胡欺人太甚，竟然索要大王的阏氏，请您立刻下令出兵攻打他们。"冒顿说："为了一个女人得罪邻国，太不值了，给他吧。"于是又把自己宠爱的阏氏送给了东胡。

东胡得到单于阏氏后愈发骄横起来，准备向西侵略。东胡和匈奴之间有1000多里的荒芜地区，无人居住。东胡派使者对冒顿说："两国之间有一片缓冲的空地，贵国人从来不去那里放牧，请你送给我们吧。"冒顿又一次询问大臣们的意见。吃过两次亏的大臣们很多已经对冒顿失去了信心，认为他是个窝囊废，阻拦也没用。于是一些大臣说："既然是荒弃之地，留着也没用，为了两国友好，给他算了。"不料冒顿大怒道："土地是国家的根本，怎能随便放弃呢？"把主张送地的大臣立即处死。随后冒顿召集全国丁壮，浩浩荡荡杀向东胡。

几次得手的东胡早已不把匈奴放在眼里，毫无防备，结果被冒顿打得大败，东胡王也做了刀下鬼，东胡的所有穹庐帐幕皆被毁坏，人口和牲畜全被掳走。冒顿又趁热打铁，向西打败了月氏，向南吞并了楼烦王和白羊王的土地，北服浑窳、屈射、丁零、鬲昆、新犁诸部，又全部收回了被秦将蒙恬所夺取的匈奴土地，进而侵入燕、代两地。冒顿的势力迅速壮大，建立起东尽辽河，西至西域，北抵贝加尔湖，南临黄河，一统千胡百国的匈奴王朝，与中原大汉王朝同时登上了欧亚大陆的舞台，史称："北有引弓强国，南有冠带之邦。"

"一将功成万骨枯"，冒顿为了自己，可以弑父，可以杀妻，较之一般的战场英雄更能忍、更残酷，也更"伟大"。冒顿的行为在汉人眼中禽兽不如，在匈奴人眼中却是英雄行为，因为他们有自己特有的英雄观。

从现存的阴山等地的岩画中可以发现，最晚在5000年前，北方草原部族已经掌握了驯马的技术。对马的成功驯化，给草原带来了划时代的变革，使草原经济逐渐由畜养转变为游牧，点燃了草原游牧文化的灿烂火炬。由于马的骑乘，草原先民的生产、生活方式被彻底改变。特别是马的迅捷和灵活，给游牧民族的军事带来了空前的活力和优势，也赋予了他们战斗的人生。但是，驯马的成功也给游牧民族带来了一个糟糕的副产品。

为了将来适应马背上的生活，草原的孩子从小就开始演习骑术。《史记·匈奴列传》中记载："（匈奴）儿能骑羊，引弓射鸟鼠；少长则射狐兔，用为食。"过早的马背生活塑造出他们精力充沛、吃苦耐劳、能征善战的特质，同时也让他们失去了向其他类型文明演进的机会。长年的逐水草而居，频繁的流动和迁徙，使游牧民族无法形成深厚的文化积淀，狭窄的马背成了他们生活的全部，由此衍生出来的是单调而缺乏变化的"马背文化"。

特有的生活方式使草原民族的社会形态的演进较之定居民族相对迟缓。当定居者已经进入典章完备、钟鸣鼎食的古典国家形态时，很多游牧民族尚未走出蒙昧状态，带有鲜明的原始军事酋长制度色彩的英雄观念在此时应运而生。

蒙古高原除了呼伦贝尔草原、锡林郭勒草原等少数地区外，大多数地区只有几寸的薄薄土壤，要想让其几千年如一日地长草，人必须和草原和谐相处，不竭泽而渔。所以，要在茫茫草原上生活，必须有严格的纪律约束。没有纪律，游牧区域会发生重叠，羊群会过分啃食，破坏草原生态，还会引起不必要的部族内部矛盾和争斗。而游牧区域的划分，必须依靠一位大家都信服的领导者。草原上的野兽大多成群行动，靠个人是无法对付狼群和抓捕黄羊的，集体围猎是主要的狩猎方式。没有纪律，轻则会放走猎物，重则会被自家人的弓箭射伤。于是，狩猎的领导者就获得了至高无上的地位。这样的生活方式，使部落进入原始社会晚期的军事酋长制阶段后，不是继续向前发展，而是不断地强化酋长的作用和地位，使之向绝对独裁的领导者方向发展，进而萌发出草原民族特有的英雄观念。

尊敬英雄、服从英雄、争做英雄成为草原文化的鲜明特点，甚至到了无原则的地步。只要你能成为强者，你就是英雄。汉将李陵投降匈奴后，一直虚与委蛇，不卖真力气。另一位降将李绪则认真帮助匈奴训练军队。汉武帝误以为是李陵在帮助匈奴，于是杀了他的全家。李陵大怒，找机会杀死了李绪。按理说，李绪有功，李陵杀他应该受到惩罚，可匈奴偏偏不这么看。李绪是英雄，杀死英雄的人更是大英雄！于是，李陵不仅没受到惩罚，反而加官晋爵，封为右校王，还娶了单于的女儿。

由于这种特别的英雄观，使草原民族从匈奴开始即为血腥的征服和杀戮赋予了一层浓烈的英雄主义色彩。按照匈奴的习俗，在作战中斩敌首级一颗赏酒一卮，所得财物尽归其所有，俘虏的妇女老幼收其为奴隶。杀敌越多，拥有的财物、奴隶越多，越受尊敬。于是，匈奴人以痛饮和嗜杀为人生之乐，作战时个个争先，唯恐落后。马背上的生活就剩下简简单单的两件事：扬鞭放牧、挥刀杀戮。前者是他们的经济，是物质需要；后者是他们的政治，是精神需要。而两者又都是他们的生存需要。于是，率领他们把这种残酷之"美"发挥得淋漓尽致，把本民族带到荣耀顶峰的冒顿、阿提拉……就成了他们心目中的大英雄，英雄中的英雄。

可征服之后呢？拿什么统治广大的被征服领土，如何把不同语言、不同信仰、不同生活方式的民族融合到一起，怎样平衡被统治的各个民族的利益就成了摆在这些大英雄面前的一道难题。要维系统治，最有效的方法是建立起经济纽带和精神纽带。草原帝国无一例外都是军事征服的产物，而且大多以草原地带为中心。在这片地形复杂的广阔区域里，经济形态和发展水平各异，不可能建立起统一的国内市场。没有统一的市场，自然不会有什么经济纽带。于是，粗犷的草原英雄们只好在两个极端的方法中选择一个：要么任其自然发展，不予干预，自己守在根据地享受各方朝贡；要么干脆把汉人的耕地全变成牧场，让汉人也来游牧。不论选择哪种方法对统治都没什么帮助。于是，帝国领土越是广大，越是容易分裂和崩溃。

在定居文明面前，游牧文化无疑是落后的。于是，任何一个闯入定居者家园的马上帝国都面临着两种选择：或者留在这里，由被征服者同化；或者退回草原。退回去是主动示弱，大英雄决不会干。于是，任何一个决定留下来的马上帝国又要进行一次选择：要么从马上下来，完成从游牧向农耕的历史转化；要么继续留在马背上，马上夺天下，马上治天下，然后再马上失天下。

严酷的地理环境有利于宗教的生长，以宗教为纽带，在征服过程中传播自己的宗教是维系帝国存在的一个法宝。

草原民族的生活环境不好，特有的生活方式所造成的社会形态演进缓慢的弊端在这里暴露了出来。他们基本上只有原始的图腾崇拜，而且并不统一，每个部落都有自己的崇拜对象。草原民族是粗犷的，粗犷到很难产生一位有着哲学头脑的智者或圣人，也就不可能诞生一种可以统一所有游牧民族的宗教思想。精神武器的落后使他们只有接受被征服者宗教思想的分儿，不可能去占领被征服者的精神世界。

没有纽带，草原帝国就只好依赖英雄的个人能力了。确切地说是依赖大英雄们的军事天才。为了维护统治，大英雄们也拼命地宣扬自己的军事力量，来震慑那些蠢蠢欲动的子民。阿提拉是个很好的例子。他一方面大搞个人崇拜，宣称自己是"最高的上帝""王中之王，神中之神"，还弄到一把所谓的"战神玛尔斯之剑"，以制造自己天下无敌的形象。据说，这把剑在战场上只要一挥就能使敌方武器全部失灵。另一方面用高薪显位聘请罗马和希腊的能人智士来为自己服务，推行灵活务实的内外政策，尽可能不发动战争，以免露出神剑的马脚。

靠军事征服建立起来的帝国不可能不发动战争。可一旦开战，就难免会有失败。一旦失败，必然威信受损，长敌人的志气，灭自己的威风，进而动摇帝国根基。而且这些大英雄们似乎都不太会教育后代，他们的子孙很少有人具备祖先出神入化的军事才能。汉人说"富不过三代"，对这些草原英雄似乎同样适用。于是，在阿提拉于新婚之夜神秘死亡后，他的匈奴帝国迅速走向分裂解体。帖木儿更痛快，他一手打造的军事帝国在他死后没多久就从地球上消失了。成吉思汗好一些，因为他很英明地培养起手下人对自己的黄金家族的崇拜，虽然蒙元帝国很快被子孙瓜分，但至少还在自己的子孙手里，在形式上维系了一个家族的统治。

草原文化的先天不足，使他们过分地依赖英雄的存在。可英雄毕竟不是随时都能出现的，于是，速兴速亡成了这些草原帝国始终无法逃脱的命运枷锁。

第二章
苍狼长啸：蒙古高原的第一个主人

　　草原的气候变化快，灾害多。游牧民族长期在这样恶劣的环境中，如果没有不向任何困难低头的顽强精神是无法生存下去的。所以，能在这里站稳脚跟的民族必然有顽强的生存意志，有着十足的狼性。姜戎的《狼图腾》向我们诠释了草原苍狼的顽强性格，匈奴人则是蒙古高原走出来的第一匹野狼。

一、草原人文：匈奴民族的社会生活

　　每一个民族都是从不可思议的传说和神话中走出来的。这不是因为他们喜欢故弄玄虚，而是因为对自然以及作为自然化身的神灵的热爱。匈奴人，因为得罪了太多的农业民族，他们的族源因而被附着了太多的挖苦和嘲讽。只有太史公说了句公道话：他们是夏后氏之苗裔，是炎黄的优秀子孙。

追日夸父的故乡人

关于匈奴的族源，历来有多种说法。光传说就有好几种。

欧洲人的说法是哥特王菲利莫尔率领部众进入东欧西徐亚人（也译作"斯基泰人"，即中国史籍中的"塞种人"）的地盘。抵达西徐亚后，他在自己的部落中发现了一些来路不明的巫婆。菲利莫尔怀疑这些女人是敌对势力派来的奸细，于是下令把她们赶到远处的荒野中去。巫婆们迷了路，进入了一片荒漠的深处，在那里遭遇了几个妖怪。九个月后，在这些巫婆的怀抱里，诞生了一个奇丑无比的种族——"Hun"，他们的天性就是要压迫和毁灭其他的民族。"Hun"即西方人对匈奴的称谓，从发音上接近"胡人"。

欧洲人的传说带有明显的诬蔑、歧视味道。在中国的史册上则记载着另一种说法。《史记·匈奴列传》中云："匈奴，其先祖夏后氏之苗裔也。"唐司马贞在其《史记索隐》的释文中说：大约公元前17世纪，夏朝被东方的商国君主汤推翻后，末代夏帝"桀"战败后被放逐到南巢，成为商朝的附庸，三年后死在亭山。夏桀的儿子淳维把父亲的女人收为己有，为躲避商汤的惩罚，率众北走，开始在草原上游牧，并自称本部落为"荤粥"。到了周朝时又改名为"猃狁"。夏王室在古史传说中属于黄帝的后人，猃狁是公认的匈奴旧称。照此说法，匈奴无疑是"夏后氏之苗裔"，是地道的华夏儿女。

匈奴民族最早生活在阴山和河套一代，在这里曾经诞生过一位伟人：夸父。按照《山海经》的记载，夸父生活在"大荒"之中，一年，酷日当头，举国大旱，颗粒无收。夸父为救百姓决定干掉火热的太阳，他追过一座座高山、一条条大河，追到一个叫禺谷的地方，眼看就要抓到太阳了，突然头晕目眩，赶紧坐下来喝水。追了一路，实在太渴了，夸父喝干了黄河、渭水还不够，又往北走，前往大泽喝水，还没走到就渴死在路上了。夸父死后，他的手杖变成了一片邓林。

邓林即"桃林"，在现在陕西的潼关以东一带。按照宋朝人罗泌的说法，夸父是炎帝的后代，姜姓。而后世的匈奴英雄、建立了北周政权的宇文泰即自称"其先出自炎帝神农氏"。炎帝是农耕文化的"代言人"，夸父追日也是为了挽救被干旱困扰的农耕百姓。为了抗旱，他壮烈牺牲。可他没有屈服，把耕耘农田的手杖化作邓林，似乎在暗示他的后人为了和自然斗争，放弃农业生产，转为森林狩猎了。

不管他们的祖先是黄帝还是炎帝，总归是华夏儿女。从古史传说中来看，汉族的学者们从来没有把这些屡次袭击自己的游牧生灵当成外人，在他们眼中，匈奴和汉族人的斗争只能算作是家里兄弟之间的反目内讧。

在北方草原，苍狼经常被当作游牧民族的祖先。《周书·突厥传》中记载：在很早以前，突厥的祖先从匈奴族分离出来后，建国于西海之上，后被邻国所灭，全族男女几乎尽被杀绝，只留下了一个十岁的男孩。邻国士兵见其太小，砍去其手足，弃于草泽后离去。男孩被砍掉手足后，有一只母狼怜其不能寻食，就常叼来一些肉食喂他。久而久之，男孩长大了，并与母狼培养起了感情，结果双方交合，使母狼怀上身孕，不久生下十个男孩，其中一个名叫阿史那，他能力最强，后来成为突厥人的君王。

匈奴人因为没有自己的文字，没留下关于自己祖先起源的记载。不过从《魏书·高车传》中可以看到一些影子：相传匈奴单于生了两个女儿，姿容艳丽，无人可比，国人皆以为天仙。单于认为自己两个女儿不可配与凡人，应送给天神为妻，于是在草原上筑了一个高台，把二女放在高台之上，敬请天神来迎娶。四年之后，仍没有天神来娶单于的两个女儿，这时却有一匹狼昼夜守在高台之下嗥呼，长时不去。于是小女儿认为此狼乃天神，遂下台随狼而去，不久生下后代。

在人类没有强大起来之前，苍狼是草原的绝对主宰，游牧民族把狼作为自己的祖先，是其原始图腾崇拜的一种遗存反映。齐秦的一曲《我是一匹来自北方的狼》，也许是最适合描述草原民族特点的歌曲了："我是一匹来自北方的狼，走在无垠的旷野中；凄厉的北风吹过，漫漫的黄沙掠过；我只有咬着冷冷的牙，报以两声长啸；不为别的，只为那传说中美丽的草原……"匈奴，无疑是第一匹统治蒙古草原的苍狼。

传说终归是传说，匈奴人究竟来自何方？目前，商代的鬼方、周代的猃狁，基本被学术界认定是匈奴的祖先。春秋时的戎狄是否是前者的直接延续尚有争议。游牧民族天生有很强的流动性，非要给他找一个直系祖先似乎并不现实，把匈奴认定为由上古北方少数民族不断融合而形成的一个新的民族共同体似乎是一个虽然偷懒但肯定合理的结论。

一幅毡帐写春秋

匈奴人长什么样是个有趣的话题。可惜在东方史料中没有任何记载，大概是匈奴人和汉人相比并没有什么生理特质的缘故。不过在西汉名将霍去病的墓前有一尊"马踏匈奴"的雕像给了我们一个直观的印象。石雕高 1.4 米，马腹下一人，左手持弓，右手以短矛刺马胁，面阔多须，头大而后仰，小眼睛，眼睑呈三角形，厚唇平鼻，低额大耳。这个匈奴人具有明显的蒙古人种的体质特征。

匈奴人侵入欧洲后，引起欧洲民族大迁移，因此欧洲人对匈奴人的记载颇多。哥特历史学家约丹内斯写道："他们的肤色很黑，脸没有定型。应该是眼睛的地方长了两个黑洞，鼻子扁平，面上疤痕累累。"对于匈奴大单于阿提拉，约丹内斯指出他也是胸宽头大，眼很小，鼻梁扁平，皮肤稍黑。大体上看很接近蒙古圆头人种的特点。至于其皮肤，则由于草原上太阳的强烈照射而变成了黑褐色。

由于被匈奴人统治了近百年，在欧洲人的笔下充斥着大量的对匈奴人的侮辱性描写。如，希腊人措西莫斯认为"他们看上去和猴子差不多"。斯道尼乌斯主教说："匈奴人的新生儿也有一张令人恐怖的脸……他们的鼻子不允许超过脸，为了长大后在作战时能戴上脸盔，不惜用带子裹住鼻孔以遏制其生长。在这种情况下只有亲生母亲才会给亲生的儿子破相。"

　　还是让我们看看近代一位比较严肃的西方史学家——戴遂良的研究成果吧。戴氏说："他们的身材是矮小的，有粗短的体格，圆而极其硕大的头，脸宽，颧骨高，撇开的鼻翼，相当稠密的上唇须，除了在颔上的一簇硬毛外，没有胡子，在穿孔里戴着一个环子的长耳朵。除了在头顶上留有一束头发之外，一般是剃光的。眉毛是厚的，眼睛突出像杏仁一般，瞳仁是活泼的。"

　　对于匈奴人的生活习惯，罗马史学家阿米亚诺斯曾经有一个很具体的描述："匈奴人的凶猛和野蛮是难以想象的。他们划破他们的孩子们的面颊，使他们以后长不出胡子。他们身体粗壮、手臂巨长，不合比例的大头，形成了畸形的外表。他们像野兽般生活，食生食，不调味，吃树根和放在他们马鞍下压碎的嫩肉。不知道犁的使用，不知道固定住处，无论是房屋还是棚子。常年游牧。他们从小习惯了忍受寒冷、饥饿和干渴。其畜群随着他们迁徙，其中一些牲畜用来拉篷车，车内有其妻室儿女。妇女在车中纺线做衣，生儿育女，直到把他们抚养成人。如果你问他们来自何方、出生于何地，他们不可能告诉你。他们的服装是缝在一起的一件麻织内衣和一件鼠皮外套。内衣是深色调的，穿上后便不再换下，直到在身上穿坏为止。头盔或帽子朝后戴在头上，多毛的腿部用羊皮裹住，是他们十足的盛装。他们的鞋子，无形状和尺码，使他们不宜行走，因此他们作为步兵是相当不适合的，但骑在马上，他们几乎像铆在自己的丑陋的小马上一样。这些马不知疲乏，并且奔驰时像闪电一样迅速。他们在马背上度过一生，有时跨在马上，有时像妇女一样侧坐在马上。他们在马背上开会、做买卖、吃喝——甚至躺在马脖子上睡觉。"

匈奴人确实有刺面的习俗，不过只是在祭奠死者的时候。为了表示与死者同在的心情，他们会划破脸颊，让血水和泪水一起流下来。这种习俗在同时代的西徐亚人中也存在。不过这一习俗在罗马人眼里居然变成了一种心理战的手段，"为了在作战中能吓倒敌人，他们不惜用刀子把脸颊划破"。这可真是自作多情。匈奴铁骑在欧洲无人可以阻挡，战马蹚起的烟雾就足以让敌人魂飞胆丧，还用得着心理战?！至于划破婴儿面颊，更是无稽之谈。

不过匈奴人倒是有一个更让欧洲人恐惧的野蛮习俗：猎头。摘取敌人的首级是他们炫耀武功的唯一手段。如果杀死的是敌方主将或与自己有着深仇大恨的人，匈奴人还会将其头盖骨在眉毛处割开，外面包上皮子，里面嵌上金银，做成酒杯使用。大月氏国王的脑袋就是这样被冒顿单于的儿子——老上单于做成酒具的。

游牧民族的生活节奏由他们蓄养的马、牛、羊、骆驼群来决定，而不是相反。毡房木车就是他们的家。在不同季节，为了适应放牧的需要，他们必须经常移换牧地，选择水草丰美的地方作夏营地，寻找可避风寒的谷地作冬营地。对于马和羊，牧场的要求也不一样，马群一般依山而营，羊群则临涧而驻。但是，这种游牧也不是随意进行的，每个部落都必须在一定的地域内按照一定的路线迁徙。他们居住在用木架、毡和皮构成的帐幕中，在迁移时，他们将拆下的毡帐及家庭用具装在马或牛拉的车上。

　　游牧民族在宿营地驻屯时，将车子围成一圈，毡帐扎在圈内，一般是部落酋长住在圆圈中心，其他人按地位从内向外分布。

　　牧民是纯朴、善良的化身。草原上不可能有旅馆，别人的毡房就是游客的家。对待远来的客人，他们会拿出美酒、奶酪供其享用，并提供住处。当然客人不能住得太久，因为牧民的经济实力也很有限。像哈萨克人称第一天的客人是"上天派来的客人"，殷勤招待；住到第二天则变成了"祖先请来的客人"，继续款待；第三天就变成了"魔鬼派来的客人"，给以粗茶淡饭；第四天再不走，就只好驱逐出"境"了。

　　放牧和狩猎是男子的事情，妇女则挤奶，捅马乳，制作乳酪，剪羊毛纺线，制衣服等。妇女在游牧经济中占有十分重要的地位，打仗时青壮年妇女往往随军出征，管理行李和钱财，同时搭建毡帐，运送粮草辎重等物。特有的劳动分工方式决定了妇女在游牧民族中往往具有相当的地位。北方民族盛产女英雄——北魏鲜卑族之胡太后、契丹萧太后、蒙古帝国的乃马真后、海迷失后，还有乐府诗中的花木兰——就是这个原因。

　　在游牧民族中广泛存在的"收继婚"制度，一直为汉人诟病。在中行说和汉朝使者的著名论辩中，收继婚是一个重要话题。

　　汉使说：匈奴的风俗不尊重老人。

　　中行说说：还是先说说汉朝的风俗吧。如果家里有人轮到戍边或当兵出发时，你们的老人和长辈难道不是都将自己暖和的衣服脱下来给他们穿，把自己的好食品给他们带着吃吗？

汉使不明就里，只好回答：是呀。

中行说说：匈奴人上马战斗是生活的重要组成部分，年老体弱的人没有战斗力，将自己质优味美的食品给强壮的人吃，也是为了自己能得到他们的保护，这样父子双方都能获得长久的安全，这和你们说的保家卫国有什么区别吗？怎么能说匈奴人轻视老人呢？

汉使无辞，开始攻击敌人的"要害"：匈奴人一家都睡在一个帐篷中，父亲死了，儿子娶自己的后母；哥哥死了，弟弟会收娶他的妻子。这是乱伦、没有礼法的表现。

中行说不慌不忙，回答说：匈奴的风俗，是大家吃牲畜的肉、喝它们的奶、穿它们的皮。牲口根据水草条件随时转移。所以情况紧急时人人都能骑马射箭，平时大家就喜欢随随便便。因为没有那么多规矩，所以容易管理。国君与臣子的关系很简单，全国的政务就像一个人指挥自己的身体一样方便。父子、兄弟之间相互娶对方死后留下的妻子，是为了防止种族灭绝。匈奴再混乱，也要尽量保存自己的后代。你们汉朝的礼法制度虽然详细，父、兄死了，子、弟不娶他们的妻子，但亲属疏远一点就互相残杀，甚至灭绝宗族，干的都是这类事。况且礼法太烦琐了，上下都不满意；宫室盖得太好了，劳动力消耗就大。你们百姓一有紧急情况也不会作战，平时却整天忙于劳动。可怜你们这些住在土屋子里的人，虽然衣服穿得整齐，帽子戴得漂亮，嘴里夸夸其谈，又有什么用处？

中行说对"收继婚"的解释其实是狡辩，纯粹为了打击汉使。游牧民族之所以流行这种婚姻方式，实际上是由他们的生产方式决定的。草原生活很艰苦，聚集一点财产很不容易。在草原上妇女是有一定地位的。如果父、兄死了，允许后母、寡嫂另外婚配，她们肯定要带走属于她们的那一部分财产。辛辛苦苦攒下的家产岂不要分与他人？

匈奴人的丧葬习俗也很有特点。马是匈奴人最亲密的朋友，也是最好的随葬品。按照他们的葬礼习俗，贵族的马要在主人死后的第3天、第7天、第49天分别被杀死，身子留给亲朋好友享用，马头埋入地下。马笼头、马鞍以及他的武器一同随葬。

在正式的葬礼开始后，男人们要剪下自己的辫子，划破脸颊，用血水和泪水的混合物哀悼自己的领袖。死者的尸体被安放在正中央的帐篷里，歌手骑着马围着帐篷高唱哀歌，接着是狂欢的酒宴，悲伤与娱乐交替进行。尸体在夜间下葬，如果是贵族，会有部分男性奴隶和漂亮的女子殉葬。

匈奴人的棺材分三层，最外面一层是铁皮，中间一层是银的，最里面一层是金的。如果是贵族，会全部用金、银、铁，财力有限的也要镶上银片、金片。埋葬的地点尽量保密，如果是在草原上，会尽量把墓地踩平，等草长出来后，就什么痕迹也看不到了。在欧洲，他们另有办法。像阿提拉暴亡后，匈奴人拦住一条河水，把其遗体埋葬在干枯的河床里，然后开闸放水，并把所有参与施工的奴隶全部杀死，以至于到现在也没有人知道他究竟埋在哪里。曾有人推测他的陵墓应该在匈牙利和保加利亚交界处的蒂萨河下游，是否属实，只有等以后的考古挖掘结果了。

"三权分立"的统治架构

冒顿单于建立起他庞大的草原帝国后,面临着一个难以解决的问题。由于游牧生活艰苦,匈奴的人口很有限,在征服了众多外族部众后,怎样统治他们呢?聪明的大单于创造出一种"三权分立"的统治模式。他把整个帝国一分为三,自己统治帝国中心区域;帝国东部交由左贤王管辖;帝国西部交由右贤王管理。三王各自建立王庭(首都或首府),大单于的王庭最初在杭爱山附近,后来为躲避汉朝打击,北撤到现在的蒙古乌兰巴托附近地区。除重大军事行动需要在单于的统一指挥下行动外,一般事务和小规模军事活动左、右贤王可以自行处理,无须向单于请示汇报。

大单于自称"撑犁孤涂单于"。匈奴人称天为"撑犁",称儿子为"孤涂",所以"撑犁孤涂单于"的意思就是"像天的儿子一样伟大的首领"。单于总揽军政大权,左右骨都侯是重要的辅弼大臣,只能由地位尊贵的呼衍氏、兰氏、须卜氏担任。

匈奴以左为尊,所以左贤王的地位仅次于单于,左贤王一般是单于的候补人选,因此常常由单于瞩意的儿子担任。在贤王以下,分别设有谷蠡王、大将等职务,分别隶属左右贤王。他们的地位高下顺序是:

左贤王第一,右贤王第二;

左谷蠡王第三,右谷蠡王第四;

左大将第五,右大将第六;

左大都尉第七，右大都尉第八；

左大当户第九，右大当户第十。

左右贤王有固定的游牧地域，他们手下的谷蠡王等高官也有相对固定的驻牧之地。这些高官和单于一样，同时也是各级军事首长，大的统领万骑，小的数千。其中万骑长有 24 个。在万骑长以下，又有千骑长、百骑长、十骑长、裨小王、相封、都尉、当户、且渠等官员。由于匈奴帝国是从原始社会的氏族部落直接过渡到国家形态，所以保留了很多旧习惯，以上这些大小官员基本上都是家族世袭的，普通士兵努力征战并不能升官，把掳获的俘虏、财物赏给士兵本人是唯一的激励方法。这种僵化的统治结构为匈奴后来的分裂埋下了伏笔。

匈奴的统治结构看起来比较简单，左右各部"自治"的色彩很浓，集权的味道很淡，但是适合了匈奴不很发达的游牧经济水准，所以一直延续到 1 世纪匈奴衰落。即便在其西迁后仍有很大遗存。很多西方学者因为没注意到这一点，在记录西迁的匈奴帝国历史时经常出现一些误解，本书下文会随时修正。

二、三"花"怒放：多业并举的经济形态

造物主是公平的，在气候恶劣的蒙古高原，有着丰富的铁矿资源，使游牧民族可以更早地掌握冶铁技术，更早

地获得锋利的武器，来和大自然搏斗。

草原民族有着博大的胸怀，从来不拒绝外来的技术和知识。于是，农业和商业有了天然的生存土壤，和叫喊了几千年"重农抑商"的汉民族相比，不知要强多少倍。

作为游牧民族，畜牧业自然是其经济形态中的主业。无边无际的大草原为匈奴人的畜牧业生产提供了广阔的天地，只要有效看管，牛马羊群就可以大量繁殖。畜群既是他们的财富，也是他们的生产资料。他们"食畜肉，衣皮革，被毡裘"。牛羊的乳汁及其制成的干奶酪是他们必备的食品。

马是匈奴人最好的朋友。在匈奴人的词汇中，关于马的词汇最多，像骊、駃騠、駒騟，等等。骡子的出现，说明匈奴人已经掌握了一定的杂交技术。在汉匈战争中经常有数以 10 万计的牲畜被掳走，说明他们的畜牧业成果是巨大的。

每年秋天马肥畜壮的时候，单于都会在蹛（dài）林举行大会，检验这一年中各部落畜牧的成果。在帝国的各行业中，畜牧业是唯一需要定期检查统计的，足见畜牧业在帝国经济中的地位。

不过，匈奴人逐水草而放牧的游牧经济毕竟是粗放且不稳定的，在很大程度上只是利用自然而不是改造自然。所以，一旦遇到风灾雨雪、严寒瘟疫，牲畜就会大量死亡，经济萎缩，人民饥饿困毙，濒于绝境。这时，狩猎的重要性就凸显出来了。

蒙古高原野兽种类众多，既有可供食用的黄羊、野鹿，也有危害畜牧业生产的狼群、狐狸。所以，匈奴人的狩猎既出于补充食物、手工业原料不足的目的，也有保护畜牧业生产的考虑。匈奴的狩猎一般集体进行，各部首领经常组织上万人参与围猎活动，在狩猎的同时进行练兵。他们打猎的常用方法是合围，然后乱箭齐发，竭泽而渔，一个不留。这种方法后来被运用到战场上，让汉人吃了大亏。

后来，匈奴社会里还出现了诸如"射雕者"这样专业的猎户。

对刚刚跨过文明门槛的匈奴人拥有农业，似乎很少有人能理解。其实不仅有，规模还很大。与定居民族不同的是，匈奴的农业并不是固定在一个地方，而是随着游牧地的变化，隔几年就要换一个地方。蒙古高原土壤肥力较差，土层较薄，隔几年就要休耕，客观上正好符合生态需要。大青山一带土壤较为肥沃，是他们首选的农业地带，常种的作物主要有小米、高粱、糜子等耐旱品种。

在占据了西域后，匈奴右贤王还曾派出人马到天山北麓的车师国屯田。车师国土地肥沃，汉朝政府在打通西域后也在这里驻兵屯田。匈奴和汉朝为了争夺在这里的屯田权利曾展开反复的争夺，这也说明匈奴人对农业非常重视。

生产出粮食就要贮藏。匈奴人发明了两种贮藏方法。一是"治楼"，即盖高楼，发挥其凉爽干燥又没有鼠害的优势；一是挖"大窖"，挖窖比盖楼技术复杂得多，既要保证不受地下水侵袭，确保干燥，又要防止其塌陷。估计蒙古高原良好的直立土层帮了匈奴人很大的忙。

正如适应游牧生活要有穹庐一样，适应农耕生活必然要有村落和城郭出现。头曼城、赵信城、范夫人城等是匈奴最有名的城池。它们大多点缀在适宜农耕的阴山山脉附近。从考古挖掘来看，匈奴人的城池和汉地的差不多。城中建筑物多为土木结构，屋脊也用瓦当覆盖。地下有下水管道，城周有围墙。墙外有数道壕沟。居民一般住在城外。

在匈奴的农业中少不了汉人的影子。战国、秦汉时代，"夷夏"的区分观念并不浓烈，经常有汉人因为不满内地统治逃往草原；匈奴的不时南下，也使边境上的汉人被大量掳掠而去。这些北去的汉族人肯定会把他们掌握的农耕、筑城技术带给匈奴。他们是草原与中原联系的纽带，也是汉匈文化交流的第一批使者。

弓箭让罗马人在第一时间领略了匈奴人的手工业发展水平。所以，他们在这方面的记载很多。毛皮制衣工、金饰工、木匠、木雕工、象牙雕工、皮革制件工、补锅匠、陶工、车辆制造匠等，不一而足。

匈奴人最擅长的是冶炼、制造铁器。在内蒙古白云鄂博等地蕴藏了大量的富铁矿石，为其冶铁技术的发展提供了天然的条件。至晚从公元前7世纪起，匈奴人已经开始冶铁并用其制造铁斧、铁刀一类生产工具。由于铁制工具更坚硬、更有韧性，很快被用于生产兵器。著名的"径路刀"即是铁制匕首。三棱箭镞更是让敌人魂飞魄散。

匈奴人兴起的河套地区曾经诞生过著名的"鄂尔多斯青铜器文

化"，说明他们冶炼青铜器的历史更为久远。后来由于兵器多用铁制，青铜器基本被用于生产日常生活用品，如铜锅、铜铃、炊具，等等。

草原民族受地理环境限制，生产并不能完全满足自己的需要，所以天生就需要商业的辅助。他们和周边民族及中原内地都有商贸往来，用于交换的主要是马匹牛羊。

由于商业对他们至关重要，汉朝政府经常以禁止边境贸易作为手段要挟匈奴。匈奴也在同汉朝的"和亲"谈判中每次都附带上开"关市"一条。

由于性格粗犷，不善于在商场上钩心斗角，在匈奴经商的一般是外族人。因此，匈奴民众对商人向来很尊重，和汉人的"重农抑商"截然相反。西汉大行令王恢派侠客聂壹以商人身份往来汉匈之间刺探情报，就是利用了这一点。如果不是边境小吏泄露了消息，匈奴大单于差点儿就被这个假冒的商人骗到 30 万汉军的包围圈中。

畜牧业、农业、手工业，就像三朵鲜花盛开在匈奴的大地上，商业则像绿叶陪衬其间。匈奴的经济大厦就是靠着"三花一叶"，雄起于塞北高原。

三、祖先、自然：神秘的精神世界

以灵物与偶像崇拜为特点的萨满教是一种广泛流传的

原始宗教，匈奴人是最早的信奉者之一。不过，这种信仰在碰到偶像崇拜宗教——比如佛教时，很快会被置换。所以，让佛教在草原民族中迅速传播成了中原政权消弭游牧民族强悍的民族性格的一把利器，屡试不爽。

匈奴人很幸运，在他们驰骋蒙古草原时，佛教还没有传入中原，西迁以后，进入基督教的势力范围。可基督教是最反对偶像崇拜的，与匈奴人的宗教信仰格格不入，所能产生的只是冲突而不是融合。匈奴民族的精神世界因此一直停留在较为原始的状态。

萨满教是我国北方阿尔泰语系民族信奉的一种原始宗教，曾经普遍存在于草原民族当中，草原民族信奉萨满教，有其深刻的原因。费尔巴哈曾说过："自然是宗教的最初原始的对象，这一点是一切宗教、一切民族的历史充分证明了的。""对于自然的依赖感，再加上那种把自然看成一个任意作为的、有人格实体的想法，就是献祭这一自然宗教的基本行为的基础。"费尔巴哈大师这一真理性的描述指出了宗教产生的最初原因：对千奇百怪、变化万端的自然现象不理解，既依赖它，又对它感到恐惧，认为是某种超人力的神灵在掌握这一切，于是拜倒在它的脚下。一旦有了这种想法，人们就会把与自身生活密切相关的日月星辰、风雨雷电、山川土地等自然现象作为顶礼膜拜的对象。因此恩格斯曾说："他们用人格化的方法来同化自然力，正是这种人格化的欲望，到处创造了许多神。"这样，作为原始宗教的萨满教便在人们的生活中应运而生。

在萨满世界里，"萨满"——巫师是中心环节。萨满最基本的功能是为人间沟通和联络神灵、祖灵、精灵、鬼灵诸界，以帮助人间解脱痛苦和灾难。而通灵这个神圣的使命，是普通的氏族成员难以承担和胜任的，必须具有天赋异禀的人才有这种能力。这种能力就是做萨满的基本素质。通灵能力和某些疾病相联系，如精神疾病的治愈者、得了天花而不死者、重伤不死者等，据说他们的伤痛是由神灵加诸其身的，因此，在选拔萨满时他们往往是未来合格的萨满人选。

萨满的产生与古老的猎牧地区的自然灾害和流行疾病分不开，因此在萨满的职能中天然地包含了医治疾病和占卜凶吉的内容。在治病方面，萨满采取的主要不是医术，而是巫术。萨满在治病时，以跳神的方式为主，也辅助动用火、水、木器、金属器等作法的巫术手段。如萨满赤脚踩踏烧红的炭火后，立即用脚去踩病人患病的部位，就是一种所谓以神灵驱病魔的巫医技巧。此外，也有用烧替身的办法为人治病的，即用纸或草等扎成人形，然后施以萨满术，使这些替身有了"生命"后，用火烧掉替身。

匈奴的萨满，在中文史籍中称"胡巫"，一般是女性。除了替单于沟通上天、祖先之外，匈奴的巫师还经常参与现实政治斗争。每次匈奴对外出兵时，都要先由巫师做祷告和占卜，吉则出，凶则缓。汉武帝的大舅哥贰师将军李广利兵败投降匈奴，丁零王卫律有意陷害，于是串通巫师，假托已死去的"先单于"留言，要用李广利做祭品，血祭胡社。单于信以为真，不敢怠慢，下令处死贰师。

李广利也不含糊,临死前破口大骂,诅咒匈奴在他死后要受大灾,亡国灭种。巧合的是,李广利死后匈奴果然连续几个月雨雪不断,牲畜死亡众多,瘟疫流行,粮食作物也迟迟不成熟。单于大为恐惧,想起李广利的诅咒,连忙补救,专门为李广利修了一个祠室,定期祭祀。

在汉匈战争后期,匈奴连战不利,曾经命令巫师在死去的牛羊身上施用法术,然后掩埋在汉军经过的地方。汉军接触后大批感染疾疫,损失很大。何新先生甚至因此认为这些牛羊是被巫师做过特殊毒化处理的"生化武器",匈奴人是人类历史上最早使用生物武器的人。名将霍去病年仅 24 岁就病死了,据说也是因为饮用了被污染的水。

这些巫师随着不断投向汉朝的匈奴人而流入中原地区,甚至进入宫廷,引发严重的宫廷政变。赵地人江充经汉武帝宠爱的钩弋夫人引荐被重用,被任命为"直指绣衣使者",即特务头子。江充勾结大批胡巫,宣称皇帝生病都是因为有人用"巫蛊"害他。根据民间传说,巫师把毒虫、毒蛇放在一个器皿里,让它们互相吞噬淘汰,最后一个硕果仅存的怪物,即是蛊。巫师事先削制木人埋藏在仇人的住处或自己身边,然后操纵这种怪物进行诅咒,据说要仇人生病就生病,要他死他就死。汉武帝梦想长生不死,相信了这些鬼话。于是江充带着胡巫到处找"巫蛊",趁机大肆迫害政治对手。太子刘据天性仁慈,和江充不睦,江充于是在太子东宫和其母皇后卫子夫的宫里大肆活动,翻了个底朝天,找出很多事先藏好的巫蛊，而且利用特务组织阻止刘据母子向皇帝申诉。刘据眼看大祸临头，被迫铤而走险发动政变，杀死江充，然后率领京城百姓和保皇派大战五日，最后寡不敌众，携幼子出逃，被捕时自杀身亡，史称"巫蛊之祸"。汉武帝老年丧子，性格日渐怪异，干了很多蠢事，使汉朝的江山大损元气，再也无法振兴。

当然，这些巫师并非只会装神弄鬼，他们也能治病救人。其巫术很多灵感来自自然的原始的临床医学。苏武出使，被动卷进一场政变，引刀自杀。巫医紧急治疗，在地上挖了个坑，燃起温火，把苏武放在上面，用脚踩他的后背，直到踩出血。苏武原本已经气绝，在巫医的治疗下竟然又苏醒了过来。

在原始的萨满教中，自然崇拜和祖先崇拜是最主要的成分。在匈奴人的自然崇拜中，最突出的是对天、地、日、月的崇拜。匈奴人对天地十分尊崇，在一年三次大规模祭祀中，正月的春祭、五月的龙城大祭，都要祭祀天地——单于自称"天所立匈奴大单于"，单于的阏氏则代表后土——地。这样，祭拜天地的同时也相当于是对单于夫妇的膜拜，有利于巩固其统治。匈奴祭天最早在自己的发祥地——鄂尔多斯草原上的云阳甘泉城下。后来此地被秦朝夺去，只好向西迁到河西走廊休屠王右地。不幸的是，此地后来又被汉将霍去病夺取，连祭祀用的"祭天金人"也被掠去。据《魏书·释老志》的记载，这个金人大约有一丈高，汉武帝也不敢怠慢，把它陈列在自己的行宫——甘泉宫内，派专人烧香礼拜。

对日月，单于要每天在其升起时朝拜。另外，每次出兵之前都要观察星月，月盛则可攻战，月亏则必须罢兵。由于太阳从东方升起，匈奴人自然产生了以左为尊的观念。据说东部的左贤王地位仅次于单于。毡房的房门也常向左（东）开。大概是因为太阳带来了光明，匈奴人非常喜欢白色，与人盟约时要杀白马歃血，共饮血酒。

对自然的崇拜自然衍生出对鬼神的恐惧。对于一些无法解释的现象，他们一般会将其归之于鬼神作怪，敬而远之。比如苏武被扣留后，单于断了他的饮食，把他关在地窖里。正好天下大雪，苏武饮雪水，吃毡毛，数日不死。单于以为有神保护，连忙释放，并把苏武迁徙到遥远的贝加尔湖畔安置。

对于祖先，匈奴认为他的灵魂不灭，所以要随葬大批的衣物、器皿乃至奴婢人牲，供其在天国享用，必要时还会通过巫师与祖先对话。每年五月，单于会在龙城大会诸侯，举行大规模的祭祖活动。坟墓是祖先的住所，位置要严格保密，而且严禁任何人破坏。汉昭帝时，东胡的后裔乌桓曾挖掉了匈奴单于的坟墓，打扰了祖先的清静，匈奴大怒，马上发兵痛击乌桓。

由于资料的缺乏，我们现在已经无法知道更多的关于匈奴人精神生活的信息。不过可以肯定的是，他们信仰的是原始的图腾崇拜的进化物，以崇拜偶像为特点。这种信仰在碰到更为高级的偶像崇拜宗教——比如佛教时，会很快被置换。让佛教在草原民族中迅速传播是中原政权消弭游牧民族强悍的民族性格的一把利器，屡试不爽。

　　幸运的是，在匈奴驰骋蒙古草原时，佛教还没有传入中原。汉朝政府也还没有完全剔除诸子百家的影响，儒学的正统地位还在树立和巩固过程当中。自己的精神还没有完全统一武装起来，自然无法去控制别人的精神世界。匈奴西迁以后，进入基督教的势力范围，可基督教是最反对偶像崇拜的，与匈奴人的宗教信仰格格不入，所能产生的只是冲突而不是融合。所以，匈奴民族的精神世界一直停留在较为原始的状态。这究竟是福是祸，后人很难评说，但有一点可以肯定，正是由于其信仰没有受到外来冲击，才保住了匈奴人借以傲视欧亚大陆的唯一资本——铁骑始终保持着高昂的战斗力。

成王败寇：被迫远徙的北匈奴

成者王侯败者贼，这是中原政治文化中的一条铁律。粗犷的草原英雄们可没有做贼的打算。"大英雄岂能仰人鼻息？打得过就打，打不过就走，天高地远，此处不养爷，自有养爷处，这大草原可没有尽头。"

于是，强悍的狼群分家了，贪恋故土的选择了留下，慢慢地变成了温顺的绵羊，给中原汉人的血液里注入了一分胡气；狼性未泯的则嗥叫着义无反顾地离开了蒙古高原，离开了他们的祭天金人，奔向西域，奔向吉尔吉斯高原，奔向那片未知的世界。

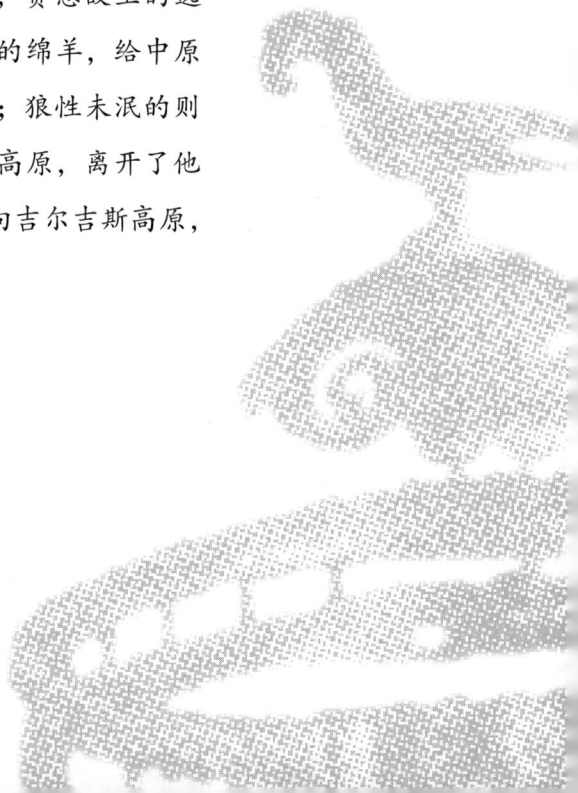

第三章
"师夷制夷"：长城两侧的攻守易位

"师夷长技以制夷。"这是魏源老夫子留给清朝统治者的谆谆教诲，可惜死水微澜，没见多大响动。倒是好学的东夷——日本人，率先拿去，奉为瑰宝。几十年后，清人惊呆了。

一、胡服骑射与李牧大捷：夹缝中生长出来的"师夷"高手

匈奴的突然出现，打得秦、赵、燕三国措手不及，纷纷修葺长城，作消极抵抗状。赵武灵王不干了，我们的祖先曾经就是"夷人"，干吗要受这些蛮夷欺负？恢复当年的"夷风"有点困难，还是直接向这些落后于自己几百年的匈奴人直接学习来得快。于是乎，丛台的美酒窖边出现了胡服骑士的矫健身影，塞外边关出现了弓箭在手的赵国勇士。

匈奴古称鬼方、猃狁，早在商周时期就和中原政权发生过冲

突。《周易·既济》中记载，商王武丁"伐鬼方，三年克之"。西周以后，以上两个名字逐渐消失，开始出现犬戎等少数民族。犬戎是否就是匈奴，尚有争议。西周穆王曾经征讨犬戎，"得四白狼、四白鹿以归"（《国语·周语上》），白鹿、白狼，显然是犬戎战败后进献的礼品。狼是草原民族最尊敬的动物之一，很多民族的起源传说都与狼有关，联系到匈奴人喜爱白色，至少可以说犬戎与匈奴有密切的联系。

周穆王打败犬戎之后，为便于控制，把一部分犬戎迁徙到临近周朝中心地带的太原居住，即现在的宁夏固原、甘肃平凉一带。不料此举给后世埋下了祸根。周幽王为了讨冷美人褒姒的欢喜，烽火戏诸侯，惹怒天下。申侯趁机联合犬戎进攻西周国都镐京（今西安附近），幽王被杀，褒姒也被掳走。即位的周平王无奈，只好东迁至洛邑（今洛阳一带）。

大约在公元前 4 世纪，战国的时候，匈奴的名字开始出现在汉文史籍当中。匈奴的活动区域主要在漠南黄河河套地区（贺兰山以东、狼山和大青山以南、黄河沿岸的地区）和阴山（狼山、大青山等）一带。这里"草木茂盛，多禽兽"，无论对于畜牧还是狩猎，都十分有利，游牧经济发展迅速，很快就成为邻近的燕国、赵国、秦国的心腹大患。三国先后在边界修筑了长城，以阻止匈奴铁骑长驱南下。为了在七国竞争中占据有利位置，燕、赵等国还曾拉拢匈奴一起进攻敌国。匈奴人继承了犬戎的"外交"政策，有意在中原各国之间纵横捭阖，谋取自己的最大利益。

不过受自然条件的影响，匈奴人在后勤补给匮乏时仍然不时发兵南下侵扰，掠夺人口、财物。大青山——河套一线是匈奴部众生活的中心区域，南面正对着秦国、赵国，秦国国力强盛，赵国相对软弱，因此赵国受到的侵扰最为严重。不过匈奴的幸福时光并不长远，赵国的武灵王进行了大胆的"胡服骑射"改革，"师夷长技以制夷"，很快瓦解了匈奴骑兵的优势，实现了长城两侧的第一次攻防转换。

胡服骑射为什么会在赵国发生？我们还得从那位"桐叶封弟"的周成王说起。

相传周成王姬诵有一天和弟弟叔虞一起在宫中玩耍。姬诵随手捡起了一片落在地上的梧桐叶，把它剪成玉圭形，送给了叔虞，并且对他说："我把这个玉圭封给你吧。"史官们听后，把这件事告诉了辅政的周公。周公见到姬诵，问道："你要分封叔虞吗？"姬诵说："怎么会呢？那是我跟弟弟说着玩的。"周公却认真地说："天子无戏言啊！"

姬诵想了想，决定把叔虞封为唐国的国君，史称唐叔虞。叔虞死后，他的儿子燮继位。因为境内有晋水，便改国号为"晋国"。为了祭奠唐叔虞，姬燮在晋水源头、悬瓮山下修建了一座祠堂来祀奉他，这就是著名的"晋祠"。

"桐叶封弟"只是美丽的传说，周王封叔虞为唐国的国君，其实有明显的战略目的。晋国西靠吕梁山，东临太行山，南面是中条山，整个国家被紧锁在三座大山之中。更要命的是，他的四邻都是

"戎狄之民"。当时黄河中游流域基本上是北方游牧少数民族的活动区域，这些少数民族不时南下西进进攻周王朝，是周朝的大患。在他们当中设一个封国，等于在少数民族活动的核心地带钉进一个楔子。对异己的唐（晋）国，戎狄之民当然要除之而后快。这样，一个小小的唐国就转移了戎狄大量的注意力，减轻了宗周的压力。

晋国的统治者还确实不含糊，他们没有依靠大山之险单纯地龟缩其中，而是主动向外出击，开疆拓土，当时称"启土"。"启土"的对象当然是戎狄领地。在晋国的臣民中，有一支特殊的部众，即周王封给他们的"怀姓九宗"。这"怀姓九宗"其实就是周王俘虏的鬼方奴隶。换言之，即一帮匈奴人。外有戎狄，内有"九宗"，晋国统治者的处境可谓糟糕透顶。不过压力越大，动力越大，晋国统治者因地制宜地创造出一套独特的统治术，即"启以夏政，疆以戎索"。所谓"启以夏政"，即按照华夏族政权的统治模式来控制整个国家和新占领的戎狄领地；"疆以戎索"则是要在不干扰"夏政"的基础上，尽可能适应戎狄的旧有制度。这样，晋国统治者不仅扩大了领土，而且传播了周代文化。不过，晋国因此也染上了很多的胡气。比如著名的晋文公，每次上朝时都是穿一身羊皮衣服，俨然一副胡人酋长的气派！

不仅如此，晋国还是"和亲"政策的始作俑者。向戎狄要土地，未必每次都能得手。公元前569年，晋悼公为恢复晋文公时的霸业，在魏庄子的建议下，决定"和戎"，缓解背后的压力，以便腾出手来，专心对付南方的楚国。其和戎办法大致如下：（1）互通有无，用中原的美酒佳肴女乐换取对方的马匹、毛皮；（2）定期盟会，解决近期出现的矛盾；（3）互相通婚，建立统治者之间的亲戚关系；等等。对比一下可以发现，汉朝的"和亲"政策和晋国的"和戎"政策区别不大。唯一不同的是，汉朝只向外嫁宗室女，从来没有从匈奴娶个妻子回来。

《孔丛子》中有这样一个故事：

魏国使者子顺出使赵国，赵王向他请教拉拢北狄的办法。子顺回答："给它好处，和它互市，北狄自己就会过来。"赵王很奇怪："寡人的目的是削弱它，如果与它互市，把我国的好东西卖给他们，不是让它更强了吗？"子顺大笑，随即作了一番精辟的阐述：

"和北狄互市，只是用我们没用的东西换取他们的宝贝而已。衣服、丝织品、美酒佳肴都是他们喜欢的。牛马、毛皮、弓箭，等等，他们有的是，可以很随便地给我们。牛马、弓箭这些东西都是我们的战略物资，平时求之不得；服装布匹、美酒佳肴我们有的是。宽袍大袖的服装并不适合马上穿着，美酒佳肴吃完就没了，这些对他们其实都没什么大用。相反，他们会日渐沉迷于我们的锦衣玉食，逐渐丧失自己的优势，到时候可以一举歼之，何止是削弱他们呀！"

看了子顺的分析，不禁让人钦佩中行说的远见。晋国人发明的"和戎"，客观上促进了不同民族间的文化交流，有利于民族融合和汉民族的形成。中行说坚决反对匈奴贵族穿着汉朝赠送的衣物、食用汉朝的美酒佳肴，维护匈奴自己的民族特点，尽管阻碍了汉匈两大民族的交流，但维护了匈奴的军力。

公元前 369 年，三家分晋，赵国分得的领地最多，但也因此和匈奴成了邻居。大青山以南的沃野是匈奴人的乐土，同时也是南下的跳板。为了控制住这块要地，赵国和匈奴进行过多次较量，结果都以失败告终。不过祖先的胡气给了赵国人以智慧和变革的勇气。

公元前 302 年，赵武灵王这位有着胡、汉双重血统的圣王英主，开始了大刀阔斧的改革。赵国军队的武器其实比匈奴精良，但多为步兵和兵车混合编制，加上官兵都身穿长袍，甲胄笨重，反应不灵活。武灵王抓住要害，在大臣肥义等人的支持下，首先改革服装，要求所有人都要穿着匈奴人那样的短衣、长裤。

改革服装在古代不是一件小事。从周初开始，周王朝的政权设计者们就为后世设计了一套严格的礼乐制度。服饰是礼乐制度的重要组成部分，通过服装即可辨别某人的身份地位。改穿胡服，大家都一个样，直接破坏了原有的等级秩序，肯定会有很大阻力。

武灵王的叔叔公子成首先反对。为了说服公子成，武灵王亲自到公子成家做工作，用大量的事例说明胡服的好处，终于使公子成同意改革胡服，并表示愿意带头穿上胡服。公子成的工作做通之后，仍有一些王族公子和大臣极力反对。他们指责武灵王说："衣服习俗，古之礼法，变更古法，是一种罪过。"武灵王批驳他们说："古今不同俗，有什么古法？帝王都不是承袭的，有什么礼可循？夏、商、周三代都是根据时代的不同而制定法规，根据不同的情况而制定礼仪。礼制、法令都是因地制宜，衣服、器械只要使用方便，就不必死守古代那一套。"

在服装改革成功之后，武灵王下令改革军队，向匈奴人学习骑射技术。经过反复训练，终于训练出了一支堪与匈奴铁骑媲美的精锐骑兵。

改革成功后，赵国开始反击了。反击首先从邻近的匈奴别部林胡、楼烦开始。林胡、楼烦实力弱小，而且犯了轻敌的毛病，很快被击垮。赵国的土地因此向北延伸了千余里。赵国原来建了内、外两道长城，林胡、楼烦长期在内长城附近活动。击败两部后，赵国先后在这里设立了云中、雁门、代三郡，与匈奴本部开始隔着外长城相望。

对于赵国的反击，匈奴不甘示弱，开始频繁地往来于长城之下，使赵国边境的农业、畜牧业生产遭到很大破坏。由于南方和秦国的战事不断，赵国无力北顾，只好采取守势。大将李牧奉命守边。李牧分析形势后采取了积极的应对措施。他一面广建烽火台，派出大批间谍，及时掌握匈奴骑兵的动向；一面严加防备，以逸待劳，尽可能不战而屈敌之兵。后来李牧内调，新的将领改弦更张，主动出击，结果屡遭败绩。赵王无奈，只好再派李牧镇边。

李牧认为匈奴此时正是骄兵，骄兵必败，有机可乘。于是集中战车1300乘，骑兵13000人，步兵5万人，弓箭手10万人，采用了匈奴人惯用的诱敌深入之计，以其人之道，还治其人之身。开始，李牧命令"大纵畜牧，人民满野"，引诱匈奴进攻，然后又诈败后退。匈奴屡战屡胜，不假思索地紧追，结果陷入赵军的重重包围，损失十余万骑。李牧趁机大规模北进，破东胡，降林胡，逼得单于四处奔走，十余年不敢再南下牧马，"士不敢弯弓而抱怨"。

二、从"秦人"到"汉人"：风水轮流到匈奴

秦始皇一声怒吼，没用的头曼单于赶紧后退几百里。骄傲的匈奴人不干了，于是，弑父弃妻的冒顿被扶上单于宝座。冒顿单于没有南下，他在等待着汉朝人统一天下。草原英雄不会乘人之危，冒顿要和刘邦进行一次公平的较量。可他错了，自己的对手虽颇善权术，却没打过什么胜仗。于是，大发慈悲的冒顿打开一个缺口，放了他一条生路。

赵国打败了匈奴，自己的气数也已经消耗殆尽，而且在客观上帮助秦国解除了北方的一大祸患，使秦国可以专心对付关东六国，完成自己的统一大业。不久，赵国即继韩国之后从地图上消失了。公元前221年，秦国经过几代人的努力，终于完成统一大业。从此，"秦人"成为外族乃至外国人对中原民族的称呼，就像后来的"汉人""唐人"一样。旁观者也知道给中原人取一个满足虚荣的名字，以便从中分一杯羹。否则，"宋人""明人""清人"一类称呼早就扣在我们头上了。

趁着秦国集中全力与六国进行兼并战争、无暇北顾的机会，匈

奴逐渐恢复过来，又开始小规模地南下侵扰。公元前215年，头曼单于又一次南下。秦始皇决定大规模反击，不顾丞相李斯的阻拦，派大将蒙恬率大军30万北上，一举夺回"河南地"（今内蒙古鄂尔多斯市一带）。次年又夺取了匈奴控制的高阙（今内蒙古临河西北）、阳山（今内蒙古狼山）等地。头曼单于外强中干，一见情况不妙，赶紧北撤了七百余里，迁徙到朔方。而且在自己的领地内也要"置烽燧，然后敢牧马"。

秦始皇反攻匈奴表面的原因是在他北巡上郡时，有人向他献上一道谶语："亡秦者，胡也。"为了秦朝的万世基业，秦始皇必须赶走胡人。其实，匈奴占据河套地区，直接威胁国都咸阳，卧榻之旁岂能容他人酣睡？即便头曼单于不出兵挑衅，秦始皇也会主动挑起战事。

为巩固战果，秦始皇在河套设置了九原郡和44个县，从内地迁徙3万多人到这里屯垦。鉴于匈奴主力未损，实力尚存，秦军一直没敢回撤，而是长期驻扎在那里。为了巩固国防，秦始皇下令于公元前213年修筑万里长城，把以前秦、赵、燕三国的北边长城连接起来，再加以修补和扩充，西起陇西郡临洮，沿着黄河、阴山，蜿蜒曲折，直达辽东郡的碣石。

万里长城对于抵御匈奴骚扰发挥了很大作用，但动用的人力、物力过于庞大。而且由于无限制地役使民夫，致使百分之六十的民夫被折磨致死，民怨沸腾，这对秦朝的灭亡起了推波助澜的作用。

公元前210年，蒙恬因为支持太子扶苏，被秦二世胡亥处死。

次年，陈胜、吴广在大泽乡揭竿而起，秦王朝迅速瓦解。原来戍守在边境的士兵、移民一时走散。"北徙十有余年"的头曼单于趁机南返，重新渡过黄河，进入河套地区。

但这个头曼单于是个典型的扶不起来的阿斗。在中原一片大乱的时候，他也只是稍稍南下了一点而已，根本不敢去收复河套失地。东边的东胡根本看不起他，西边的月氏抢走了河西走廊，而且公然索要质子，北边的丁零也不时南下。可头曼却不思振兴，只知道抱着爱妾游乐。唯一的一次主动出击月氏，还是为了加害自己的太子。匈奴的命运走到了拐点，要么在头曼统治下一路衰落下去，要么代之以一位伟大的人物。历史选择了后者，著名军事家、匈奴奴隶主阶级的代表——冒顿上台了。

冒顿上台的过程前面已经介绍过，此不赘述。倒是头曼单于的行为让人费解。冒顿从月氏逃回，从道理上讲，头曼要么恢复他的太子资格，重修父子之好；要么再接再厉，另想除掉冒顿的办法。昏头的头曼却做出了一个让人莫名其妙的决定：既不恢复冒顿的太子之位，又给他 1 万铁骑。这不是等着让自己的宝贝儿子来收拾自己吗？

冒顿也不客气，鸣镝一响，头曼顿时变成了刺猬。此时，长城南边的各路人马正热衷于彼此厮杀，给冒顿创造了一个良好的外部环境，使之可以专心经营自己的草原帝国。他首先策马东进，亲手干掉了昏睡中的东胡王，然后向西进攻月氏，把他们赶出河西走廊，收复故疆，解除了右侧的一大威胁。月氏被迫西迁中亚，挤跑了西徐亚人，后来建立起贵霜帝国，成为和汉帝国、罗马帝国、安息帝国并立的四大帝国之一。欧洲人不明就里，因为他们皮肤较白，干脆称之为"白匈奴"。

西徐亚人丢了家园，没办法，只好向西迁徙，进入乌克兰地区，进而挤压了当地的日耳曼部落，迫使他们再向西进，去骚扰罗马帝国。因此可以说，冒顿单于是第一波西进运动的发动机。在冷兵器时代，来自东方的游牧部族总是比西方的部族厉害一些，他们大鱼吃小鱼式地向西挤压，掀起一波波浪潮，最终倒霉的都是罗马帝国。因为他们是定居民族，必须保家卫国。而且西边是浩瀚的大西洋，以他们那一点航海技术，挺进大西洋只能是送死，要不然也不会再等上 1000 多年，才有哥伦布的地理大发现。

解决了左右侧的劲敌，冒顿开始向南挺进。东路军直破原来赵国的外长城，收回被赵武灵王夺取的楼烦；西路军南渡黄河，进占白羊王的领地，重新夺回被蒙恬占去的河套平原，兵锋直抵长城脚下。不过，聪明的冒顿保持了足够的克制，没有继续南进，而是改为北上，全力解决自己背后的麻烦，而且取得了一个满意的结果：北方的丁零、新犁等部落纷纷投降，均屈服于他的弓矢之下。

冒顿没有南下的原因有两个。一是长城以南已经是农业区，并不适合放牧，让自己刚刚兴起、劲头正足的游牧骑士们下马耕田显然没有任何好处；二是西段长城以南接近关中地区，那里是刘邦的老巢。此时忙于和项羽争夺天下的刘邦正被打得焦头烂额，连吃败仗。如果南下袭击关中，等于帮了项羽的大忙；项羽一旦夺得天下，这位连秦始皇都不放在眼里、从小就想取而代之的西楚霸王肯定不会眼睁睁看着河套、关中的肥田沃土为他人所占。这等于给自己树了一个劲敌，对新生的匈奴政权有百害而无一利。所以，冒顿收住兵锋，乐得坐山观虎斗。

不过不南下，不等于不东进。因为在辽东、河北一带，还有很多当年被燕国夺取的匈奴故土没有收回来。公元前202年，燕王臧荼因为当年错误地站在项羽一边，遭到汉朝大将韩信的痛击。其子臧衍亡入匈奴，准备借匈奴之力，反击汉朝。冒顿正想恢复旧疆，于是顺水推舟，起兵进攻燕、代地区。

"秦人"变成了"汉人"，可"汉人"并没有继承往日的荣光。此时的汉朝百废待兴，皇帝连想凑四匹颜色、个头一致的马来拉自己的龙辇都困难，将相上朝更是只能坐牛车。面对匈奴咄咄逼人的攻势，刘邦只好派韩王信率领本部人马进驻太原，先去抵挡一阵，躲一天算一天。这个韩信不是汉军统帅韩信，而是原来韩国王室的后裔，趁着秦末天下大乱，在张良的帮助下重新崛起。在楚汉战争开始时，韩信就站到了刘邦一边，算是选对了主子。不过刘邦对异姓诸王并不放心，所以把这个苦差事交给了他。打胜了算是替刘邦又卖了一命，打败了等于剪除了一个祸患，一箭双雕。

韩信到太原后，见防御工事破坏严重，根本来不及修缮，便请示刘邦，准备移师马邑。马邑在现在的山西朔州一带，离匈奴更近，刘邦乐得送个顺水人情。韩信到马邑后立即着手修缮城池，存储战备物资。公元前201年秋，各种防御工程刚刚完工，匈奴大军即蜂拥而至，把马邑围了个水泄不通。马邑虽然不大，但匈奴骑兵的优势在于野战，不擅长攻坚作战，所以双方僵持了数日，马邑依然没有攻下，倒是匈奴损失不小。冒顿大怒，增兵猛攻。韩信担心难以长久坚持，连忙飞书告急，同时采取缓兵之计，派人同冒顿谈判，谎称要投降。

刘邦起初派了援兵，不料援兵到太原后停止前进，领兵主帅反而告了韩信一黑状，称其要谋反投降匈奴。刘邦本来就对这些异姓王侯不放心，闻报马上派人赶到马邑，责问韩信意欲何为？韩信大惊，知道按照刘邦的性格，早晚要对自己下手，于是假戏真做，献城投降匈奴。冒顿以韩信为向导，南下直攻太原。

警报传到长安，刘邦大惊。不过此时的刘邦还有些雄心壮志，心想当年秦始皇也是在统一战争刚刚结束不久即北上讨伐匈奴，而且一战成功，自己同样是刚刚消灭项羽，士气正盛，怎比不得秦始皇？于是下令御驾亲征。公元前200年冬十月，刘邦率领32万大军，冒着风雪严寒，赶赴前线。汉军前锋很快与韩信的部队遭遇。韩信投降匈奴，心中有愧，无心恋战，假意抵抗了一阵即退回马邑。冒顿听说韩信战败，马上派左、右贤王出兵相助。双方在晋阳城下相遇，汉军大获全胜，匈奴人败走。汉军追到离石，缴获大批牲畜。

在中国历史上，刘邦是个颇善政治权术的帝王。他可以把群臣玩弄得团团转，但让他去指挥高技术含量的战争，可就勉为其难了。匈奴最擅长的就是诱敌深入，偏偏刘邦就吃这一套。眼见连续获胜，刘邦志得意满，急于建立秦始皇那样的万世功业，不顾汉军南来不胜严寒的实际情况，严词督促北上追击。

汉军加速北进，刘邦亲自乘战马先行，骑兵很快杀到平城，可步兵却被远远地甩在后面。在刘邦刚到平城、人困马乏之际，冒顿单于亲率铁骑赶到，四面出击，势不可当。汉军仓促抵抗了一阵，即拥着刘邦爬上平城东北方的白登山，固守待援。白登山山势险峻，易守难攻，冒顿于是决定从四面围困，企图饿死刘邦。刘邦从山上俯瞰，只见匈奴骑兵漫山遍野，西面是白马，东面是青马，南面是红马，北面是黑马，军容严整，进退有序，这才知道自己的军事智商是多么低下。

汉军被围了七天七夜，缺粮断草，面临覆灭的危险。士兵悲歌："平城之下祸甚苦，七日不食，不能弯弓弩。"最后还是那位传说和自己的嫂子有私情的陈平无意中看到单于阏氏与单于并马而行指挥军队，灵机乍现，想出一个馊主意。他命人给阏氏秘密送去很多财物和一幅美人图，谎称要献给单于一名美女。秦汉时燕赵娇娃很出名，阏氏顿时醋意大发，当夜即劝单于撤兵北归。单于眼看汉朝步兵陆续赶到，也怕有意外，于是解开围军一角，让汉军趁着大雾仓皇撤走。

冒顿虽然放走了刘邦，可东进收复失地的计划没有改变。代、雁门、云中一带仍然不时遭到匈奴攻击。这时，刘邦的另一个谋士——刘敬站了出来。刘敬建议与匈奴"和亲"，把公主嫁给冒顿，这样，冒顿在世时是刘邦的女婿，死后他的儿子——刘邦的外孙继承单于位置，世代姻亲，自然会和平共处。刘邦接受了这个建议，但送亲生女儿实在舍不得，于是把一个宗室女冒充公主送给了冒顿。嫁女儿当然要给一笔嫁妆，刘敬与冒顿约定，一次性赠送黄金千斤，另外每年奉送一定数量的棉絮、缯布、酒、食物，等等。同时开放关市，允许两国人民进行贸易。说是嫁妆，其实就是贡赋。好在匈奴也不在乎名义，照单全收。

送公主出塞的次年，刘邦派亲信陈豨出任代国国相，防御匈奴。不料，这个陈豨当年就勾结匈奴，自立为代王，害得刘邦又费了很大劲才平定。公元前195年，燕王卢绾又投降匈奴，频繁进出渔阳、上谷一带。刘邦气急败坏，箭伤发作，一命呜呼。

这时，为了考验汉朝"和亲"的诚意，冒顿给刘邦的遗孀吕太后发来一封国书，上写"陛下独立，孤偾独居，两主不乐，无以自虞。愿以所有，易其所无"（《汉书·匈奴传》）。这话有些费解，简单说就是我没了妻子，你死了丈夫，两人都不快乐，不如咱们俩结为夫妻，共享快乐。

这对堂堂大汉国母是十足的侮辱，满朝文武无不愤慨。樊哙当场请命说："臣愿得精兵10万，横行于匈奴之中。"而季布却对吕太后说："应该把这个吹牛的樊哙斩首。几年前汉兵32万，樊哙为上将军时，匈奴围高帝于白登山，樊哙不能解围救高帝于水火，现在却扬言以10万兵击败匈奴，这是当众撒谎。"吕太后默默点头。这位以强悍而闻名的太后不无屈辱地亲笔给冒顿写了一封回信，表示自己"年老气衰，发齿坠落"，无意改嫁，但和亲政策一定要维持。冒顿单于此时的注意力主要在经营西域，看汉朝确有诚意，也就罢手了。此后，汉惠帝、文帝时又先后有公主出嫁单于。文帝时双方又具体约定以长城为界，长城以北属匈奴，为"引弓之区"；以南属汉朝，为"冠带之室"。

此后，虽然不时有匈奴骑兵南下侵扰，但大体上保持了和平态势。公元前177年，右贤王驱兵进入河套，逼近长安。汉文帝调集8万骑兵准备大举反击。右贤王主动后退，冒顿为此还专门致信汉文帝，表示此事完全是右贤王和汉边地官吏有矛盾而引起，未经自己批准，而且已经处罚了右贤王。一场大战戛然而止。

匈奴在优势条件下保持克制，和其主要注意力在西域有关。公元前174年，冒顿病逝。其子老上单于把注意力完全扑到西面的月氏身上。在其打击下，月氏被彻底赶出西域，国王的脑袋也被老上做成了酒具。

在彻底解决了西域后，匈奴的兵锋再次南指。老上单于和其子军臣单于都曾大规模南下。不过汉朝除了作适当阻击外，并没有大的动作。屈辱的和亲政策一直坚持了下来。汉朝政府则全力经营内部，韬光养晦，积蓄力量，准备未来的反击。

三、铁马金戈40年：一番大战之后，依旧南北各自天

公元前120年冬，度安驿的快马送来了一条惊人的消息——13年前出使西域，邀月氏共击匈奴的使臣张骞回来了！

未央宫大门洞开，承明殿灯火通明。

面对汉武帝和满朝文武，饱经风霜的张骞侃侃陈述了月氏国不敢出兵的缘由，并将一捆绘有河西走廊地图的羊皮呈现给武帝。

从此，汉朝大军有了战略方向，杀得匈奴退出漠南，退出河西走廊，流亡到漠北草原。

公元前141年，冒顿单于去世30多年后，一个文韬武略可与冒顿媲美的年轻皇帝——汉武帝即位。此时的汉朝国力臻于极盛，官粮多得以至陈腐不可食用，银钱散落一地无人收拢，战马也增加到30万匹以上。汉武帝锐意改革，对内推行察举制度，不拘一格选拔人才。同时加紧训练骑兵，特地请来匈奴教师，按照匈奴的训练方法来训练。对外派张骞出使西域，联络月氏国，争取从两线夹击匈奴。张骞途经匈奴时被扣留，一住就是10年。匈奴倒也没亏待他，还送给他一个女人。尽管在匈奴娶妻生子，张骞意志未倒，还是逃了出来，经过千难万险才找到那个远迁天山之西的月氏。不过此时的月氏生活在中亚的沃土上倍感舒适，无论这个大汉使臣作如何激动之游说，仍然提不起他们复仇的热情。尽管没有完成使命，但加深了对西域的了解，为后来孤立匈奴、沟通西域创造了条件。此时的匈奴在军臣单于的领导下，并没有意识到汉朝的变化，还是按照以往的惯例，不时南下敲打一下，维持自己战略上的进攻态势。

公元前133年，汉朝反击的大幕正式拉开。夏六月，汉武帝接受王恢的建议，命雁门商人聂壹以走私犯的身份进入匈奴，引诱军臣单于进攻马邑。同时派李广、韩安国等率30万大军埋伏在附近山谷中。军臣单于率领10万骑兵如期进入武州塞，看到畜群遍野，却无人管理，心生疑惑，于是抓来汉朝一个巡边尉史，得知汉朝的诱兵之计，连忙撤退。汉朝的第一次反击行动宣告失败。军臣单于以为有天神相助，于是大方地封尉史做了"天王"。

公元前129年，汉军以李广、公孙敖、卫青等四将军兵分四路，从云中、雁门等地出击，合击匈奴。此战又没有成功，其中两路没找到敌人，李广一路遭到伏击，损失惨重，李广本人也被俘虏。匈奴置李广于两马之间，李广诈死，在途中突然跃起，抢得战马弓箭，逃了回来。倒是皇帝的小舅子卫青聪明，他没有去寻找匈奴主力，而是直奔空虚的龙城，俘获700余人，算是给汉朝挽回一点面子。

军臣单于见老窝被人掏了，非常恼火，兵分三路，从雁门到辽西一线展开全面的战略性进攻，并于公元前127年占领造阳等地900余里。这块土地从战国时代被燕国夺取后第一次回到匈奴手中。在辽西，太守被杀，2000余人被抓走；在渔阳，打伤大将韩安国，迫使汉军深沟高垒，坚壁不出；在雁门，也大有斩获。

此时的汉武帝做出一个英明的决策：放弃东部不予救援，派卫青、李息等从长安出发，北出榆林、云中，沿外长城一路向西北行进，猛攻右贤王的驻地高阙，切断右贤王与河套地区的联系。然后突然向南折回，沿黄河、贺兰山南下，直扑没有任何准备的楼烦王、白羊王驻牧的河套平原，俘虏5000多手无寸铁的牧民和一部分经常深入汉地的探子、牲畜上百万。汉军则"全甲兵而还"，几乎没损失一兵一卒。

河套地区当时称"河南地"，是匈奴的发祥地之一，也是匈奴距离汉朝统治核心——关中最近的地区，战略位置极其重要。占领河套后，汉朝随即不惜代价地在此设立朔方郡，筑朔方城，从内地移民10万徙居朔方，充实边境。"河南战役"的胜利，是汉军又一次避实就虚打法的成功战例，是汉朝的空前胜利。朔方的建立，第一次把触角伸到长城以外，把战火引到匈奴境内。

战略要地失守，军臣单于气愤至极，不久死去。其弟伊稚斜继承单于位，继续把东线作为进攻重点，右贤王也厉兵秣马，准备收复河套失地。

匈奴接连两次被卫青偷袭，居然没有吸取丝毫教训。公元前124年春，汉武帝不顾境内大旱，再次派卫青统率10余万大军，出朔方、高阙、右北平，主动向右贤王发起进攻。右贤王丢失战略要地，遭到单于批评，心中不快，只知道怀抱爱妾漫步于醉乡。卫青亲率3万骑兵昼伏夜出，摸到右贤王王庭附近时才突然趁着夜色出击。右贤王措手不及，丢下士兵夺路逃跑。数万精骑无人指挥，四散奔逃。右贤王所属小王10余人，连同男女15000人被俘，牲畜损失近百万。

总是靠偷袭并不能成大气候，因为匈奴主力并没有遭受致命的打击。为此，次年二月，已晋升为大将军的卫青以张骞为向导，再次出击。这次匈奴总算有了准备，汉军只取得一些小的收获，被迫回军休整。四月，汉军从定襄出击，北上百余里。匈奴伏兵数万静候。这是汉匈之间第一次硬碰硬的战役，结果是得失相当。汉军斩敌 19000 级，骠骑校尉霍去病俘虏匈奴相国、当户以下 2000 余人。但汉朝六位将军中两个阵亡、一个被俘，翕侯赵信被俘后投降。

这次战役与其说是汉军的胜利，倒不如说是匈奴诱敌深入聚歼汉军有生力量的重大胜利。随着赵信的投降，汉军的战法再无秘密可言。伊稚斜单于重用赵信，封为自次王，地位仅次于自己，并把姐姐嫁给他。赵信对这位小舅子也是投桃报李，建议匈奴把王庭北撤，远离汉军。汉军若攻，必然深入大漠，届时匈奴则可以逸待劳、各个击破，单于采纳。从此以后，汉匈之间在蒙古高原的竞争进入相持状态。

令赵信大感意外的是，汉军的再次大规模出击没有选择匈奴本部，而是又一次瞄向了孱弱的西部。在上一次战役中崭露头角的霍去病这次被封为骠骑将军，统骑兵 1 万，向河西走廊出击。霍去病进行了一次典型的无后方作战，全军不要后勤补给，完全因粮于敌。汉军经历匈奴五王辖区，转战 6 日，过焉支山千余里，杀折兰王、卢侯王，俘虏浑邪王子，大败休屠王，斩首 8000 余级，俘获匈奴祭天金人，所有拒绝投降者一概诛杀。不过汉军损失也很大，1 万骑兵仅剩下 3000 人，无力再战，只好撤回。同年夏，霍去病再出陇西，转战 2000 余里，俘虏五王，斩俘 32000 多人。

霍去病的两次出击不仅削弱了匈奴右地，而且激发了匈奴内部的矛盾。浑邪王、休屠王害怕单于处罚，转向汉朝寻找出路。最后前者杀死后者，并其所部，屈膝投降。浑邪王的投降使匈奴右地尽撤藩篱，"空无匈奴"，为汉朝踏上西域的脚步垫下了台阶。在浑邪王旧地，汉朝设置了武威、酒泉二郡，迁关东一带贫民和犯罪刑徒前往填实。

祁连山地区是匈奴的天然牧场，其支脉焉支山紧扼丝绸之路要冲，不仅是优良的天然牧场，而且盛产一种汉人称为"红蓝"的菊科植物，是匈奴人制作胭脂的基本原料。汉武帝在此设置郡县，广建牧马场，著名的大宛马、汗血宝马、火焰驹都被放在这里畜养。匈奴人则黯然神伤，民歌中唱道："亡我祁连山，使我六畜不蕃息；失我焉支山，使我嫁妇无颜色。"

解决了四邻，汉军的目标最后落到了漠北单于主力身上。公元前119年，卫青、霍去病分别率领 5 万骑兵分两路从定襄、代郡出击。此次出击声势浩大，光战马和运输的马匹就达到了 24 万匹，另有数十万步兵紧随其后。汉武帝对本次出击抱有很大希望，期待一举征服匈奴。匈奴按照赵信的设计，把精兵布置在漠北，等待深入腹地的汉军。

汉武帝原本想让外甥霍去病立头功，专力对付单于。偏偏卫青的运气好，北进千余里，刚刚越过大沙漠，就碰到严阵以待的匈奴主力。卫青临危不惧，下令用车自环为营，然后派出 5000 骑兵去挑战。伊稚斜以万骑迎战。卫青的运气出奇地好，战至黄昏，突然刮起狂风，沙石扑面，两军互相看不清楚。卫青决定派出大军从左右两翼迂回包围单于的营地。伊稚斜慌乱中不知道有多少汉军冲上来，连忙骑上善跑的骡子，率领几百名贴身护卫，向西北方向突围逃走。两军杀到半夜，死伤相当。这时双方都知道单于逃走了，卫青急忙派骑兵丢掉重装备，轻装追击。匈奴骑兵不见了首领，军心大乱，四散奔逃。卫青纵兵追杀 200 余里，俘斩 19000 余人，一直追到纳拉特山下的赵信城，也没追到伊稚斜。汉军在赵信城缴获大批粮食，补充了给养后，一把火烧掉余粮，奏凯而还。

霍去病的东路原本是主力军，配备兵力最强，其中还有一部分匈奴降将，熟知地形，惯于在沙漠行军。所以霍军很快北上 2000余里，越过沙漠，并在和左贤王的遭遇战中大获全胜，俘斩 70400余人。左贤王弃军逃走，汉军追至狼居胥山，在其主峰上建立高坛，祭告天地，随后班师。

漠北决战，歼敌 9 万余人，夺取了阴山以南的所有草地。阴山以南水草丰美，山中的优质木材是制造弓箭的上好原料；阴山以北则是一望无际的沙漠和戈壁，根本无法放牧，必须远迁，"是后匈奴远遁，而漠南无王庭"，基本解除了对汉朝的威胁。

不过汉朝的损失也相当大，精锐骑兵损失尤为严重。据说，骠骑将军霍去病因为饮用被施过毒的水感染了瘟疫，回来不久就死掉了。大将军卫青因为没有抓住单于，从此被冷落，位置后来被汉武帝的大舅子李广利占据。卫青从奴隶群中脱颖而出，靠的是姐姐卫子夫的甜美歌喉。而这个李广利运气更好，自己的妹妹无意中被武帝发现做了夫人，偏偏无福消受，年纪轻轻就撒手西去。好在李夫人聪明，生病后执意不肯让武帝探视，留在汉武帝心目中的始终是昔日的姣好面容。汉武帝思妻心切，于是大封其娘家人，大舅子李广利因此平步青云，做了贰师将军。可惜这位大将军只是制作皮影戏的高手，打仗实在勉为其难，几度出征，非平即败，最后干脆投降了匈奴，丢尽了妹夫的脸。

几次得手的汉武帝似乎患上了军事强迫症，不肯见好就收，又几次出击匈奴。公元前111年，公孙贺、赵破奴领兵数万，出外2000余里，一无所获；公元前110年，汉武帝领兵18万亲征，打算过一把胜利瘾，单于避而不战；公元前103年，赵破奴统军3万出朔方中埋伏，全军覆没；公元前99年，李广利与右贤王激战天山，杀敌1万，自损近2万，同年出兵的李陵全军覆没，战败投降；公元前97年，李广利等率领大军24万出击，被10万匈奴骑兵包围，损失惨重；公元前95年，李广利等率军14万北上，互有胜负，但司令部被伏击，主帅李广利被俘投降。

漠北大捷，汉军损失很大，尤其是骑兵。此后的出击很多是以步兵为主，以己之短攻敌之长，最终失败在所难免。

从马邑伏兵开始，到李广利战败投降，前后近40年，汉武帝给了匈奴很大打击，却没有能彻底征服匈奴。连年的穷兵黩武，使国内一片凋敝，国力大损。为维护统治，汉武帝被迫发布"轮台诏书"，检讨自己的失误。公元前 87 年，这位一直期望"灭胡"的汉武大帝带着无尽的遗憾，带着晚年丧妻丧子的悲哀离开了人世。

第四章
五单于并立：没有核心家族的尴尬政局

"新来塞北，传到真消息：赤地居民无一粒，更五单于争立。"1000 多年后的辛弃疾还在念叨着匈奴当年的悲惨生活。头狼累了，掉队了，新的头狼还没选出来，有兴趣的都来争一争吧。于是，头狼自己导演的狼族内讧开始了。

一、战略目标瞄准西域：可怕的右倾错误

辽阔的蒙古草原才是你的家，干吗舍近求远去争夺并不肥美的西域？因为我是草原狼，从不低头的草原狼。怒气冲冲的匈奴人就在这种英雄主义的指挥下，抛弃了根据地，抛弃了发祥地，杀向西域，杀向汉朝人给他们设下的陷阱，和强大的汉朝再一次拼起了自己根本玩不起的消耗战。

中行说当年担心的事情终于发生了。匈奴铁骑擅长的是速战速决，可汉武帝持续不断的进攻把匈奴拖进了消耗战的泥潭。和

幅员辽阔、人口 6000 多万的汉朝拼消耗，匈奴显然不是对手。尽管在战场上大抵打了个平手，尽管在致汉朝的国书中依旧称"南有大汉，北有强胡。胡者，天之骄子也"，派头十足，依旧要求汉朝"和亲"，"岁给遗我蘖酒万石，稷米五千斛，杂缯万匹"，但充其量只是过过嘴瘾，在行动上已经开始准备战略收缩了。

公元前 114 年，伊稚斜单于病故，其子乌维即单于位，战略重心开始向右倾。公元前 111 年，生活在青海一带的羌人起兵反汉，联络匈奴。乌维迅速响应，兵进五原郡，杀死太守。此后更是不时出兵拦截汉朝派往西域的使者。

公元前 105 年，乌维死去，幼子詹师庐即位，因为年龄小，被称为"儿单于"。儿单于虽然年龄小，魄力并不小，在即位后不久就把王庭向西北迁移。此次迁移后，帝国左翼正对汉朝的云中，在事实上放弃了云中以东的广大地区。右翼直指酒泉、敦煌，战略目标直接指向了西域。这次调整是匈奴历史上一次空前的大变动，对匈奴历史的发展产生了深远的影响。

在汉匈战争中，右贤王一系屡次失手，引起大单于不满。右贤王一系不免心中惴惴，个别部众为避免受惩罚甚至主动步浑邪王后尘，投奔了汉朝。王庭西迁，把一部分右贤王领地纳入单于直辖，有利于稳定右翼的形势。但是，放弃长期努力经营的左翼，却是一个致命的败笔。

翦伯赞先生曾经分析过为什么大多数游牧民族都是从东向西走上历史舞台，"那就是因为内蒙东部有一个呼伦贝尔草原。假如整个内蒙是游牧民族的历史舞台，那么这个草原就是这个历史舞台的后台。很多的游牧民族都是在呼伦贝尔打扮好了，或者说在这个草原装备好了，然后才走出马门。当他们走出马门的时候，他们已经不仅是一群牧人，而是有组织地全副武装了的骑手、战士。这些牧人、骑手或战士总想把万里长城打破一个缺口，走进黄河流域……因而阴山一带往往出现民族矛盾的高潮……两汉与匈奴，北魏与柔然，隋唐与突厥，明与鞑靼，都在这一带展开了激烈的斗争……如果这些游牧民族在阴山也站不住脚，他们就只有继续往西走，试图从居延打开一条通路进入洮河流域或青海草原；如果这种企图又失败了，他们就只有跑到准噶尔高原，从天山东麓打进新疆南部；如果在这里也遇到抵抗，那就只有远走中亚，把希望寄托在沩水流域了"。

尽管呼伦贝尔草原不是匈奴人的主发祥地，但是冒顿单于建立帝国的第一箭就是瞄向了这里，把东胡赶出了这片宝地。漠北战役匈奴人虽然丢掉了草原，但汉朝政府并没有在这里设置密集的防御据点，而是把"断匈奴左臂"的兵锋指向了吉林和辽东一带，在那里设置了玄菟等四郡。也就是说，如果匈奴措施得当的话，是有机会收复这块失地的。而单于王庭西移，等于彻底放弃了这块宝地，等待他们的命运，就只有一路向西了。可把战略目标瞄准西域，恰恰又和汉朝的国策发生冲突，等待匈奴的将是又一场自杀似的消耗战。

自张骞出使西域以来，汉武帝即把打通西域作为"断匈奴右臂"的战略取向。公元前 109 年，汉将赵破奴、王恢出兵天山北路的车师国，威震西域。为笼络天山北路的大国乌孙，汉武帝把江都王刘建的女儿刘细君嫁给乌孙国王，乌孙王以之为右夫人。匈奴得知后立即出兵乌孙，予以惩戒，然后也把女儿嫁给他。乌孙王夹在两个大国之间，只好首鼠两端，又娶了匈奴公主，以之为左夫人。

刘细君不知道自己身负重托，只知道顾影自怜。她命人仿照长安宫殿式样建筑宫室居住，也不知道讨好国王，每年只和国王相会数次，还自作聪明地写了一首悲切的歌谣："吾家嫁我兮天一方，远托异国兮乌孙王。穹庐为室兮毡为墙，以肉为食兮酪为浆。居常土思兮心内伤，愿为黄鹄兮归故乡。"此歌谣后来不胫而走，传回长安，竟然到处传唱。乌孙王厌看刘细君脸色，又顾及匈奴反应，找个理由拒绝进攻匈奴，使汉武帝夹击匈奴的构想又一次失败。刘彻拿这位侄女也没什么办法，只好送去大批财物予以安慰。

不久，老国王去世。汉武帝狠狠心，命令刘细君"从其国俗"，下嫁老王的孙子军须靡。刘细君去世后，武帝又把楚王的孙女解忧公主嫁给军须靡。给公主命名为"解忧"，目的当然是解乌孙首鼠两端之忧。解忧公主比较争气，相夫教子都很成功，乌孙和汉朝的关系日渐亲密。

公元前 92 年，匈奴狐鹿姑单于封侄子先贤掸为日逐王，主管西域事务。这是匈奴第一次公开把西域列入自己的势力范围。此后汉匈之间几次大战，虽然各有胜负，但总体上是匈奴吃亏大一些，而且乌孙国一直立在那里，着实是个大祸患。

公元前73年，匈奴利用汉昭帝驾崩、宣帝初立的机会，连续发动进攻，夺走乌孙大片土地，并派使者逼迫乌孙交出解忧公主。匈奴的步步紧逼，终于导致西汉政府发动了对匈奴的最后一次大规模用兵。公元前71年，度辽将军范明友等五将领兵16万，分五路出塞，乌孙王自领5万大军从西向东出击。匈奴百姓闻汉军出击，纷纷向北逃跑，五将军追击近2000里，收获不大，先后撤军。独乌孙方面战果辉煌，因为匈奴根本没料到软弱的乌孙敢在太岁头上动土，俘虏39000余人，缴获牛羊70余万头。

这次出击虽然损失有限，但让匈奴知道汉朝还是庞然大物，还有足够的力量发动大的战役，从此以后收敛了很多，虽然在西域仍然不时有小规模的冲突，但终汉之世，双方再未发生大规模战争。

二、从五强争霸到三国演义：奇异的权力斗争结局

在漫长的古代社会，一个民族的历史，基本就是一个家族的历史。匈奴人——蒙古高原的第一个主人，诸事草创，命中注定要给后人提供教训。善于向敌人学习的他们偏偏没有学来家族统治。也许骄傲的冒顿认为他的挛鞮氏家族祖祖辈辈都会有大英雄。冒顿一家的确不缺少英雄，

可他没法阻止更厉害的主出世。于是，草原英雄们开始向
单于宝座发起冲击，展开不懈的较量。成吉思汗吸取了教
训，黄金家族的美名因此至今名扬四海。

翻开中外历史的长卷，家庭统治是漫长的古代社会政治的共同
特点和鲜明特色。从某种意义上来说，一个民族的历史，就是此民
族中各个家族在各个时代的兴衰的历史，一个国家的历史就是占统
治地位的家族的盛衰历史。有家才有国，这是古代社会无法改变的
历史现象。

中国社会是个家族社会，至今仍留下许多家族的历史遗迹。在
古代社会中，国即家，家即国，只不过这个"家"是国王、皇帝、
君主的家，这个"国"是国王、皇帝、君主的国。这个"家"统治
着这个国，这个"国"又统治着成千上万的普普通通的家。

从夏启破坏禅让制开始，家族统治占据了统治的主流。

商汤到商纣，这个家族统治了几百年。

周王朝灭商自立，大封自己家族的成员，天下万国林立。

秦王嬴政统一中国，希望自己的子孙能世世代代统治中国，自
称始皇。

刘邦建立汉朝，使秦始皇的美梦到了第二代就被无情打碎，确
立了刘氏王朝。为了保证自己家族的统治，刘邦不仅大封同姓子弟
为王，而且在白马誓盟中规定"非宗室不王"。

匈奴、鲜卑、柔然、突厥、契丹、蒙古，一个个游牧民族，一

个个依靠英雄建立起来的草原军事帝国，如果没有一个作为核心的、令人不敢望其项背的、团结而具有凝聚力的家族，是很难长治久安的。这里面做得最成功的是蒙古人，黄金家族占有绝对统治地位。尽管内讧不断，但家族的大权始终没有旁落。即便是被朱元璋赶出中原，被爱新觉罗氏笼络至麾下，各个部的首领依旧是黄金家族成员。如果有人敢于挑战他的权威，不用家族成员动手，一群忠贞义士就会从斜刺里杀出，端了他的老窝。像那位把明英宗朱祁镇抓回草原的瓦剌部也先太师，做太师时人人听命，威震四方，可刚一宣布自己做可汗，马上树倒猢狲散，丢了卿卿性命。在这方面做得最差的，大概就是草原开路先锋——匈奴人了。

《史记·匈奴列传》在叙述匈奴的早期历史时说："自淳维以至头曼，千有余岁，时大时小，别散分离。"估计斯时还处在氏族部落或部落联盟阶段。集体选举首领是部落联盟的一大特点。头曼单于因为宠爱新欢要废掉冒顿的太子位置，另立小儿子，说明他已经具有一定的独立选择继承人的权力，"公天下"正在向"家天下"过渡。冒顿用非常手段夺得单于位置，对支持头曼的势力残酷打击，证明单于还不是他一家的囊中之物，否则别人也犯不上为了一个死掉的老头子和他的儿子作对。唯一的可能是，冒顿的行为侵犯了他人获得或接近单于大权的机会。在跨出原始社会门槛的历史进程中，游牧民族无一例外地要经历一场腥风血雨，直到其中一个氏族或部落取得领导位置的独占权。冒顿的大肆杀戮，鲜卑慕容氏和拓跋氏的长期竞争，契丹耶律阿保机对八部大人的打击，都是如此。

从冒顿开始，挛鞮氏家族成为单于事实上的垄断者，其他如呼衍氏、折兰氏等家族由于和虚连鞮家族长期的婚姻关系，也得到了高官贵职。请注意，是"事实"上，不是"法律"上。换句话说，如果其他家族觊觎单于位置，未必没有人支持。而且在单于继承的问题上，冒顿单于和成吉思汗一样"只识弯弓射大雕"，而输于文采，留下了两个致命的缺陷。

其一，没有像汉人那样确定一个大家共同遵守的继承制度。中原王朝奉行的是嫡长子继承制度，皇后的长子享有天然的继承优先权，以下依次是嫡次子、庶长子。实在没有合适的儿子，则由皇弟继承。匈奴虽然也有太子，但那只是汉人妄加的名号，其实只是单于的儿子而已。一般情况下，单于的儿子会优先获得继承权，但如果有人发起挑战，问题就严重了。因为先单于一般并不在生前就确立继承人。左贤王虽然地位最高，经常由单于瞩目的继承人出任，但这只是约定俗成的做法，并不是制度约定。

另外，游牧民族的妇女在生产中发挥着重要作用，有相当的政治地位，单于的阏氏有很大的发言权。按照"收继婚"制度，单于死后阏氏要嫁给未来的单于（非自己亲生）。阏氏也是人，也有爱憎，如果先单于选定的继承人是阏氏讨厌的人，阏氏及其娘家人难免会有所行动。

其二，作为部落联盟的一种遗存，大人或贵臣会议在匈奴国家政权体系中仍然有着特殊的地位。类似的组织在其他草原民族中也存在，如蒙古人的忽里勒台会议、满洲人的王大臣会议，等等。唯一不同的是，后者虽然在元或清朝的早期政治中发挥了重要作用，但很快被剔除掉了，不影响孛尔只斤家族、爱新觉罗家族的独裁统治。但匈奴就不同了，大人会议始终发挥着重要作用。单于是会议的召集人和主持人，正月、五月、九月定期召开。遇到紧急情况还会临时举行。大人会议的议题非常广泛，其中最要紧的就是选择新单于。一般来讲，大人会议对先单于自己选择的继承人选会予以认可。先单于在选择继承人时也会考虑各方面的因素，包括大人会议未来的反应。但是，如果先单于临终前没有确定继承人选，或者有人对其提出异议，大人会议的重要性就反映出来了。换句话说，谁控制了大人会议，谁就掌握了主动权，因为大人会议至少表面上反映的是公共意志。失败者接受事实也就罢了，否则必然会掀起轩然大波。

从冒顿单于到老上、军臣单于，都是父死子继，很顺利地完成了交接。军臣单于时运不济，碰上了死硬的对手，几次被汉武帝大败，气愤而死。这时，统治阶级内部的第一次内讧爆发了。军臣的弟弟伊稚斜抢了侄子于禅的位置，做了单于。伊稚斜为人勇力，敢作敢为，很对大人们的胃口。因为屡次败北，贵人们感到很没面子，亟须找一位英雄重振雄风。太子于禅年幼软弱，难当大任，不要也罢。伊稚斜顺应了"民意"，很顺利地夺得单于宝座。于禅丢掉梦寐以求的单于位，心怀不满，干脆投降了汉朝，开了匈奴太子出奔异族的先河。

伊稚斜死后，儿子乌维、孙子詹师庐先后顺利继承单于位。儿单于詹师庐年少敢为，果断把战略重心西移，并对屡战屡败的右贤王一系予以压制。詹师庐的统治历史记载很少，不过还是能从蛛丝马迹中看出一些内部的裂痕。他的左大都尉就曾密谋杀死单于后投降汉朝。不过儿单于更厉害，不仅干掉了左大都尉，而且以此为诱饵，引诱汉军出塞迎接。汉朝果然中计，派赵破奴领兵出塞，结果被8万骑兵包围，全军覆没。赵破奴也被俘虏，在匈奴忍了8年才逃回来。

詹师庐于公元前105年即位时年龄还很小，所以被称为"儿单于"。可公元前102年，他就病死在进攻受降城的途中，在位仅仅三年，不免让人怀疑他的死因。联系到他的继承者恰恰是他刻意压制的叔辈右贤王句犁湖，就更让人怀疑了。可惜史无记载，只能当成一个永远无法破解的谜了。

句犁湖运气也差，单于瘾没过一年就死掉了。其弟且鞮侯即位。且鞮侯在位时收降汉将李陵，封为右校王，并招为女婿。李陵及其后人也不含糊，不仅用心帮助匈奴和汉朝作战，还搅和进单于大位之争，此为后话，暂且不表。

且鞮侯单于临终前遗言：立长子为单于。可这位左贤王驻牧地，而且患有大病。且鞮侯死后他迟迟没有在单于庭出现。众大人以为他已经病死，于是推举且鞮侯的次子做了单于。后来左贤王赶到，兄弟情深，其弟坚决让他继承。长兄推辞不过，只好接受，成为狐鹿姑单于。狐鹿姑单于也是匈奴单于中第一个有专门名号的单于，狐鹿姑并不是他的本名。既然兄弟间没有争议，诸位大人也就认可了。

狐鹿姑和弟弟约定，自己死后由弟弟即位，并封之为左贤王。孰料左贤王没几年就病死了。按理，应该由左贤王的儿子代替父亲继承大位。可人的私心总是无限的，狐鹿姑失而复得单于大位还不满足，还想把权位留给自己的儿子，于是自己的儿子被封为左贤王，侄子先贤掸则被封为日逐王。日逐王负责管理已经成为匈奴战略中心的西域，虽然也是肥缺，但比起单于总归差远了。这为后来的单于大位争夺埋下了伏笔。

公元前89年，蒙古草原发生空前的大雪灾，人畜冻死无数，国力大损。狐鹿姑单于以为是上天降罪，心生悔意。四年后，狐鹿姑病死，临终前对左右说："我子（左贤王）少，不能治国，立弟右谷蠡王。"这下更坏了，既然后悔，直接恢复日逐王的继承权就行了，何必另选一个？

更糟糕的是，他的正妻颛渠阏氏对右谷蠡王并不感冒，于是和丁零王卫律等人合谋，封锁了单于归天的消息，同时和他们一系的权贵歃血为盟，准备把单于大位交给自己的亲生儿子左谷蠡王，即后来的壶衍鞮单于。可是没有不透风的墙，狐鹿姑单于的遗言还是传了出去。左贤王怨恨父亲剥夺了自己的继承权，右谷蠡王更是切齿愤盈。无奈很多大人已经被争取了过去，自己势单力孤，只好消极抗拒，拒不出席大人会议。左右贤王、左右谷蠡王号称"四角"，是匈奴权力的四个支柱，现在一下子少了两个，统治阶层不和的裂痕严重扩大化了。

壶衍鞮单于同样年幼，只好由母亲代摄国政。颛渠阏氏和卫律等人不愿意再和汉朝对抗下去，希望恢复"和亲"，换取时间恢复日渐凋零的国力。被扣留多年的汉朝使臣苏武、马宏等先后被释放。但在争夺西域的问题上，匈奴不愿让步，结果"和亲"不成，反而因为小小的乌孙国招来汉朝的又一次大规模打击。壶衍鞮单于对乌孙恨之入骨，于公元前72年冬亲率大军进攻乌孙，结果不仅没有找到乌孙主力，还在归途中遇到暴风雪，"一日深丈余，人民畜产冻死，还者不能什一"。乌孙国趁机回师报复，东方的乌桓、北方的丁零也趁火打劫。三面受敌，箭镞猬集于一身，一发不可收拾。

屋漏偏逢连夜雨，公元前71年、前68年，蒙古草原又连续发生严重的雨雪灾害。壶衍鞮单于在经历了17年的内部不稳、外部打击后心灰意冷，撒手西去。异母弟左贤王被推举为单于，即虚闾权渠单于。虚闾权渠单于一上台就干了件蠢事。他不喜欢年老色衰的颛渠阏氏，把她废黜，撒在一边，另立了一个大阏氏。父以女贵，颛渠阏氏的父亲左大且渠见女儿被冷落，心生怨恨，暗中开始联络亲信，准备在适当时候动手。

曾临朝秉政多年的颛渠阏氏更是厉害，因为耐不住寂寞，趁举行大人会议的时候，勾引了右贤王屠耆堂。屠耆堂也需要在单于庭有个靠山，于是顺水推舟，如同伉俪。

虚闾权渠当国9年，对内部矛盾毫无办法，对外依旧不思改弦易辙，继续和汉朝争夺西域。结果不仅昔日的盟友楼兰、车师被汉朝纳入彀中，连青海一带的战略伙伴——羌人，也被汉将赵充国用屯田、步步为营的方法打得落花流水，纷纷投降。

公元前60年，虚闾权渠单于吐血而死，连继承人也没来得及选。单于在世时重用郝宿王刑未央。这个刑未央似乎不是匈奴人。匈奴贵族从冒顿单于时就被划入左、右王系统，郝宿王的名号非左非右，应该是异族归降后所封，和丁零王卫律等类似。这个姑且不论，单说他在单于死后马上派人驰往各地，召集众贵人召开临时大人会议，选举新的单于。

颛渠阏氏果然是女中豪杰，见机会来了，当机立断，联合弟弟左大且渠都隆奇，赶在各地贵臣到来之前，把情夫屠耆堂推上了单于宝座，号握衍朐鞮单于。

这个屠耆堂在后来遭到呼韩邪攻击时曾向弟弟求救说"匈奴共攻我"，似乎他并不是匈奴人，至少不是挛鞮氏家族的成员。为了给他制造一个好身份，颛渠阏氏曾宣称他是乌维单于的耳孙，即八世孙。这个说法明显有漏洞。壶衍鞮单于和虚闾权渠单于才不过是乌维的第一代孙，这第八代的距离也太远了！

屠耆堂是怎么爬上右贤王高位的，不得而知。不过他的残暴倒是人尽皆知。为了巩固自己的地位，他一上台就开始大肆杀戮前单于的子弟近臣，郝宿王刑未央首先掉了脑袋。虚闾权渠单于的两个儿子跑得快，长子呼屠吾斯藏匿民间，次子稽侯珊投奔了岳父乌禅幕，算是捡了一命。按惯例，屠耆堂娶了颛渠阏氏，做了正式的夫妻。小舅子都隆奇得到重用。自己的弟弟则继承了他留下的右贤王位。

日逐王先贤掸又一次失去了继承单于大位的机会，十分气愤。此前作为屠耆堂的下属还曾与他有过冲突。新单于为人残暴，自己早晚要被收拾。思来想去，没有什么解决办法，干脆向前辈学习，率众数万投向了汉朝。日逐王归汉，使汉朝和西域的道路彻底畅通，对匈奴的未来产生了致命影响。

日逐王的姐姐是乌禅幕的夫人。日逐王归汉后，屠耆堂大怒，先是立从兄薄胥堂做了新的日逐王，然后又找借口把先贤掸的两个弟弟抓了起来，间接帮助薄胥堂剪除障碍。乌禅幕见小舅子要倒霉，连忙向单于求情，结果握衍朐鞮单于不但不放人，反而把两个人都杀了。乌禅幕大怒，于是联合姑夕王等左翼诸王，拥立稽侯珊做了呼韩邪单于，公开与屠耆堂决裂，并发兵攻打他。屠耆堂倒行逆施，丧失人心，手下士兵纷纷逃跑，连右贤王——自己的亲弟弟也不愿意帮他。屠耆堂走投无路，拔刀自刎。

呼韩邪单于虽然夺得单于宝座，可并不懂得治国驭臣之术。他一上台就犯了两个错误：一是自认为天下太平，把各地军队全部遣散，手底下就剩下一点亲兵。二是不顾右贤王曾间接帮助过自己的功劳，派人到右地联络右地贵族，密谋诛杀右贤王。右贤王也是无能，既然不帮助哥哥，索性好人做到底。可他偏偏又收留了都隆奇。都隆奇劝说右贤王造反，右贤王听从了。但是给自己留了一手，他自己不称单于，反而撺掇堂兄日逐王薄胥堂当单于，称屠耆单于，把薄胥堂放到了烤鸭炉里。

屠耆单于马上发兵攻打呼韩邪。呼韩邪缺兵少将，一战即溃，屠耆单于顺利夺取了单于庭，这下匈奴又有了两个单于。

这时，居住于西北地区的呼揭王与屠耆单于的亲信唯犁当户想陷害右贤王，诬蔑他想做乌藉单于，起兵造反。屠耆单于二话不说，马上把右贤王砍头论罪。事后越发觉得不对劲，右贤王如果要称单于早就称了，还会先把单于位置让给自己？这里肯定有冤情。谋反是唯犁当户举报的，先杀了他再说。

呼揭王一看大事不妙，赶紧自立为乌揭单于，起兵造反。一看出现了三个单于，先贤掸的哥哥也坐不住了。这单于本来就应该是我们兄弟的，凭什么让你们争来抢去？于是他也自立为车犁单于。乌藉都尉本来奉命率兵2万在东方防御呼韩邪，这下也来凑热闹，自称乌藉单于，拥兵自立。一瞬间，匈奴出现了五个单于，史称"五单于并立"。

车犁单于和乌藉单于兵少，屠耆单于先拣软柿子捏，与都隆奇分别率兵前往镇压。两单于无力抵抗，逃往西北故地。乌揭单于趁机前来会合，考虑到日逐王一系在匈奴民众中威信最高，乌藉、乌揭主动放弃单于称号，共同尊奉车犁单于。

车犁单于纠集4万兵马，与屠耆单于对抗，结果还是打不过，只好再逃。次年，呼韩邪趁屠耆用兵西北的机会，发起进攻。屠耆亲自领兵6万迎击，不料身陷重围，绝望中挥刀自戕。车犁单于见呼韩邪实力强大，遂主动放弃了单于称号。乌藉都尉虽然再次自称单于，但很快被呼韩邪剿灭，五单于终于回归到一单于。

经过一番大战，呼韩邪也是实力大损。正当他准备收拾残局时，后院突然起火。他的哥哥呼屠吾斯原来流落民间，呼韩邪起事后把他找回来，封为左谷蠡王。不料他反而恩将仇报，占据了东部广大地区，自立为郅支骨都侯单于。与此同时，屠耆单于的堂弟休旬王率部众西走，纠集了几万兵马，自立为闰振单于。一时间又出现了三单于并立的局面。

让呼韩邪庆幸的是，愚蠢的闰振单于没有来攻击自己，而是引兵东向，直奔郅支单于。郅支兵多，很快消灭了闰振。收编了闰振的兵马后，郅支单于的实力空前强大，于是向呼韩邪发起猛攻。呼韩邪居然又一次毫无防备，单于庭一下子被夺了去，人马损失惨重。不久，屠耆单于的幼弟又趁呼韩邪兄弟相争之机逃到西部，收集原来屠耆单于的几千旧部，自立为伊利目单于。伊利目单于兄弟众多，借助诸位兄弟在右地的影响，很快纠集到数万兵马，几乎控制了整个匈奴右地。一时间匈奴帝国再次回到三国争雄的状态。三单于当中新败的呼韩邪实力最弱，仅仅保有左地部分地区。走投无路之际，呼韩邪被迫把目光转向了南边的汉朝。

短短几年间，匈奴先后出现了九个单于，这其中，屠耆堂等四兄弟可以肯定不是挛鞮氏家族。呼揭和乌藉单于是不是不得而知，但可以肯定不是家族的主宗，充其量是支脉。如此多的非家族成员自立为单于，而且都曾经获得大批贵族和部众的支持，和挛鞮氏家族始终没有在匈奴民众当中确立自己的唯我独尊地位密切相关。一个家族地位的确立，靠的是祖先的无人能出其右的不世功业。像成吉思汗，不仅靠一己之力统一了蒙古各部，救民于水火，促成了一个新民族的形成，而且南征西讨，灭国四十，创建了空前绝后的横跨欧亚的蒙古帝国，为子孙留下了取之不尽的庞大家业，也让所有接受他领导的人获得了足够的财富。如此"厚恩"，怎能不让后人对黄金家族感恩戴德，顶礼膜拜。拉施特丁在《史集》中写道：

> 由于塔塔尔人非常伟大和受人尊敬，其他非塔塔尔人各氏族也以塔塔尔人的名字为世人所知……这些非塔塔尔人由于把自己列入塔塔尔人中，也觉得居于伟大和可敬的地位……各种非蒙古部落，均仰赖成吉思汗及其氏族的洪福，才成了蒙古人。这些人原来都各自有自己的名字，但如今为了自我炫耀，他们都自称为蒙古人。

匈奴显然没有做到这一点。冒顿单于的功业姑且不论，但就他缔造的帝国而言，还停留在简单的军事征服基础上。丁零、乌桓等民族虽然臣属于其下，却并没有同一民族的认同感。因为匈奴人本来也没有把他们当自己人。以狼为图腾崇尚孤狼精神的匈奴英雄们对手下败将向来是另眼相看。对这些民族，冒顿单于经常是给他们换一块地方去生活，并没有打散他们原来的组织结构。这些二等公民对匈奴、对挛鞮氏家族恨之入骨，随时准备反抗复仇，哪里会有认同感！和成吉思汗视蒙古各部均为自己的平等子民相比，冒顿单于就显得太狭隘了。其他民族不认同，本民族也有问题。一个建立在军事基础上的帝国，如果这个家族没有让自己的军事机器始终高效运转的能力，别人想的只会是取而代之或另找一个担得起如此大任的英雄。至于大人会议的掣肘，倒不是关键。

匈奴的另一个问题来自那些归诚的英雄们。这些英雄不仅自己获得了高位，他们的子孙"亦常在权宠，为贵臣"。他们带给匈奴很多优秀的文明成果，弥补了草原帝国的不足，但也带去了一些不好的东西。颛渠阏氏违背狐鹿姑单于的遗嘱，有卫律的襄助。乌藉都尉两度起兵称单的背后，是飞将军李广的曾孙、北校王李陵之子的鼎力支持。这些人积极参与匈奴内部权力竞争，谋的往往是一己私利。

第五章
西域：匈奴与罗马的第一次亲密接触

中亚，巍峨的帕米尔高原，阻止了东西方的顺畅交流。雄心勃勃的亚历山大大帝在这里停住了脚步，威震四邻的波斯也放弃了东进。不过，聪明的商人们在这里找到几个低矮的山口，于是才有了绵延千里的丝绸之路。山口外的西域因此成了东西文明的交汇点。在这里，匈奴找到了狼族同胞——乌孙。另一个由母狼哺育成长的民族也急不可耐地赶到这里，向同胞致敬。

一、主动低下高傲的狼头：向羊臣服的呼韩邪

在孤独求败的匈奴人眼里，汉朝不过是一头乖巧温顺的小绵羊。狼眼一瞪，刚才还不听话的小羊马上乖乖地趴在自己的脚下，献女献物献殷勤。狼倦了，睡了，等它睁开眼时突然发现，昔日的小羊已经肥硕得不可思议，随时可能把自己压垮；不共戴天的死敌，必欲置自己于死地。为了生存，狼只好低下高傲的头，向羊求助。

崇尚孤狼精神的匈奴帝国自冒顿单于开始称雄塞北150余年，孤独求败。汉朝在他们眼里不过是一头乖巧温顺的小绵羊。狼眼一瞪，刚才还不听话的小羊马上乖乖地趴在自己的脚下，献女献物献殷勤。尽管从武帝开始，小羊开始不听话，狼命咬了主人几口，可狼终归还保持着尊严，尽管曾要求恢复和亲，但始终没有对汉朝称臣。倒是小羊没了底气，率先向民众忏悔穷兵黩武的罪孽。可是现在，形势大不一样了。

山穷水尽的呼韩邪单于突然发现，昔日的小羊现在已经成了自己面前的庞然大物，随时可能把自己碾碎。北有两强虎视眈眈，与自己有不共戴天之仇，必欲置自己于死地。大汉朝甚至比两条饿虎还凶猛。怎么办？背水一战，肯定是死路一条，拉住一个同盟军或许还有活下去的希望。难道真的只能向汉朝低头吗？

就在呼韩邪左右为难之际，他的亲信左伊秩訾王首先捅破了窗户纸，明确建议呼韩邪"称臣入朝事汉，从汉求助"。如此重要的颠覆性决策呼韩邪不敢擅自做主，赶紧召集各部贵族举行大人会议讨论。

在会上，左伊秩訾王的建议遭到大多数贵族的反对，在他们看来，匈奴人之所以能显威名于世，全赖"马上战斗为国"，这是壮士所为；目前虽然"兄弟争国"，可胜利者不在兄则在弟，即使战败了战死了，仍然是匈奴人自己掌握国家；如果向汉朝臣服，不仅会让百余年的威名毁于一旦，而且还会让臣服于我们的国家、部族看出我们虚弱的底气，会趁机脱离我们的控制。所以宁可战死，也不能降汉。

客观地讲，这些意见并非没有道理，他们担心的事情后来确实也出现了。但呼韩邪们想的不是匈奴的尊严，而是眼前的危局。左伊秩訾王根据当时的形势指出："强弱有时，今汉方盛，乌孙城郭诸国皆为臣妾。自且鞮侯单于以来，匈奴日削，不能取复，虽屈强于此，未尝一日安也。今事汉则安存，不事则危亡，计何以过此。"（《汉书·匈奴传》）在要尊严还是要性命的问题上，讨论了多日也没个结果，球又踢回到呼韩邪脚下。

兵危将寡的呼韩邪最后还是选择了后者。因为侮辱"先单于"事小，保住实力事大。于是，让大批狼族后人痛心疾首的事情发生了：群狼的领头狼——呼韩邪单于决定向绵羊低下高傲的头。

公元前53年，呼韩邪以儿子右贤王铢娄渠堂为人质，和弟弟左贤王到长安，请求内附。郅支单于一看形势不妙，也派遣儿子右大将驹于利受入汉斡旋。呼韩邪唯恐横生枝节，被郅支抢在前面，主动提出亲自赴长安觐见汉宣帝。

汉宣帝甘露三年（公元前51年）春正月，汉宣帝接受老师萧望之的建议，以宾客之礼在甘泉宫接见了刚刚抵达的呼韩邪单于。宾主之间进行了热烈而融洽的交谈。呼韩邪表示愿意称臣，汉宣帝表示愿意帮助呼韩邪重振国威，并赐给"匈奴单于玺"金印一枚以及冠带、安车、金钱、锦绣等财物。

中原王朝只有皇帝的大印可以称玺，赐予呼韩邪"玺印"，表示汉朝并没有把他当普通诸侯看待。但皇帝的大印是用玉制成的，单于的是金印，二者的区别表明汉朝皇帝高于单于，单于只是高于一般诸侯的更高级别的臣子。这样，在礼制上，双方各取所需，皆大欢喜。

呼韩邪单于感激汉朝的优待，主动表示愿意留在漠南光禄塞（今内蒙古包头市西北），替汉朝保卫附近的受降城。汉宣帝表示同意，命令大将董忠等率军护送单于前往，同时留在那里帮助呼韩邪收拾对手，又拨运米谷34000斛供食用。为便于监视，汉朝把呼韩邪的部众一分为二，一部分安置在并州北部，另一部分则迁徙到朔方等郡县，与汉人杂居。这样，光禄塞成了呼韩邪的临时单于庭，汉军成了他的靠山。

呼韩邪单于附汉，是匈奴历史上的重大事件。它不仅宣告了汉、匈两大民族间战争状态的结束，而且打破了自三代以降"胡、越不受中土正朔"的旧传统，开辟了北方民族政权接受中原王朝领导的先例。与此同时，还促进了塞北与中原地区政治、经济和文化的交流，加强了北方各少数民族的向心力与内聚力，并为尔后的进一步统一提供了有利条件。

郅支单于唯恐遭到汉朝和呼韩邪的联合进攻，也曾屡次派人到汉朝游说，但他坚持平等相待，维持以往的和亲方式，在和呼韩邪的竞争中自然败下阵来，他的使节经常受到冷遇。呼韩邪为巩固胜果，于公元前49年再度入朝觐见。不过呼韩邪的部众中仍有很多人坚持原来的看法，不愿意长期过仰人鼻息的生活，时不时地在呼韩邪耳边念叨一遍，后来集中成一个理由：光禄塞地区禽兽有限，不够猎捕。此时的郅支单于由于担心遭到攻击，已经主动放弃了单于庭，率众西进，正和伊利目单于打得不可开交。呼韩邪顶不住部下软磨硬泡，被迫于公元前43年请求北归，获得批准。但是负责护送单于北归的汉朝大将韩昌、张猛担心放虎归山，留下后患，于是擅自决定和呼韩邪订立盟约，在诺水东山举行结盟仪式，用径路刀杀白马祭祀上天，用月氏王头颅做成的金杯"共饮血盟"。盟约规定：从此以后汉匈结为一家，永远不能欺骗和攻击对方；抓到对方的窃贼，要及时移交；发现土匪暴民，及时出兵援助；如有违约，必遭到上天惩罚。

然而韩昌、张猛的苦心非但没有得到奖励，反而遭到严厉的惩处。朝臣们认为呼韩邪是汉朝的臣子，和汉朝订立盟约，有违礼制，而且匈奴北归比住在边境更安全。很多大臣建议派人赴塞下告示天地，解除盟约。呼韩邪闻报，非常担心。汉元帝从大局考虑，决定维持盟约不动，但韩昌、张猛未经允许擅自做主，实属大不敬，理应谴责惩处。呼韩邪忐忑不安的心终于放回肚子里，高高兴兴地北归了。

放下励精图治、努力振兴匈奴国威的呼韩邪暂且不表，回头再看郅支单于。

郅支单于眼看挑拨汉朝和呼韩邪关系的打算没有成功的希望，决定先向西收拾伊利目单于。伊利目单于不堪一击，很快被消灭，部众尽归郅支所有。郅支羽翼丰满，决定东归。不料鸠占鹊巢，单于庭已经被呼韩邪收了回去，而且又有汉军在附近做呼应，随时可能北上援助呼韩邪。自忖力不能敌，郅支决定继续向西发展，等待时机。

在匈奴的西面是实力比较强大的乌孙国。相传当年乌孙国王诞生时被遗弃在荒野当中，有一只乌鸦飞过来，把一块肉盖在他身上抵御寒冷，又有一匹狼跑过来给他哺乳。匈奴单于很奇怪，认为一定是有神灵保护，于是收养了他。后来这个小家伙长大了，率领本族部众向西方迁徙，不肯再听命于单于。单于很生气，派兵突然发动袭击，结果大败而归。单于以为神灵仍然在保护他们，从此对其避而远之。

乌孙人的祖先当然不是狼，而是被匈奴压服的坚昆人的一支。当初曾和月氏人一起生活在敦煌、祁连山一带。匈奴进攻月氏，乌孙见势不妙，投靠了匈奴，后来匈奴把月氏人赶到中亚，把腾出来的伊犁河流域肥美的草原让给了乌孙人，一方面把乌孙人迁离故土，一方面让他们做西方的守卫者，防止月氏东归。中亚地区游牧和定居生活并存，乌孙人亦然。他们在占有了伊犁河流域草原后又向西扩张，并在现在吉尔吉斯共和国伊塞克湖东南地区建立国都——赤谷城。乌孙王称昆弥或昆莫，当时是西域第一强国。

张骞打通西域通道后，汉朝很快与其建立联系，并与匈奴展开长期的争夺。宣帝时乌孙发生内乱，在汉朝的干预下，乌孙一分为二，解忧公主的后人做了大昆弥，匈奴王后所生的王子乌就屠做了小昆弥。郅支单于西进，逐渐靠近乌孙。郅支派人秘密联系小昆弥，希望与之联合。但乌就屠拒绝与其合作，并派大军前往，诈称迎接郅支，准备劫持他。郅支识破计谋，将计就计，杀入乌孙国，占领了伊塞克湖以西大片土地。随后，郅支又北击丁零、乌揭、坚昆，占有三族土地，并把单于庭设在坚昆。

乌孙遭到郅支打击后上书汉朝请求援助。此时的汉朝也是国力日渐衰微，无力远征，于是派遣使节前往郅支单于庭进行调停。不料郅支怨恨汉朝支持呼韩邪，对汉朝的调停不予理睬，反而扣押了汉使江乃始，随后又向汉朝索要质子驹于利受。汉元帝同意，派使节谷吉护送其归国。郅支单于却并不领情，不仅不罢兵，反而把谷吉和江乃始一起处决。

处决汉使带有相当的意气用事成分，事后郅支也很后悔。为防止遭到汉朝报复，郅支决定接受康居国王的邀请，放弃坚昆等地，移驻康居国。本来辛辛苦苦打下的基业，就这样被轻易地抛弃了。此次西行后，郅支单于再也没有能够回到他日思夜想的蒙古草原。

康居国地处锡尔河流域一带，东临乌孙，西接安息。乌孙和安息都是大国，康居处在夹缝里，不时受到两国侵扰，来自乌孙的骚扰尤其频繁。郅支单于占据坚昆以后，乌孙疲于应付匈奴侵扰，康居享受了少有的一段和平阳光。为了获得永久和平，康居王想出了一个“聪明”的办法，即邀请郅支迁居康居。得知郅支有意西迁，康居王大喜过望，马上派人前往迎接。郅支西迁，对康居而言，无疑是引狼入室；对匈奴而言，则是踏上了一条不归之路。

郅支拔营西迁正值隆冬，此时长距离迁徙根本不符合游牧生产的常规，以致很多人不愿意随行，纷纷东逃，随其出发的只有3万多人。出发不久，遭遇严重的暴风雪，人畜冻死无数。暴风雪持续了四天四夜，终于停下来。郅支清点人马，竟然只剩下 1 万多人。为了生存，郅支命令留下老弱病残，率青壮年前进。这也符合匈奴的道德规范，因为关键时刻抛弃老幼是游牧民族在严酷条件下延续种族的唯一选择。可死神还是不想放过他们，没走几天再次降下狂风暴雪。人畜再次遭到严重损失。等他们终于抵达康居国境时，劫后余生的人们发现，一代枭雄郅支单于居然只剩下 3000 多名追随者！

二、狼族同盟：神秘的骊靬兵团

　　亡命异国的郅支单于在他乡碰到了神秘的罗马客人。纷飞的投枪、密不透风的龟甲阵，奇异的重木城让郅支大开眼界。仰慕东方文化的罗马人把匈奴当成了大汉朝的子民，倾心接纳。郅支单于乐得"贵人"相助，在万里之外做起了逍遥天子。

公元前 44 年年初，郅支单于的残兵败将终于抵达康居都城马拉坎达（今乌兹别克斯坦之撒马尔罕）。康居国王得知郅支单于仅剩下 3000 余众，不免有些失望。不过看在郅支的威名尚在，还有利用价值，于是亲自出城迎接。为了便于匈奴休养生息，早日恢复元气，康居王把本国东南塔拉斯河畔与乌孙接壤的一大片水草丰美的草原划给郅支使用。为了密切双方的关系，康居王主动提出按照游牧民族的习俗，互相娶对方的女儿做妻子（实际上是妾）。郅支欣然接受。

匈奴以前毕竟是草原大国，在西域有广泛的影响。为恢复往日荣光，郅支派人到大宛等国索取岁贡，要说这些西域小国也确实软弱可欺，面对3000多匈奴人，他们居然也不敢反抗，乖乖地送上丰厚礼品，俯首称臣。为报答康居王的盛情款待，郅支单于投桃报李，稍微恢复了一点儿元气就在康居骑兵的帮助下杀入乌孙。乌孙没有准备，仓促应战，连战连败，西部国土空虚近千里。乌孙无奈，一方面把兵力收缩到国都赤谷城附近，一方面连续派人到汉朝求援。汉元帝只好派使节前往郅支处进行调停。没想到这几个使臣嘴巴都不好用，辩才太差，一个个被郅支说得无地自容，丢尽了大汉的颜面。

郅支单于不仅凭几千人马即在西域耀武扬威，而且在这里还意外地见到了一批神秘的客人——罗马军团战士。这些罗马兵士何以生活在中亚，还得从头细细道来。

相传当年希腊英雄们为了抢回美女海伦，向特洛伊城发起不懈的进攻，经过十年的努力，终于用木马计攻陷特洛伊城。爱神维纳斯的儿子埃涅阿斯带领部分族人侥幸逃脱，坐船漂流到意大利半岛上，在中部台伯河出海口附近定居下来，建立了拉维尼乌姆城。他的后人不久又在罗马附近的阿尔巴称王，王位传到努弥托和阿穆留斯兄弟时，两人分了家，努弥托做了国王，阿穆留斯则继承了从特洛伊城带来的金银财宝。阿穆留斯生性残暴，野心勃勃，阴谋用财富篡夺他哥哥的王位。最终，他实现了自己的野心，把哥哥赶下了台。努弥托只有一个女儿——西尔维亚。阿穆留斯害怕这个侄女生儿子，将来和自己争夺王位，于是强迫侄女去做不许结婚的女祭司。没想到西尔维亚还是怀孕了，而且孩子的父亲是战神马尔斯。神和人结合生下的后代肯定是伟人，阿穆留斯大怒，下令把西尔维亚幽禁起来，把她生下的双胞胎男孩扔进台伯河。

仆人来到河边，看见波涛汹涌，不敢上前，把装着孩子的篮子扔在河边，回去复命。孩子的哭声吸引了正在河边喝水的一匹母狼，它奔到孩子们身边，不仅没有伤害他们，反而慈爱地舔干双生子的身体，把他们带回山洞，用自己的奶喂养他们。还有一只啄木鸟，也常常叼来野果给他们吃。后来一位牧羊人发现了这对孩子，他把他们带回家中抚养，给他们起了名字，哥哥叫罗慕洛，弟弟叫勒莫斯。兄弟俩从小苦练武艺，长大变成了健壮勇敢、武艺出众的青年。在他们的身边逐渐聚集起一群牧人、流浪者和逃亡的奴隶。一次偶然的冲突，勒莫斯发现了他被赶下台的外公，知道了自己的身世。在大家的帮助下，兄弟俩推翻并处死了阿穆留斯，救出了母亲。

兄弟俩把政权交还给了自己的外公，自己则回到母狼喂养自己的地方，决定在那里建起一座新城。在选择城址时，兄弟俩吵了起来。战神之子崇尚暴力，母狼的奶水又滋养了他们的野性，两人很快打了起来，罗慕洛失手杀死了弟弟。罗慕洛埋葬了弟弟，率领大家建立起一座新城——罗马。古罗马人把乳房叫作"ruma"，命名城市叫"罗马"，是对母狼的一种纪念。建城时间据说是公元前753年4月21日，这一天也就成了罗马的建城纪念日和国庆日。

战神后代建立的国家自然崇尚武力，早期的罗马共和国一点点发展起来依靠的就是暴力，罗马军团的威名响彻地中海沿岸。发展到公元前1世纪，原有的共和体制逐渐不适应现实需要，掌握军事力量的庞培、恺撒、克拉苏结成军事同盟，史称"前三头"。庞培曾经用短短的40天就消灭了盘踞地中海多年的海盗集团，吞并了东方的塞琉古王国，并控制着共和国最大的海外行省——西班牙。恺撒则在高卢取得重大成功，不仅把国家的领土扩展了几乎一倍，而且把英勇善战的高卢军团牢牢地控制在自己的手里。三头中只有克拉苏没有显赫的军功。

马尔库斯·里基尼乌斯·克拉苏，出身于平民家庭，其父曾经出任执政官和西班牙总督。大军阀苏拉得势时克拉苏投奔了他。克拉苏贪婪、吝啬，在战争中经常侵吞战利品，攻进罗马后又不择手段地攫取了大批地产，成为罗马首富。为了博取一个好名声，克拉苏不惜自掏腰包，在罗马城摆了1万桌酒席，宴请全体罗马公民，希望借此摆脱贪婪的形象。斯巴达克斯起义爆发后，克拉苏被选为统帅。为提高战斗力，他恢复了残酷的"什一抽杀律"，即在战败的军团中把士兵每十人分为一组，每组处死一人，当众执行。用这种残酷的方式，克拉苏重新激起士兵的勇气，最终镇压了奴隶大起义。

但是，这还算不上显赫的军功，为了和庞培、恺撒竞争，克拉苏决定远征安息帝国，建立可以同亚历山大大帝媲美的功业。建议向元老院提出后，遭到广泛的质疑，这时克拉苏充分发挥了他善于雄辩的特长，说服了元老院，并取得庞培和恺撒的支持。

据说，克拉苏的建议刚一提出，罗马就出现了很多凶兆：大白天狼出现在罗马城的广场上，狗也像狼一样嗥叫。克拉苏不管不顾，公元前54年，克拉苏的大军出发了。

克拉苏一路顺风，很快渡过幼发拉底河，占领美索不达米亚平原。此时克拉苏贪财的本性又暴露出来，他没有乘胜继续进攻，而是留在那里搜刮钱财、吃喝玩乐。很快冬天到了，西亚内陆凛冽的寒风逼得克拉苏不得不班师回叙利亚过冬。

次年春，正当克拉苏集结军队、准备出发时，安息国王赫罗德斯派使节前来劝和。克拉苏目空一切，不顾后果，率领7个军团包括8000骑兵，再次渡过幼发拉底河，直扑塞琉西亚。安息军队采取诱敌深入的办法，不时派小股游击队袭扰，然后又"仓皇"撤退。狂妄的罗马兵团紧追不舍，一直追到一望无际的卡尔莱荒原。这里既没有树木，也找不到水源。炎热、干渴、疲劳一点点消耗了罗马战士的士气。安息骑兵突然从四面八方冒出来，围绕着罗马士兵驰骋，搅起的黄沙弥漫天空，弄得罗马人连眼睛都睁不开。随后箭如雨下，狂妄的罗马人第一次尝到了游牧民族"死亡之雨"的厉害。因为距离远，罗马人赖以成名的投枪发挥不了作用，只能眼睁睁地看着身边的战友一个个倒下。克拉苏试图突围，结果先锋部队不仅没有杀出一条血路，反而被全歼。克拉苏无奈，只好亲自去见安息统帅谈判。谈判时言语不合，安息士兵一拥而上，把克拉苏乱刀砍死。为了惩罚他的贪婪，安息人用熔化的金汁灌进他的喉咙。一代英雄就这样命丧异乡。

此战共有2万多罗马士兵阵亡，1万多人被俘虏后当了奴隶，只有克拉苏的长子普布利乌斯所率的第一军团约6000余人拼死突围而出，但不知所终。33年后，罗马帝国与安息终于化干戈为玉帛，签订了和约，开始相互遣返战争俘虏。但罗马人惊奇地发现，当年突围的6000余人神秘地失踪了。

在我国甘肃省永昌县焦家庄乡楼庄子村有一个骊靬村，本村原名者来寨。这里有一段长约30米，高不足3米的残城墙。据当地人讲，骊靬村的这个古城墙在20世纪70年代还有1公里长，它的高度相当于三层楼，城墙上面很宽，就像长城一样可以走汽车。80年代以后，人们纷纷将城墙上的土取下来当作农肥或盖房子用，结果城墙很快就被削去了一大半，成了现在的样子。在这里曾经发掘出一座汉代墓葬，墓主是欧洲人。

这里的村民有400多口，其中一半多具有欧洲人的相貌特征：个子高大，蓝眼睛，眼窝深陷，头发呈棕色，汗毛较长，皮肤为深红色。这些被外人称为"黄毛"的村民很少出外做事，即便外出做事时也要把头发染成黑色，以免让人笑话。

骊靬村在汉代属于骊靬县，"骊靬"，是汉朝人对罗马帝国的称谓，那么，这个骊靬县和克拉苏的6000残兵败将是否有关呢？

唐代的颜师古注《汉书·地理志》时说，骊靬县"盖取此国为名耳"。清代王筠《说文句读》引张穆的话说："骊靬本西域国，汉以其降人置县。"清末王先谦的《汉书补注》也说骊靬"盖以其降人置县"。20 世纪 40 年代，英国学者德效骞则第一次明确指出骊靬县是安置罗马降人的县城。著名历史地理学家史念海先生在《河山集》（五集）说："骊靬为县名，当是因骊靬降人而设置的。以域外降人设县，亦见于上郡的龟兹县，其县也是因龟兹国的降人而设立的，这在汉时已是通例，无足为奇。"

不久前，澳大利亚学者戴维·哈里斯提出，者来寨就是古骊靬城遗址，而骊靬城则是西汉安置古罗马战俘之城。这再一次提起人们的兴趣，很多学者先后前往者来寨，寻找谜底。在《汉书·陈汤传》中，大家发现一个奇怪的现象，即郅支单于手下有一支很奇特的部队，他们以步兵百余人组成"夹门鱼鳞阵"，在外城设置有三层重木建成的城垣——"重木城"。而这种用圆形盾牌组成鱼鳞阵的进攻阵式和在土城外修重木城的防御手段，恰恰正是当年罗马军队常用的作战手段。而在者来寨邻近的杏树村，村民们确实挖出过一根丈余长的粗大圆木，周体嵌有几根一尺多长的木杆，很像古罗马军队构筑"重木城"的器物。看来这里确实和罗马人有关。那么，他们突围之后为什么没有回归故国，却来到中亚，和郅支单于建立了联系，和匈奴民族发生第一次亲密的接触呢？陈正义先生在其《骊靬绝唱——最后的古罗马人之谜》一书中作了这样的解释。

陈先生认为，进入中亚的罗马人并不是克拉苏的长子普布利乌斯所率的第一军团残部，而是那 1 万俘虏的一部分。为了妥善安置这些俘虏，安息人把他们遣送到帝国东部边境，让他们去保卫边境商路，确保和汉朝联系商路的畅通。为防止他们逃跑，在临行前先受"轭门"之辱。

"轭门"之辱原来是意大利半岛的原住民萨姆尼特人的发明。在第二次萨姆尼特战争中，5 万多罗马士兵投降。萨姆尼特领袖鹏题阿斯在罗马人宣誓再也不侵犯自己的领地后，把包围圈打开一个缺口，在两边插上长矛，把另一支长矛横放在两支长矛顶上，这就是所谓的轭门。鹏题阿斯命令罗马人一个接一个从轭门下走过。消息传到罗马，全城悲伤，认为这是对罗马人最大的羞辱。妇女纷纷穿上丧服，把这些贪生怕死的人看成是已经死去的人。很多士兵因此不敢回城。

陈先生认为这些罗马战俘在遭受轭门之辱后没脸再回祖国，只好规规矩矩地按照安息人的指示，前往帝国东部边境。大批战俘后来和当地人通婚，逐渐融合，少部分不甘受安息驱使的战俘则逃到了康居国境内。康居王为防止安息西进，主动给这些罗马人划了一块生活区。这些人逐渐发展壮大，人口超过 2 万人，并推举了一位年轻的司令官，外人称之为"罗马王子"。郅支单于到康居后曾拜会罗马王子，罗马人出于对东方文化的向往，也愿意和来自东方的客人交往。郅支单于还把女儿嫁给了王子。此后，很多罗马人加入郅支单于的军队，参与了对乌孙等国的战争。

再说郅支，自从在康居站稳脚跟后，又开始目中无人。一次，因为口角，他竟然杀死了嫁给自己的康居公主。康居贵人闻报大怒，登门评理。郅支居然又派兵把他们也杀死，尸体丢进塔拉斯河中。康居国王明知是自己引狼入室，也没有什么办法。因为郅支羽翼已经丰满，自己根本不是他的对手。郅支心虚，决定在塔拉斯河畔修一座坚固的城池，以免仇家突然来报复。据说罗马人参与了城市建设，并按照罗马人的习惯在外城修了三道木墙，木墙之间有天桥相连，最里面一道则通过地道与内城相连。这座城历史上被称作"郅支"城，在目前哈萨克斯坦塔拉斯市附近。

郅支从此有恃无恐，开始东征西讨，蹂躏周边小国，并准备向东进攻呼韩邪单于。汉朝西域都护韩宣请求发大兵讨伐，但被驳回。公元前37年，韩宣告老还乡，甘延寿、陈汤被任命做了正副都护，主管西域事务，郅支单于的夺命天煞星终于来了。

甘延寿，甘肃人，出身良家子，少年时被选为羽林郎，护卫在皇帝身边。此前出任辽东太守，曾出使乌孙等国。陈汤，山东人，经富平侯张勃推荐，钦点做了茂才，也曾多次出使西域。面对肆虐西域的郅支单于，二人决定以武力解决。

公元前36年，甘、陈二人谎称皇帝降诏讨伐郅支，秘密召集西域屯田军士和西域各国军队，共计约4万人，分六路前往郅支的老巢。其中三路走天山南路，经葱岭进入大宛，直扑郅支城；另三路走天山北路，经乌孙，进入康居。为了达到出其不意的效果，远征军特意选在冬季出发。等郅支发现汉军，汉军已经兵临城下了。不知道是受罗马军士鼓舞，还是其他什么原因，郅支单于居然认为汉军从很远的地方赶来，后勤补给很困难，不会持久进攻，炫耀武力虚张声势而已，于是主动放弃了匈奴骑兵善于诱敌深入的运动战特长，龟缩在城中不出来，准备和汉军打一场攻坚战。

郅支的重木城的确厉害，汉军攻击了几次也没有成功，相反损失不小。但令郅支没有想到的是，甘延寿、陈汤居然想出火攻的办法。中亚地区冬季干燥，风力强劲，汉军堆积在城外的薪柴一点就着，火势迅速蔓延。重木城顷刻之间变成一堆灰烬，大批士兵葬身火海。

郅支一看大事不妙，赶紧组织人马突围。汉军早有准备，一阵乱箭把匈奴骑兵射得人仰马翻。郅支无奈，只好亲自登城防守，一群花枝招展的阏氏们这时也丢下脂粉，拿起弓箭，上城助战。汉军的硬弩威力强大，匈奴士兵损失惨重，郅支本人也被射伤鼻子，众阏氏更是死伤大半。康居王派军队虚张声势地来援助郅支，刚与汉军一接触就仓皇撤出战斗。郅支单于眼看大势已去，只好指挥自己的残兵做最后的顽抗。汉军很快杀入城中，军侯杜勋身手敏捷，一刀砍下郅支的头颅。这位草原上的一代枭雄，称霸西域十余年之久的大单于就这样魂归西天，见他的列祖列宗去了。郅支单于还因此创造了两个不光彩的纪录：他成为第一个被汉朝军队在战斗中击毙的单于，也是第一个身首异处、死后不得全尸埋葬的冒顿子孙。

陈汤等奇袭获胜后马上飞报汉朝中央，请求把郅支单于的首级悬于街头示众，以宣示"明犯强汉者，虽远必诛"。汉元帝立即批准，并改元为"竟宁"（寓意边境从此安宁）以示祝贺。甘延寿、陈汤联手剿灭了危害西域十几年的郅支势力，功勋卓著。但由于是矫诏发兵触犯汉律，加上宦官石显、丞相匡衡等人陷害，不但没有受封赏，还被关进监狱两年多。直到三年后才被封侯，甘延寿封义战侯，陈汤只封了个关内侯，食邑各自只有300户。

陈正义先生认为，罗马王子向往汉朝文化，主动与陈汤等人接洽，表示愿意带领部众到中国定居，有4000多罗马人和他一起来到中国。汉朝政府在祁连山麓的张掖郡番和县、原匈奴折兰王的驻牧地修建了骊靬城供其居住，并单独设立了骊靬县。"折兰"后音转为者来，"者来寨"即得名于此。后出于开发文化资源的需要，改名为骊靬村。

郅支单于和罗马人的第一次接触就这样结束了。但罗马人没有把匈奴人扬威西域的情报传回祖国，罗马人只能通过几百年后亲身经历"死亡之雨"去感受匈奴的厉害了。

第六章
回光返照：两汉之交的短暂复苏

在大汉保护伞下生活的匈奴人已经完全没有了狼的野性，变成了一只温顺的小绵羊。

一、昭君出塞：从此匈奴归汉家

> 请为我唱一首出塞曲，用那遗忘了的古老言语，请用美丽的颤音轻轻呼唤，我心中的大好河山。那只有长城外才有的清香，谁说出塞歌的调子太悲凉，如果你不爱听，那是因为歌中没有你的渴望。而我们总是要一唱再唱，想着草原千里闪着金光，想着风沙呼啸过大漠，想着黄河岸啊阴山旁。英雄骑马壮，骑马荣归故乡。
>
> ——席慕容《出塞曲》

呼韩邪单于获悉郅支被杀，又惊又喜。喜的是唯一的对手终于消失了，自己可以安心经营破败的匈奴政局和社会经济；惊的是汉朝连年征战后居然还有力量发动远征，自己不仅继续争夺西域不可能，稍不小心还可能招致塌天大祸。唯一的保全办法是继续向汉朝称臣，别招惹这个汉廷。于是，呼韩邪单于于公元前33年第二次前往长安朝觐当时的汉元帝，并表示以后要经常前来拜见。汉元帝很高兴，赏给他很多东西。呼韩邪趁机提出恢复和亲的建议。于是汉元帝命人挑选了5位宫女，冒充宗室，供呼韩邪选择。

南郡女子王嫱（字昭君）几年前选入宫廷，因为得罪御用画师毛延寿，始终没有得到皇帝临幸，颇多怨艾。一见皇帝要选人出塞和亲，暗想嫁给单于，虽然远赴大漠戈壁，生活艰苦，可总比独守青灯，一点点老死强得多，于是主动提出参选。王昭君国色天香，一选即中。不久呼韩邪偕昭君前去拜见老丈人，顺便辞行。汉元帝一见昭君，惊为天人，心中暗暗叫苦，无奈已经许婚，不能悔改，只好强作欢颜，赐予大批陪嫁，送他们启程。

为便于联系，汉元帝封王昭君的弟弟王歙做了和亲侯，陪姐姐出塞。对于毛延寿，除了一杀泄愤，也没别的解恨高招。

呼韩邪既得佳偶，喜不自禁，特意给昭君冠上"宁胡阏氏"的名号，表示从此胡地安宁。后来又上书要求作为边塞首领替汉朝守卫上谷至敦煌一线。汉朝居安思危，不肯把边境轻易交给胡族，委婉地拒绝了这个建议。

王昭君安心于漠北，克尽妇道，次年为呼韩邪生下儿子伊屠智牙师，以后被封为右日逐王，进封左贤王，进入单于庭政治核心。公元前31年，呼韩邪单于病逝。王昭君请求归汉，汉哀帝要求她"从胡俗"，于是又嫁给了继位的复株累单于，并生下两个女儿。长女云嫁给须卜氏，史称"须卜居次云"（"居次"即匈奴语中的公主），在后来的匈汉关系中发挥了重要作用。

呼韩邪去世后，他的大阏氏为稳固统治，征得大人会议同意，立了一个年龄比较大的儿子雕陶莫皋做了单于，即复株累单于。复株累单于继续与汉朝修好，多次敬献礼品，并于公元前24年进京朝觐。公元前20年，复株累去世。三个弟弟先后即位，即搜谐单于、车牙单于和乌珠留单于。几个单于都对汉朝谨慎相处。

自五单于争立以后，匈奴国力大减，王昭君出塞，双方恢复和亲，尽管和汉初的和亲不是一个味道，毕竟换回了一个和平。为了维持这个和平，匈奴统治者只是尽力修好汉朝政府。像乌珠留单于在进京被阻拦后还是委屈地派兄弟前往做人质。汉平帝时太皇太后王政君垂帘听政，乌珠留赶紧又派王昭君的长女须卜居次云前往"入侍"。这时的匈奴已经完全没有了狼的野性。

二、顽固的正统捍卫者：王莽的倒行逆施

当了15年新朝皇帝的王莽，是2000多年来中国历史上最具争议的人物。有人称他是改革家，有人骂他是复古狂。有人把他比作"周公再世"，是忠臣孝子的楷模；有人把他看成"曹阿瞒的前身"，是奸雄贼子的榜首。有人赞他救世主，有人骂他野心家……王莽的道德水准暂且不论，单就他对匈奴的政策而言，是完全地错了。他不仅没

有消灭这个眼中钉，还给后世王朝留下了一个烂摊子。

在汉朝，因为政治经验还很缺乏，外戚和宦官一直在政治舞台上呼风唤雨。汉朝的小皇帝很多，注定了太后要临朝主政，从吕太后时就是这样。太后临朝自然要大力提拔不会背叛自己的娘家人，吕家、窦家、王家，等等，都是如此。等皇帝长大了，要夺回权力，同样也要依靠自己的妻族，像汉武帝时的卫青、李广利、霍去病，等等。宦官是自己的奴才，当然更可以信任。可话说回来，那时候还没有成熟的选官制度，不像后来的科举，一次可以给皇帝提供几百名候选亲信。皇帝的兄弟理论上都有篡位的可能，躲还来不及，自然不能重用，可以重用的就只剩下宦官和娘家人了。

外戚、宦官既然成了政坛骨干，其他人自然没多少机会。忠正能干的大臣得不到提升，还可能被杀害或排斥；留下的不是谄媚奉承之辈，就是"大隐隐于朝"、明哲保身的"大隐士"。在这样的政治氛围中，一旦皇帝没什么本事，全国马上会黑暗一片，腐败横行。西汉末年恰恰就是这个样子。

公元前33年，汉成帝即位，皇太后王政君把持朝政。王家在朝中势力弱小，王政君深感孤单，于是大肆提拔娘家人做官。哥哥王凤首先做了大司马大将军。六年后，王凤的五个弟弟同一天封侯，王氏的势力空前膨胀。不过就在王家春风得意的时候，王莽却没有沾上光。

王莽，字巨君，王政君的侄子。他的父亲王曼是个薄命郎，眼

117

看姐姐掌握了大权，他却很不知趣地死掉了。而且他的长子也是个废物，新婚不久即一命归天。王曼父子一死，丢下年幼的王莽和寡母孀嫂没人照顾。王凤兄弟忙于揽权，也顾不上这个侄子。结果王莽一家在众叔伯纷纷入朝秉政的时候却过起了贫穷的日子。穷人的孩子早当家，王莽从小就养成了节俭、好学的习惯，而且特别善于表现自己。王凤生病，亲生儿子不愿服侍，王莽却在旁衣不解带服侍了一个多月，深得姑姑、叔伯欢心。

公元前16年，王政君终于决定奖励一下王莽。她让成帝追封王曼做了新都侯，王莽顺理成章地继承了侯爵。虽然封了侯，王莽的态度依旧很恭谨。他广泛结交各级官员，赡养救济名士，连自己的军马衣服也拿来分发给宾客，自己的老婆接待客人时穿的却是破旧衣衫。朝野人士纷纷传播他的佳话，王莽的名声逐渐超过了他的叔伯们。

表兄淳于长名列九卿之首，却腐败成性，而且居然给皇帝的废皇后许氏写信调情。王莽得知后毫不客气地检举揭发，气得太后马上让成帝免了淳于长的官。王莽自己则顺理成章地取而代之，很快荣升大司马，时年不过38岁。

正当王莽声誉日隆时，成帝突然驾崩。成帝无子，侄儿刘欣继位为哀帝，其母家也就成了新的外戚。王莽失势，被迫回到新都侯府闭门不出。王莽的儿子王获杀了一名奴婢，被他痛骂一顿，逼令自杀。王获临死前大骂父亲只要名声不要儿子。王获这一骂很大程度上已经撕开了王莽伪君子的面具，可惜当时并没有引起多少人注意。

外戚宠臣不仅专权，而且穷奢极欲，贪得无厌，土地兼并恶性发展。成帝、哀帝时，失去土地流亡的百姓数以百万计，大批沦为官私奴婢，死于沟壑的百姓更不计其数。从高层官员到百姓贫民，对现实都普遍不满，无不希望出现某种积极的变革，于是，以一副正人君子、道德楷模形象出现的王莽当然会给大家带来希望。

几年后，哀帝病死，太皇太后王政君顺应民意，急召王莽进宫，恢复大司马职位。王莽别有用心地建议迎年仅 9 岁的中山王继帝位，是为汉平帝。太皇太后以 72 岁高龄临朝称制，由王莽执政。

王莽很快收罗、组织起一个得心应手的班底：王舜、王邑为心腹谋士，甄丰、甄邯负责决策，平晏掌管机密，刘歆撰写文告制造舆论，等等。公元 1 年，大臣们向王政君提出，王莽"定策安宗庙"的功绩与霍光一样，应该享受与霍光相等的封赏。王莽得知后，上书表示，他是与孔光、王舜、甄丰、甄邯共同定策的，希望只奖励他们 4 人，以后再考虑他，并不顾太后多次诏令，坚决推辞。于是太后下诏：王莽增加封邑二万八千户，封为太傅，称安汉公，以萧何的故居作为官邸，并定为法令，永远遵守。王莽接受了安汉公的称号，但退回了增封的土地和民户。

王莽又建议先封诸侯王和开国以来功臣的子孙，然后是在职官员，增加宗庙的礼乐，使百姓和鳏寡孤独都得到好处。于是朝廷下令：全国成年男子每人增加一级爵位；无子的诸侯王、公、列侯、关内侯可以将孙子作为继承人；宗室中因有罪而被开除出族的，可以恢复；全国二千石以上的官员如年老退休，可以终身领取原俸禄的三分之一；上一年多收的赋税一律退还；天下吏民不必再自行置备服兵役所需物资，等等。全国上下无不为此感谢王莽。为了复兴儒家传统制度，他奏请建立明堂、辟雍、灵台等礼仪建筑，并为学者建造1万套住宅，"天下寒士俱欢颜"。

公元5年，富有四海的汉平帝莫名其妙地死掉了，年仅14岁。王莽从汉宣帝玄孙一辈中挑选了只有2岁的刘婴继位，史称"孺子"。紧接着，武功县令孟通"及时"地从井中挖得一块白石，上有朱笔撰写"告安汉公莽为皇帝"。当时谶纬之学已经很流行，朝野上下对上天的指示都很尊敬。现在既然天降诏命，太后当然不敢违背，王莽于是当了"摄皇帝"，刘婴则变成了他的皇太子。

两年后，王莽又故技重演，唆使梓潼人哀章做了个铜柜，柜里放的纸上写着"王莽为真天子"，还将王莽的8位大臣和3个胡编的名字，每人写上官职，附于后。黄昏时分，哀章抱着柜子去高祖庙，将它交给值班的仆射。得到报告后，王莽立即去高祖庙将金柜迎回，即真天子位，改国号为"新"，演完了攫取帝位的最后一场戏。

王莽是个典型的儒家理想主义者，登皇位后马上热情顽固地推行他的复古改革。

公元9年，王莽下诏，历数土地兼并的危害，下令所有土地收归国有，实行井田制。天下田地一律改称"王田"，奴婢改称"私属"，都不许买卖。每个不足八口人的家庭，占田不得超过一井

（900 亩），超过部分必须分给九族邻里，原来没有田的人可以按照一夫百亩的制度受田。对胆敢诋毁"井田圣制"的人，一律流放边疆，以儆效尤。

为了抑制商人对农民的过度盘剥，制止高利贷，控制物价，王莽在公元 10 年下诏实行五均六筦法。所谓五均，即在长安、洛阳、邯郸、临淄、宛、成都等城市设"五均司市师"，设交易丞五人、钱府丞一人，管理市场。每季度中月由司市官评定本地物价，称为市平。物价高于市平，司市官照市平出售；低于市平则听民买卖；五谷布帛等生活必需品滞销时，由司市官按本价收买。百姓无钱时，可向钱府借无息或低息贷款。所谓六筦，即由国家对盐、铁、酒、铸钱、五均赊贷等五种产业实行国家垄断经营。

从这些政策的内容看，似乎相当合理，制定的出发点也不能说不对，如果真能实行，政府和百姓双方都能得益。但是，土地并非一句话就能收归国有，收回土地肯定要得罪大批既得利益群体，这些人往往又有着巨大的能量，可以轻而易举地干扰国家政令的执行。无地农民希望得到土地，一旦拿不到也会对政府不满，这样，王莽就把上下两个阶层都得罪了。而五均六筦实施的前提是政府必须掌握相当数量的商品和货币，同时拥有强有力的管理手段和桑弘羊式的精通经济管理的人才。王莽则一个条件也不具备，于是只好依靠富商大贾来推行。这些人既当裁判又当运动员，结果只会形成危害更大的官商垄断经营，对国家、对百姓没有一点好处。

至于王莽对货币的改革，更是胡闹，除了给古钱币爱好者增加一点收集的乐趣和麻烦外，没有一点用处。

一个成功的改革者，不能只依靠某一部分人群，否则会引发激烈的社会动荡。他必须通过自己的努力，让社会各阶层都有所妥协，实现双赢或多赢，从而促成社会的平稳向前发展。在妥协中逐渐消灭旧事物，培育新生命。王莽是个改革者，但却是一个不称职的改革者，是个志大才疏的改革幻想家。他的改革方案很快被自我否定，辛辛苦苦抢来的帝业也迅速地瓦解了。

王莽泥古不化，一切都要符合古义，又深受"夷夏之辨"的影响，在对待边疆少数民族的问题上自然也会犯下很多错误。

他胁迫羌人献出青海湖一带的土地设立西海郡，以便与已有的北海郡、南海郡、东海郡合起来凑全"四海"。为了使这块荒地像一个郡，必须强制移民，于是增加了 50 条法令，以便增加成千上万的罪犯，满足移民的需要。这个西海郡因此也成为第一个损害王莽形象的祸首。

对于匈奴，早在汉平帝时王莽就开始改变汉朝以往的和平共处国策，谋求一步步削弱匈奴。公元 2 年，他炮制了一个约定，要求从此以后匈奴不得接受从汉朝、乌孙、西域诸国以及乌桓流入的人口。这等于要把匈奴彻底孤立起来。国力日减的乌珠留单于忍气吞声，只好接受。

更荒谬的是，乌珠留单于本名囊知牙斯，王莽出于汉族本位思想认为这个名字太长，公然要求单于改名。大丈夫行不更名、坐不改姓是儒家文化的传统，匈奴虽然没有儒家思想，可也有尊严，逼人家改名，等于让单于背弃祖先。不过这位乌珠留单于确实是一位能屈能伸的大丈夫，改名就改名，不仅自己改为单名"知"，手下人也一起改。弟弟右贤王改名"舆"，右犁汗王改名"咸"，儿子改名"助""登"，等等。

公元9年，王莽正式篡位后，马上下令收回汉朝颁发给呼韩邪单于的金制"匈奴单于玺"，另外颁发"新匈奴单于章"。虽然只是二字变化，但内涵完全不一样。加上"新"字，表示匈奴从此是新朝臣子，不再和皇帝平起平坐。"章"更是成为臣下的标志。以前呼韩邪虽然也向汉朝称臣，汉朝也接受了，但做得很含蓄，给足了单于面子。王莽则分外露骨。乌珠留单于的忍耐力终于到了极限，明白地表示不愿意要这个印，并派右贤王跟随前来宣诏的五威将回去请回旧印。

不料这个五威将也是狐假虎威、颐指气使，公然指责匈奴违反规定，擅自收留乌桓人口。乌珠留单于怒火中烧，决定进行武装试探，派大将率领1万骑兵，以驱逐乌桓人口为名，直扑有乌桓人居住的朔方塞下。自汉宣帝以来延续了半个世纪的不见烽火、人物殷盛、牛马遍野的繁荣景象就这样被破坏了。

王莽运气不佳，刚当上皇帝没几天，水灾、旱灾、蝗灾、瘟疫接踵而至，新朝无力救济百姓，绿林、赤眉等起义军蜂起。为转移国内百姓视线，王莽索性下令把匈奴改为"恭奴""降奴"，将"单于"改为"善于""服于"，极尽侮辱之能事。为了分化匈奴，又宣布册立呼韩邪的15个子孙都做了单于，并派人引诱右犁汗王咸父子三人到长安，册立咸做了孝单于、儿子助做了顺单于，另一个儿子登作为人质留在长安。咸本以为只封自己做单于，一见父子俩都成了单于，顿时明白了王莽的居心，追悔莫及。后来趁王莽不备，逃回塞外，被乌珠留单于降为贱官。

在分化匈奴的同时，王莽又招募了30万军士，兵分十路出击匈奴。一场大战不可避免，被逼上梁山的乌珠留单于只能反击，他公开宣言匈奴世代受汉朝恩惠，不能遗忘，王莽不是刘氏子孙，没资格做皇帝，匈奴要为汉朝复仇！他遍告匈奴各王，命令他们同时对新朝展开进攻，雁门、朔方太守先后被杀。新朝军队是临时拼凑的乌合之众，根本经不起打击，连战连败，气得王莽大骂边将无能。

公元13年，乌珠留单于死去。

自呼韩邪单于归汉开始，匈奴内部就一直存在着亲汉和反汉两股势力。乌珠留死后，国政由王昭君的女婿、右骨都侯须卜把持。他撇开主战派、乌珠留的弟弟右贤王舆，拥立咸做了单于，是为乌累若鞮单于。这个乌累单于的儿子登去年因为匈奴入侵而被王莽杀死，他没有为儿子报仇，而接受了须卜夫妇的建议，主动向王莽示好，请求和亲。

公元18年，乌累单于结束了他抑郁的一生。右贤王舆继位，是为呼都而尸道皋若鞮单于。呼都单于开始也奉行亲莽政策，但王莽还是不放心，于是不顾大司马严尤的忠告，派和亲侯王歙前往边塞，把须卜夫妇骗到长安，并册立须卜做了所谓的"善于"，准备用须卜取代呼都单于。须卜当然不是虚连题（亦作"挛鞮氏"）家族成员，王莽册立他做"善于"，并且还有很多亲汉的匈奴人支持，又一次说明虚连题家族的确没有确立起自己至高无上的地位。

王莽的倒行逆施激起呼都单于的愤怒，于是大举进攻北边。为了应付匈奴进攻，王莽不得不在国内一片混乱的时候大量招募兵士备边。同时又刚愎自用，置起义军于不顾，运送数百万粮米到边境，准备对匈奴发动全面进攻。

就在王莽摩拳擦掌、准备大干一场的时候，公元 23 年十月初一，更始起义军杀入长安城。初三天明，王莽在王揖等护卫下逃往渐台。最后将士全部战死，其他随员在台上被杀。商人杜吴杀了王莽后还不知道他的身份，取下了他身上的绶带。校尉公宾得知尸体还在，立即冲进室内砍下王莽的头。几天后，王莽的头被挂在南阳宛县市上，当地人纷纷向头上扔石子。

王莽虽死，但呼都单于的大军已经是箭在弦上，不得不发了。公元 24 年，定都长安的更始皇帝刘玄派人送还汉宣帝赐予的玺印，试图修复双边关系。但此时匈奴的亲汉派代表须卜夫妇已经死于长安，主战派掌握大权。在反汉主战诸王的鼓舞下，呼都单于理直气壮地提出王莽垮台有我一份功劳，如果没有我在北边进攻，汉朝不会这么快复兴，所以汉朝"当复尊我"！换句话说，呼都单于要恢复冒顿单于的雄风，回到匈奴为主汉朝附庸纳贡的状态。

公元 25 年，安定三水（今宁夏）人卢芳自称是刘氏宗嗣，举兵向仍然支持王莽的势力发起进攻，被拥立为西平王。为了证明

"扶汉"的动机，呼都单于派人把卢芳迎接到五原，立为汉帝。然后又利用自己的影响，把在五原、朔方等地起兵的李兴、田飒、闵堪等推到卢芳麾下。

在扶植傀儡的同时，原来臣属汉朝的乌桓也因为王莽的举措失宜而重新投入匈奴怀抱，和匈奴一起骚扰汉境。乌桓原来居住在代郡一带，距离汉地最近，朝发夕至，危害最大。

西域早已归附汉朝，王莽同样对其予以打击，无理要求他们放弃王位，改称"侯"。各国怨恨，合谋杀了西域都户但钦，重新倒向匈奴。这样，匈奴就从东、中、西三个方向实现对新兴的东汉王朝的围攻态势。

不过，令呼都单于实在丧气的是，他寄予厚望的卢芳居然背叛了他。从公元30年到公元39年，十余年间卢芳在匈奴的支持下和东汉军队几次大战，总体上保持着攻势，东汉军队疲于应付。但田飒等人却没了信心，先后投降。卢芳气馁，丢下辎重，带领十余骑逃入匈奴。匈奴听说汉朝以重金求购卢芳，主动把他遣送到高柳，命令他归汉。这个卢芳也不是善类，他于公元40年向光武帝刘秀请降，但只字不提是匈奴主动让他回来的。刘秀于是封他做了代王，希望他能在汉匈之间说和。次年，卢芳因为得不到刘秀信任，再次反叛，回归匈奴。

没有了傀儡，呼都决定亲自动手，于公元44年到公元46年间多次进攻汉朝，逼得汉朝先后放弃了五原等边境郡县。冒顿单于建立草原帝国时汉地正在混战，外部环境很好。呼都单于时的形势似乎更好，不仅恢复了匈奴旧疆，而且打得汉朝节节败退。难怪他敢于"自比冒顿"。不过令其失望的是，屡战屡败的汉人似乎没有称臣的意思，虽然使节不断前来，可没一个提出让他满意的建议，甚至连和亲都没提过，逼得他只好一次又一次出兵敲打。问题是此时的匈奴实力实在无法和冒顿时期相比，频繁出击"不懈"地消耗着本来就不丰足的国力。公元 46 年，壮志未酬的呼都单于闭上了疲倦的虎目。

三、腹背受敌：低飞远走的北匈奴

　　草原游牧辛苦异常，为了收服这些野性十足的人们，汉朝人开始发射糖衣炮弹，一枚接一枚，发射了 200 多年，终于击中了目标。日逐王比首先中弹，率众投奔了温柔乡。旱灾、蝗灾、雪灾开始频繁袭击躲在工事里负隅顽抗的人们。野狼饿了，只好离开这个鬼地方，另外去寻找可以吃到羊的地方。

天上掉下大馅饼：主动分裂的南匈奴

让呼都单于没有想到的是，他的子孙不但没有继续沿着他的足迹前进，反而迅速陷入内乱，葬送了他的一番心血，而且老账居然算回他的头上。

原来呼都单于不希望单于宝座落到弟弟手里，于是取消了弟弟、王昭君的长子伊屠智牙师的左贤王位，后来又借故杀了他。呼都死后，两个儿子乌达鞮侯和蒲奴先后即位。呼都的这一安排，引起日逐王比的不满。日逐王认为：如果兄终弟及，应该让伊屠智牙师即位；如果父子相继，他是乌珠留单于的儿子，更有资格继承。时值匈奴"连年旱蝗，赤地数千里，草木尽枯，人畜饥疫，死耗大半"，经济受到很大打击。蒲奴单于对此束手无策，又害怕汉朝趁火打劫，于是遣使至渔阳求和亲。

日逐王比的辖区是沿边八郡，这里有大批所谓"属国"部众。所谓属国，指的是以前投降汉朝的匈奴人。为了适应他们的需要，汉朝政府把他们安置在边境郡县，而且没有改变他们的部族结构，依旧由其自治。呼都单于起兵后，这些属国很快归顺，成为进攻汉地的先锋。为便于管理，呼都在这里设下八部大人，而以日逐王比作为他们的总头目。这是匈奴第一次改变左、中、右三权分立的格局，一变而为左、中、右、南四部。日逐王早在呼都单于在世时就已经心怀二心，多次借故不参加大人会议。呼都单于把南部八郡划给他管辖等于是给自己树立了一个劲敌，丝毫无助于消解日逐王的不满情绪。

日逐王部和汉地接触广泛，很多部众已经放弃游牧，改为定居生活。这回遭遇天灾，日逐王很自然地想到向汉朝求援。加之和单于有矛盾，日逐王决定先下手为强，密遣汉人郭衡奉匈奴地图向西河太守请求内附。负责监视他的两个骨都侯察觉此事，连忙报告单于。蒲奴单于只知道动武，缺少智慧，但大灾之年又派不出多少兵，只带了1万多军士前往讨伐。日逐王陈兵5万严阵以待，蒲奴知道打不过，只好撤回单于庭。

八部贵族眼看日逐王无法再和单于和平共处，无奈之下，只好顺从他投奔汉朝的主张，一致拥戴他做了单于，公开与蒲奴单于决裂。为了借得祖先的荣光，比的称号也取作"呼韩邪"。为了避免混乱，这里姑且称之为后呼韩邪单于。打出分裂大旗后，后呼韩邪单于在第一时间派人到五原塞，向东汉政府表示愿意"永为藩蔽，捍御北虏"。称自己的同族为"虏"，暗示双方在生产方式、文化形态上已经存在很大差异，八部匈奴因为长期汉化，已经在不自觉中接受了汉人的"夷夏之辨"，而且认为自己已经脱离夷的行列。

自称帝以来，汉光武帝刘秀就一直为北方边境发愁。手下众将几乎都是豪强地主出身，个个手里都掌握着不少的"家兵""部曲"，调动起来颇多顾忌。而且这些兵丁对付"赤眉"等无组织的乌合之众还可以，对付强悍的匈奴铁骑，实在勉为其难。现在匈奴连年入侵，连年获胜，怎么就突然要归顺内附了？这幸福来得不明不白，还真难于接受，莫非真有天上掉馅饼的好事？

后呼韩邪单于见汉朝迟迟没有回音，唯恐发生意外，忙又派儿子带上大批礼物到洛阳当面陈说自己的心愿，并把儿子留下作人质。在耿国等大臣的说服下，刘秀终于相信"幸福可以从天降"，愉快地接受了比的请求。公元50年，刘秀派中郎将段彬前往，帮助比在五原塞以西80里处建立单于庭，又仿照西汉对待呼韩邪单于的旧例，颁给金质玺绶、冠带、衣服、车马、锦绣等物及米糒

25000斛、牛羊36000头。以后为了便于控制，汉朝又把比的单于庭迁到云中郡。从此，匈奴分裂为南、北二部，后呼韩邪单于在汉文史籍中开始频繁以"南单于"的身份出现。南、北匈奴的分裂，使匈奴势力再次受到削弱，并成为其走向衰微的新的转折点。东汉王朝则捡了个大便宜，一举解决了正北方的边境安全难题。

南单于为表忠心，此后多次主动出击北匈奴，按《后汉书·南匈奴列传》的描述是，双方"仇衅既深，互伺便隙，控弦抗戈，觇望风尘，云屯鸟散，更相驰突，至于陷溃创伤者，靡岁或宁"。不过南单于的第一战就没成功，被蒲奴单于杀得大败。刘秀趁机又将其单于庭迁到西河郡的美稷县，并派中郎将段彬及副校尉王郁为之卫护，实则是监视。美稷县地处河套平原，原本是匈奴旧地，后呼韩邪单于就这样通过一种曲线救国的方式回到了自己祖先生活过的地方。

此后，南单于命令韩氏骨都侯屯北地郡，右贤王驻朔方郡，当于骨都侯成五原，呼衍骨都侯守云中，郎氏骨都侯、左南将军、栗籍骨都侯分别屯定襄、雁门和代郡，各领部众"为郡县侦罗耳目"。侦罗的对象当然是北匈奴。蒲奴单于害怕了，连忙将部分被俘汉人送还，并几次遣使请求和亲。汉廷为了利用矛盾，坐收渔翁之利，予以回绝，但对南单于的请求却几乎是有求必应。从公元51年到公元55年，匈奴地区连续发生严重的自然灾害，北单于又连续三次派使节到洛阳，请求和亲或开放互市。汉朝政府不予接济，却在公元52年回赠良弓利剑，要求他尽忠孝之义，表面上用来对付西域侵扰，实则是鼓励他继续打内战。

汉廷拒绝和亲的理由是害怕南单于误会，实则是挑拨南北匈奴的关系。北匈奴果然迁怒于南匈奴，几次举兵讨伐。公元 56 年，南单于去世。丘浮尤鞮单于、伊伐於虑鞮单于、醢僮尸逐侯鞮单于、丘除车林鞮单于、胡邪尸逐侯鞮单于相继即位。从公元 56 年到公元 63 年，短短 7 年间先后有 5 个单于去世。虽然史籍没有记载他们是怎么死的，但如此之高的更换频率，其中肯定有北匈奴的功劳。

屡次请求和亲、互市得不到回应，北匈奴对汉朝的怨恨也是与日俱增，不时南下侵扰。汉廷在消极应付了多年后，随着国力的恢复，终于开始着手大规模的北征，重现汉武辉煌。北匈奴也察觉到风声不对，加之连年遭灾，遂提前大规模北撤，把单于庭又迁回到漠北地区。但东汉的大军已经整装待发，不可能撤回，双方的大战一触即发。自王莽篡位后，汉朝在西域的经营成果灰飞烟灭，西域复入匈奴彀中。南匈奴内附后，中线压力基本解除，所以，汉朝的用兵重点选择了西线。双方再次重演旧时的一幕，在西域展开持久的争夺。

争夺西域：北匈奴重走祖先路

公元 73 年，汉明帝派窦固、祭肜等人率军 4 万余人分四路出击北匈奴。窦固一路在天山一带击败匈奴呼衍王，斩首千余级，收复重镇伊吾庐（今新疆哈密）。但其他三路连匈奴的影子都没见到，无功而返。不过此战对北匈奴民众的心理影响极大，纷纷远徙避难。公元76年，北匈奴皋林温禺犊王率众返居涿涂山（今蒙古国满达勒戈壁附近），南单于一看立功的机会到了，主动率轻骑偕乌桓及戍边汉兵出击，杀俘4000余人。两次战役后，大批北匈奴民众厌战，纷纷逃到南匈奴地区。由于逃亡人数不断增加，北匈奴实力受到严重削弱，被奴役的各族人民乘机奋起反抗，蒲奴单于内外交困，被迫率众再次向西北远徙，重新走上祖先重视西域的战略道路。糟糕的是，他们在这里碰上了另一个死对头：班超。

那时的西域，天山北麓基本被北匈奴控制。受其影响，地少人寡的南麓诸国为了自保，或者依偎于汉与匈奴之间，或者干脆投靠匈奴，前者如前后车师、鄯善，后者如龟兹和疏勒。西域诸国为摆脱匈奴奴役，在东汉政府成立后大多曾经提出"遣子入侍，献其珍宝，愿得都护"的要求，但刘秀比较保守，多次以中原初定、无暇顾及为由而婉拒之。公元73年的北伐占领伊吾庐，在匈奴和乌孙、康居等天山北麓诸国的联系要道上钉入一个楔子，取得了初步成功。于是，大将窦固决定趁热打铁，派假司马班超出使南麓诸国。

班超，字仲升，扶风平陵人，著名史学家班彪的幼子，其长兄班固、妹妹班昭也是著名的史学家。公元62年，班固被召入京任校书郎，班超和母亲跟随着迁居洛阳。由于家境贫寒，班超托哥哥的关系做了个抄写工，赚些小钱补贴家用。当时的社会风气还是以征战沙场、封侯拜将为荣，对读书人评价并不是很高。班超实在不愿意做一辈子抄书匠，于是跑去相面。相师告诉他有封侯之相。班超很高兴，益发坚定了投笔从戎的志向。

窦固出兵攻打匈奴，班超主动请缨参战，被任命为假司马，即代理司马。在战斗中，班超显示出过人的才干，深得窦固赏识，于是出使天山南麓诸国的重任落到了他的肩上。

班超和从事郭恂率领36名军士首先到了罗布泊附近的鄯善，即原来的楼兰国。鄯善王对于汉使的到来非常欢迎，嘘寒问暖，礼敬备至。但不久突然改变了态度，班超估计是匈奴使者到了。于是，他把负责接待自己的鄯善侍者找来，出其不意地问他："匈奴使来数日，今安在乎？"侍者仓促间难以置词，只好实话实说。班超把侍者扣押以防泄露消息，随后召集部下饮酒高会。饮至酣处，班超故意设词激怒大家："卿曹与我俱在绝域。欲立大功，以求富贵。今虏使到才数日，而王广礼敬即废。如令鄯善收吾属送匈奴，骸骨长为豺狼食矣。为之奈何？"随后班超又动员大家，"不入虎穴，不得虎子。当今之计，独有因夜以火攻虏使，彼不知我多少，必大震怖，可殄尽也。灭此虏，则鄯善破胆，功成事立矣"。部下一致称是。

当夜，班超率将士直奔匈奴使者驻地。此时天刮大风，班超命令10个人拿着鼓藏在敌人驻地之后，约好一见火起，就猛敲战鼓，大声呐喊。又命令其他人拿着刀枪弓弩埋伏在门两边。安排完毕，班超顺风纵火，36人前后鼓噪，声势喧天。匈奴人乱作一团，班超亲手搏杀了3人，他的部下也杀死了30多人，其余的匈奴人都葬身火海。

第二天，班超请来鄯善王，把匈奴使者的首级给他看，鄯善王大惊失色，举国震恐。班超好言抚慰，晓之以理，鄯善王表示愿意归附汉朝，并且同意把王子送到汉朝做质子。

班超一击成功，声名鹊起。汉明帝知道后，晋升他为司马，再出西域。班超依旧带着原来的 36 个人出发了。这次首先到了今新疆和田一带的于阗。于阗是个大国，而且刚刚攻破昆仑山麓的莎车国，士气正盛。北匈奴派驻该国的使节不知收敛，依旧指手画脚，很让于阗王讨厌。班超到于阗后，于阗王不知道汉朝的真实想法，对班超颇为冷淡。当时于阗巫风炽盛，巫者对于阗王说："你要倒向汉朝，惹怒了神仙。神仙命令你马上用汉使那批黄马来祭祀他。"于阗王派人向班超讨要那匹马，班超假意答应，但要求巫师亲自来取马。巫师不知有诈，欣然而至。班超不由分说，一刀砍了他的脑袋，然后把首级送给于阗王。于阗王颇为惶恐，当即下令杀死匈奴使者，归附汉朝。

公元 74 年，班超一行来到疏勒国（今新疆喀什一带）。疏勒国王刚刚被龟兹人杀死，王位被龟兹人兜题占据。而龟兹的国王是匈奴人所立，疏勒等于间接被匈奴控制。班超了解到这个事实后，认为疏勒人不会死心塌地跟着兜题走，于是暂时在兜题居住的架橐城90 里外停下，派勇士田虑只身去见兜题，并乘其不备，将他劫持回了驻地。班超迅速进入架橐城，把疏勒文武官员全部集中起来，另立原来被杀掉的疏勒国君的侄儿做了国王。疏勒人非常高兴，表示服从汉朝统治。

至此，班超两次出使，凭借智勇，先后使鄯善、于阗、疏勒三个王国恢复了与汉朝的友好关系，丝绸之路重新打通。

同年，窦固攻破天山北麓的车师国，大破匈奴于蒲类海，把北匈奴的势力彻底赶出天山北麓。汉明帝决定恢复设立西域都护和戊己校尉，任命陈睦为都护，耿恭、关宠分别为戊校尉、己校尉。

北匈奴不甘心就此丢掉西域，于次年利用汉明帝去世的良机派左谷蠡王率领 2 万铁骑突袭车师国，杀死车师王安得，进而直迫戊校尉驻节的金满城（今新疆吉木萨尔）下，大有一口吞下戊校尉的气势。让匈奴人气馁的是，在这里他们又碰上一个死硬分子——耿恭。

耿恭，字伯宗，扶风茂陵（今陕西兴平）人。面对匈奴大军，耿恭临危不乱，他让守军在箭头上涂上毒药，匈奴中箭者的创口马上溃烂。匈奴人敬神，以为汉军有神仙保护，十分害怕。时逢天降大雨，耿恭趁势率众出击。西域地处内陆，很少下大雨，匈奴军士不习惯水战，纷纷败退。金满城解围。

但是西域都护陈睦、己校尉关宠先后战死，汉朝在西域的据点几乎都被拿掉。耿恭后来离开金满城，新屯扎的疏勒城（此疏勒在今新疆奇台县境内，和南麓的疏勒国没有关系）成为汉军在天山北麓的最后一个堡垒。当年七月，匈奴前来攻打耿恭。耿恭以逸待劳，固守坚城。匈奴人不善于攻坚作战，但他们狡猾地切断了水源，疏勒城边的山涧很快干涸。深陷绝境的耿恭身先士卒，榨马粪汁饮用，同时率众于城中掘深井取水，当井深达到 15 丈时，终于有水涌出。匈奴人万没料到建在半山坡上的疏勒城中居然有水源，以为神仙又一次帮助耿恭，只好再次撤围而去。

不久，匈奴又来进攻。汉朝政府拘泥于国丧，迟迟不发援兵。耿恭只好独守孤城。数月后，耿恭数千士兵只剩下几十人，粮食也吃光用尽了，匈奴开始了劝降攻势，以"封王，嫁公主"诱之。耿恭手刃匈奴劝降使者，"乃煮铠弩，食其筋革"，顽强地活了下来。疏勒城也成了匈奴人不可逾越的一道屏障。

公元76年，东汉的援兵终于到了。此时疏勒城中只剩下26个人。耿恭等出城不久，匈奴骑兵又来追击，汉军且战且退，抵达玉门关时，耿恭的部属只剩下13人。汉章帝大为感动，封其为骑都尉。但考虑到国力有限，汉章帝不愿意再和匈奴争夺西域，下令撤回西域都护和戊己校尉，连伊吾庐的屯田也撤掉了，把天山北麓拱手还给了北匈奴。

此时的班超也已经在架橐城坚守了一年多。汉章帝担心班超独处边陲，难以支持，下诏命他回国。南麓诸国害怕匈奴报复，请求班超留下。班超也想在西域完成他立功异域的宏愿，于是拒不从皇命，留在疏勒，并在公元78年统率疏勒等国军队大破龟兹国的近邻姑墨，斩首7万级，彻底孤立了龟兹。

公元80年，班超上书汉章帝，提出只要消灭了龟兹，就可以稳定西域，斩断匈奴右臂，"以夷狄攻夷狄，计之善者也"。这是中原政治家第一次明确提出以夷制夷的主张。汉章帝大为感动，接受了班超的建议，并派徐干等领兵前往支援。

在争夺西域期间，北匈奴又几次发生重大自然灾害，天灾人祸，极度困难。单于无奈，再次请求和亲。公元84年，汉朝发生大规模的瘟疫，耕牛大批死亡。北匈奴主动派人赶着大批牛羊到边境请求互市。北匈奴的举动无疑是雪中送炭，可汉朝政府依然戴着有色眼镜看待此事，认为是有意挑拨汉朝和南匈奴的关系。于是再次使出两面三刀的手段，一面允许互市，换取急需的耕牛；一面又指使南匈奴派兵到北匈奴牧地抢掠牛马，送到汉朝。

北匈奴对于汉朝的做法十分气愤，于是再次对汉朝发起报复性进攻。不过，北匈奴并不想过分刺激汉朝，没有在东、中线发起进攻，而是又一次选择在汉朝政府眼中已经可有可无的西域。但是驻节西域的班超并不想丢掉胜利果实，于是双方就此展开了不懈的争夺。

公元86年，匈奴纠集龟兹等15国兵3万余人进攻班超的盟友于阗，于阗王被迫投降，纳质子，贡方物。同年，匈奴又把莎车王换掉，扶植自己的亲信上了台。这样，匈奴就重新控制了天山南麓的主要国家，再一次切断汉朝通往西域的交通干道。

然而上天似乎彻底抛弃了北匈奴，每当他们有点起色的时候，上天就降下灾难予以阻扰。这次又是如此。公元87年，蒙古草原发生空前的蝗灾，草谷无收。北匈奴百姓无以为食，只好大量向南匈奴地区逃亡乞食。不久，老单于归天，优留单于即位。优留不思整顿国内经济，反而把单于庭西迁到鄂尔浑河以西，希望通过压榨西域各国来渡过难关。这引起了左地贵族的不满，他们另外拥立优留单于的哥哥做了单于，北匈奴再次发生分裂。

北匈奴的分裂给新兴的鲜卑民族创造了机会。鲜卑和乌桓族一样是东胡的别支，最早发端于大兴安岭中的嘎仙洞。大兴安岭当时叫鲜卑山，这一别支也就以山为名，称为鲜卑族。秦、汉之际冒顿单于攻灭东胡，乌桓、鲜卑并受匈奴役属。汉武帝大败匈奴，徙乌桓于上谷、渔阳、右北平、辽西、辽东五郡塞外，鲜卑人随之南迁至乌桓故地西拉木伦河流域，鲜卑拓跋部则直接进入匈奴抛弃的呼伦贝尔草原，并在这里迅速发展壮大。

公元 49 年，东汉辽东太守祭肜收降了部分鲜卑部众。为缓解来自匈奴的压力，祭肜别有用心地命令鲜卑进攻匈奴，并根据斩获的首级数量予以奖赏。新兴的鲜卑族本来就在谋求扩大统治空间，原来的主子匈奴占有大片草原，是他们首要的打击对象，现在又有汉朝的奖赏，鲜卑人的动力更足，开始连年出兵攻击北匈奴。北匈奴发生分裂后，鲜卑趁机发动大举进攻，优留单于兵败，连自己的胸皮也被当成战利品被鲜卑人割去。单于被杀，所部民众惊慌失措，于是大批南迁，屈兰等 58 部 20 多万人口投降了汉朝。

面对大好形势，南匈奴趁机向汉朝提出以南匈奴起兵为主，大举进攻、统一匈奴的计划。汉廷内部意见不一，尚书宋意清醒地看到鲜卑人的发展前景，认为其将来必然会成为汉朝的心腹大患，所以坚决反对出击北匈奴，认为应该保留北匈奴，既给鲜卑人保留一个强劲的对手，又能防止南匈奴坐大，尾大不掉。应该说，宋意的建议和当年班超以夷制夷的主张是一致的，但临朝称制的窦太后想的却是借这个机会给自己不争气的哥哥窦宪一个立功赎罪的机会。

三面受敌：被迫离开家园的骑马民族

窦宪，字伯度，扶风平陵人，班超的老乡。汉章帝时他的妹妹做了皇后，窦宪沾光做了侍中、虎贲中郎将，其弟窦笃出任黄门侍郎。兄弟二人，同蒙亲幸，并侍宫省，宠贵日盛。窦宪不知道夹着尾巴做人的道理，刚一富贵就翘尾巴，欺凌百姓。一次，他居然用超低价格把皇帝的姐姐的一所庄园给强买了去。汉章帝得知后大怒，明确地说"国家废宪如孤雏腐鼠耳"。窦宪害怕，连忙求妹妹帮忙。窦皇后毁服（降低服式等级以示自责）谢罪，一再代为求情，章帝碍不过皇后的枕边风，勉强饶了他。

不久章帝去世，年仅10岁的和帝即位，窦皇后以太后身份临朝称制，窦宪兄弟以外戚身份掌握了大权，气焰又嚣张起来。

谒者韩纡当年曾经审判过国丈窦勋，窦宪睚眦必报，令人将他杀死，割下首级在窦勋墓前祭奠；都乡侯刘畅来吊章帝之丧，得幸太后，数蒙召见，窦宪怕刘畅分了他的权，公然派遣刺客杀死刘畅。窦太后大怒，把窦宪禁闭于内宫之中，又想窦宪毕竟是自己的哥哥，杀了实在不忍心。眼下北匈奴实力很弱，不如让他去碰碰运气吧。

公元88年十月，窦宪被任命为车骑将军，和驸马耿秉一起，率领1万汉军，连同南匈奴及部分羌胡兵士，共计4万多人，分三路出击北匈奴。耿秉，名将耿恭的弟弟，当年曾跟随窦宪的父亲窦固出击匈奴，久经沙场，经验丰富。窦太后任命这么一位世伯随同出征，表面上是做窦宪的副手，实际上是正牌的指挥官，同时也监督一下胡作非为的哥哥。窦宪在这位德高望重的伯父面前倒也老实，几乎是言听计从。

次年，窦宪大军在稽落山附近找到匈奴主力，血战一场，大获全胜。窦宪整军追击，直到私渠比鞮海（乌布苏诺尔湖）。此役共斩杀名王以下13000多人，俘获马、牛、羊、驼百余万头，匈奴来降者达81部，20多万人。窦宪、耿秉去塞3000余里，登上燕然山，命令著名史学家班固撰写了一篇铭文，刻石勒功。

同年，班超调发于阗等国士兵2万多人，用调虎离山之计攻破龟兹的重要帮手莎车国。次年又打败月氏副王谢，威震西域。北匈奴在两线都遭到了惨重失败。公元91年，龟兹、姑墨、温宿等国迫于压力，纷纷前来投降。汉廷随即任命班超为西域都护，徐干为长史，把原在汉朝做质子的白霸送回龟兹做了国王，取代匈奴的代言人尤里多。这样，西域诸国就只剩下焉耆、危须、尉犁三国尚未归顺。公元94年秋，班超调发龟兹、鄯善等八国的部队7万人，进攻焉耆、危须、尉犁。先后用计杀死焉耆王广、尉犁王泛，另立拥护汉朝的元孟等做了国王。至此，西域50多个国家都归附了汉王朝，班超终于实现了立功异域的理想。

公元90年，南单于又派骑兵8000人在汉军的配合下远征北匈奴，在天山一带包围匈奴本部。北单于受伤，在几十名亲随的保护下逃脱。远征军夺得单于玺印，俘虏了他的5个阏氏，斩首

8000 余级，俘虏数千人。

窦宪认为北单于势力微弱，想乘机将其彻底消灭，于是在公元91 年，派校尉耿夔、司马任尚等率兵出居延塞，在金微山大破北单于，俘虏单于之母，斩名王以下 5000 余级。汉军此次远征出塞5000 余里，是两汉历史上北征匈奴行程最远的一次。北单于再也无力与汉朝对抗，率众退出蒙古草原，西走乌孙、康居，后来进入欧洲。

窦宪平定匈奴，威名大盛。于是以耿夔、任尚为爪牙，以邓叠、郭璜为心腹，把揽朝政，占据要津。

此时的汉和帝已经长大。东汉时代外戚和宦官轮流掌权，根本原因在于大多数皇帝即位时年龄都很小，年幼时太后垂帘听政，自然要重用娘家人，等皇帝长大了，朝廷已经被外戚把持，到处是他们的爪牙，皇帝要想夺回权力，只好依靠内廷的宦官。汉和帝也不例外，在宦官的帮助下，逮捕了窦宪的爪牙邓叠、邓磊、郭举、郭璜等人，下狱处死。窦宪兄弟被收回权力，先后自杀。班超的哥哥班固因为曾为窦宪撰写记功碑文，也受了连累，英年早逝。

卫青、霍去病连年征战，未胜单于，但都以身名自终，世称良将。窦宪挥兵数千里，平定北匈奴，功绩超过卫、霍，但却因为贪恋权位，终至身败名裂。这倒应了东方朔那句话："用之则为虎，不用则为鼠。"

就在北单于低飞远走的时候，他的弟弟于除鞬率领残余的 8 部2 万多人，自立为单于，随即向汉军求和。窦宪为了给南匈奴留一个对手，承认了他的单于身份。但是就在汉军远征北匈奴的时候，鲜卑人渔翁得利，趁机占据了北匈奴故地。于除鞬兵微将寡，无力东进，只好龟缩在蒲类海（今新疆巴里坤湖）一带。窦宪死后，于除鞬害怕受连累，擅自率众北走。汉军随即追杀，于除鞬被杀，本部人马或死或降，余众亦远走高飞。

公元 94 年，南匈奴左谷蠡王师子在汉军的帮助下夺得单于位置。师子当年曾多次率军跟随汉军出击北匈奴，归降南匈奴的北匈奴部众都很恨他。师子也是小人得志就猖狂，开始大肆迫害投降的北匈奴部众。于是，新降的 15 部匈奴 20 多万人推举逢侯做单于，逃亡漠北。

但是漠北已经是鲜卑人的地盘，逢侯一行刚一出塞，鲜卑人就和汉军、南匈奴军一起对逢侯发起进攻。逢侯损失 2 万余人，被迫远走。公元 118 年，走投无路的逢侯被迫跑到朔方塞请降。汉廷为了防止他再次反叛，把他迁徙到远离边塞的河南颍川郡居住，永远隔离了起来。从公元 94 年起兵到公元 118 年投降，20 多年时间里逢侯的行动在汉文史籍中很少有记载。汉朝在这段时间里也没有对塞外用兵，他是怎么失败的呢？唯一的对手大概只能是新兴的鲜卑族了。

逢侯失败后，留在漠北的匈奴部众还有 10 余万人。这些人大多和鲜卑人融合为一体。这其中的宇文部依旧在大青山一带生活，在公元 2 世纪的时候甚至还曾经赶走鲜卑人，占据了西拉木伦河上游。不久鲜卑民族中涌现出一位勇健而有智略的首领——檀石槐。

檀石槐统一了鲜卑诸部，建牙帐于高柳（今山西阳高）。随后，檀石槐率部北拒丁零，东败夫余，西击乌孙，南扰汉边，尽据匈奴故地，建立了一个强大的军事部落联盟。宇文部无力抵抗，遂加入檀石槐的阵营，逐渐演化为宇文鲜卑。

但是鲜卑人的联盟更原始，更依赖英雄的存在。檀石槐一死，联盟很快瓦解，继之而起的是拓跋鲜卑。这拓跋鲜卑的来历比较复杂，还要从那位飞将军的孙子——汉将李陵说起。

李陵投降后，单于把女儿嫁给了他，这位公主的名字即拓跋。李陵死后，他的儿子参与了五单于争立，支持乌藉单于。乌藉单于兵败被杀后，李陵的后裔投到郅支单于麾下。郅支西走，李陵后裔没有随行，而是留在了漠北。"胡俗以母名为姓。"他的后裔因此姓了拓跋。此后，拓跋一家逐渐繁衍成一个小部落，并与鲜卑人通婚，最后形成了拓跋鲜卑部。一般人都知道拓跋鲜卑是鲜卑父胡母的混血儿，可很少有人注意到他们的舅家曾经是汉将李陵。拓跋鲜卑可以说是鲜卑民族中血统最不纯的一支。不过正是这一支后来统一了混乱的黄河流域，为后来的大唐盛世开启了大门。

在与鲜卑人联姻形成的部落中还有一支匈奴父鲜卑母的铁弗匈奴，后来也曾风光一时，并为我们留下了唯一一座目前还能看到残余的匈奴城市——统万城。

最后的疯狂：独守西北的呼衍王

公元102年八月，年迈的班超离开西域回到洛阳。九月，因病医治无效去世，时年 71 岁。班超的继任者任尚改变班超只看大义不拘小节的方针，频繁追究西域各国以及手下官兵的小过失，盲目、急切地推广汉地文化，激起各国反抗。朝廷认为维持在西域的存在成本太高，于公元 107 年下令撤回都护，放弃西域。

汉朝一撤，回到大漠的逢侯马上进入西域，并以之为后勤补给基地，大肆勒索贡物。但鲜卑人的持续进攻打碎了逢侯的美梦，公元 118 年，逢侯再次投降汉朝。

公元 119 年，汉朝敦煌太守曹宗派长史索班率军到伊吾庐一带屯田，并招抚西域各国。这时，曾经和窦固大战伊吾庐的北匈奴呼衍王又突然出现在这里。在匈奴的官员系列中，并没有呼衍王。呼衍是匈奴贵姓之一，估计史籍中所说的呼衍王应该是呼衍姓的一支力量。

索班没料到在西域还有匈奴，仓促无备，战死沙场。曹宗损兵折将，很没面子，于是求汉廷给他 5000 军士，去找匈奴报仇。好在当时主持政务的邓太后没有昏头，她听从了班超之子班勇的建议，在敦煌设立西域副校尉，遥制西域。其余不过是在国力衰微的情况下虚张声势罢了。呼衍王见汉朝示弱，信心倍增，于是拉着车师等仆从国一起进攻汉朝的河西走廊一带。汉廷无力还击，一度想关闭玉门关，放弃关西领土。与呼衍王相呼应，在车师附近又冒出一个伊蠡王，主要和羌族人联合，进攻东汉的张掖一带。

公元 123 年，汉朝政府终于顶住压力，开始反击。班勇被任命为西域长史，率兵进驻柳中城（在今新疆吐鲁番一带）。备受匈奴压榨的西域各国见汉朝将领回归西域，而且是班超大将军的后人，欢欣鼓舞，纷纷主动提出愿意在班勇的领导下反击匈奴。班勇顺势召集各国军队，于次年冬季进入车师，在伊和谷（今新疆腾格里山）打败伊蠡王。公元125年秋，班勇又统领6000汉军攻入车师后王驻地，抓获匈奴使者，并在当年索班遇害的地方处决，算是为索班报了仇。公元126年，班勇发各国兵直扑呼衍王驻牧地，呼衍王逃走，手下2万多人投降。在这次大战中，班勇意外地抓到一个单于的哥哥，这才知道匈奴又冒出一个单于。为了引诱单于来攻，班勇特意让车师王亲手杀死了这位王兄。单于果然中计，怒气冲冲地带着仅有的1万多骑兵前来讨伐车师国。班勇在金且谷（今新疆博格多山）整兵迎战。单于自知不是对手，主动撤走。

公元135年秋，呼衍王的部队又一次出现在车师，并攻破后王部。这是汉朝重新进入西域后的唯一一次重大失败。敦煌太守裴岑非常气恼，因为他是最接近车师国的汉朝将领。公元137年，裴岑独立率领本郡边兵突袭呼衍王的驻地巴里坤，大破其众，并杀死呼衍王。呼衍王的子孙似乎不愿意离开故土西迁，14年后，又一个呼衍王出现在伊吾庐，汉军追击到蒲类海一带，呼衍王退走，从此再没有出现。

从公元91年北单于退出漠北，到公元151年呼衍王最后一次出现，整整60年的时间里，北匈奴的骑兵不时出现在西域，说明此时的匈奴正在西域一带挣扎，还没有完全放弃东方草原大国的梦想，还在依依不舍地遥望着已经换了主人的蒙古草原。草原民族是没有家的，无垠的草原随处是我家。可这次，部分匈奴人却恋家了，不舍得走了。大概也就是因为这种留恋，使他们没有形成一股合力，没能共同努力齐步向西走，以至于在西进的路途中遭遇到一些不必要的坎坷，直到两个世纪后才出现在罗马帝国的万千子民面前。

第七章
最后一个匈奴：留在中原之匈奴民族的最后下落

在中国历史上，有所谓的"纠军"，即少数民族部队。这些纠军开始一般是归附的外族，被安置在边境一带。匈奴人有幸充当了第一支纠军。于是，在中华大地上，他们开始上演自己的最后一幕悲喜剧。

在中国历史上，有所谓的"纠军"，即少数民族部队。这些纠军开始一般是归附的外族，被安置在边境一带。后来中原王朝国力衰微，看这些外族以前表现还不错，索性把防御边塞的重任交给了他们。可是这些纠军和同为游牧民族的北方新兴民族政权感情更亲密，所以经常把边塞拱手相送，害得中原王朝屏障尽失，不得不在内地组织抵抗，最终落得个国破家亡的下场。

南匈奴大概是纠军的缔造者。北匈奴溃逃后，南匈奴逐渐成为东汉政府的边防军，配合政府军对抗羌族和鲜卑人的侵扰。鲜卑人占据了匈奴故地，南匈奴视之为寇仇，真心对抗。可羌族人以前一直是匈奴挑战汉朝权威的盟友，和他们作战时难免会弄虚作假。东汉政府对这样的两面派行为很是不满，所以也不时敲打一下他们。

可敲打一下的尺度实在不好把握，稍有过火，匈奴人就会奋起反抗。这样，合作与对抗就成了东汉政府和南匈奴之间长期交织的一支变奏曲。

东汉末年，南匈奴卷入黄巾大起义和后来的诸侯割据，占了不少便宜，也损失了很多人众。公元194年，南匈奴的最后一位单于——呼厨泉单于即位。呼厨泉单于势单力薄，于是以祖先曾经是汉朝公主为由，宣布改姓刘，希望从曹操"挟天子以令诸侯"的战略中讨一点便宜。可偷鸡不成反蚀把米，枭雄曹操不仅没有给他什么好处，还为了防止匈奴再次参与中原权力争夺，把匈奴部众一分为五，每个部分别选贵人做大帅，另选汉人做司马监视他们的一举一动。呼厨泉只剩下一个徒有其表的单于称号。不过由于当时曹操控制的领土还很有限，匈奴虽然被分解，可还是被全部安置在山西境内，彼此并不遥远，由此留下了后患。

更让匈奴人感到丢脸的是，以前都是他们跟汉朝要公主、要女人，这回不但国家被分割，连自己的女人也被要走了。

匈奴左贤王曾经在战乱中掳回一个绝色女子，并纳为妃子。这位汉家妃子和他一起生活了12年，还生了两个孩子。不想公元208年曹操突然派人要"赎"回她。到这时候左贤王才知道她居然是鼎鼎大名的大文豪蔡邕的女儿蔡文姬。

相传蔡文姬博学多才，音乐天赋自小过人，6岁时听父亲在大厅中弹琴，隔着墙壁就听出了父亲把第一根弦弹断了。蔡邕惊讶之余，又故意将第四根弦弄断，居然又被她指出。可这位才女红颜薄命，16岁时嫁给卫仲道，不到一年，卫仲道便因咯血而死。卫家的人嫌她克死了丈夫，把她逼回了娘家。23 岁时被匈奴掳掠而去，本想在毡房里终老一生，偏偏曹操突然感念起好友蔡邕之交情，非要把她弄回来。左贤王迫于威压，只好从命。蔡文姬抛夫别子，满腔哀怨，在南归路上，创作了著名的骚体叙事诗《胡笳十八拍》。

公元 265 年，司马炎逼迫曹奂禅让，建立晋朝，重新统一中国。不过司马氏一家运气实在太差，正赶上北方少数民族大举南下的时期。匈奴、鲜卑、羯、氐、羌等"五胡"以及大批的所谓杂胡源源不断地涌入长城，正准备在黄河流域的沃土上大展身手，逐鹿中原。司马一家自己也不争气，开国皇帝居然只生下一个傻儿子。傻儿子即位做了晋惠帝，如果有忠良辅助也还勉强，偏偏又被老子定了一个淫荡无比的老婆。贾皇后不仅秽乱后宫，还想染指朝政，终于引起了长达 16 年的"八王之乱"。"八王之乱"弄得民不聊生，瘟疫、饥荒不断，流民起义风起云涌。争权夺利的诸侯王为了占据有利地位，纷纷主动引狼入室，拉拢边境上的少数民族。匈奴和鲜卑是他们主要的拉拢对象。这给了匈奴民族重新崛起、掌握政权的机会。不过鲜卑人不甘心让匈奴专宠，他们不断地向匈奴政权发起进攻，致使匈奴民族在中华大地上的最后一次崛起昙花一现，而且整个民族都从中华大地上消失了。

一、披着羊皮的狼：戴着刘家面具的汉（前赵）

西晋永兴元年，为晋朝统治者猜疑压抑的匈奴五部都尉在刘渊的统领下，高举起了反晋大旗，仅用了十几年的时间就尽占了北方，把西晋最后一个皇帝——怀帝，赶出了龙廷。随后，这个自称汉家公主后裔的家伙给自己起了一个动听的国号：汉。

虽然披着羊皮，可狼的面孔总要露出来。于是，两位晋朝皇帝变成了酒保，貌美如花的后宫被收为嫔妃，直到刘曜把国号换成"赵"，不再披着汉家的外衣。

汉政权由屠各匈奴领袖刘渊建立。屠各匈奴是西汉时投降汉朝的休屠部后裔。汉武帝时，霍去病经略西域。休屠王和浑邪王屡战屡败，害怕单于处分，准备投降汉朝。后来休屠王反悔，被浑邪王杀死。休屠部不愿受浑邪王统治，一度反叛，遭到霍去病的镇压。此后，休屠部众被安置在陇西、上郡一带生活。

刘渊，字元海，屠各匈奴首领。为了给自己制造一个名门地位，谎称是南匈奴於扶罗单于的儿子左贤王左部帅刘豹之子。公元195年刘豹继承左贤王位，估计不会小于15岁。刘渊生于公元250年前后，斯时刘豹已经接近70岁，按汉朝人的生育水平，似乎不可能老年得子，何况屠各部也不属于南匈奴管辖。

刘渊自幼生活在汉地，深受汉文化熏陶，自幼师从上党名儒崔游，学习《毛诗》《京氏易》《司马尚书》等汉族传统典籍，是高度汉化的匈奴人。刘渊不仅能文，而且武艺高超，"猿臂善射，膂力过人"。

曹魏咸熙年间，刘渊作为人质生活在国都洛阳，当时把持国政的司马昭很器重他，常邀刘渊入府作客，刘渊和司马氏一家关系密切。后来晋武帝司马炎在改匈奴五部帅为五部都尉时特意任命刘渊做了北部都尉。后来其又被提拔为五部大都督，实际掌握了南匈奴五部的大权，有单于之实，无单于之名而已。

"八王之乱"开始后，成都王司马颖为壮大自己的实力，把刘渊召到邺城，封为行宁朔将军、监五部军事，在邺城主持军务。

晋惠帝永安元年（304），自我膨胀的司马颖在邺城宣布自己为皇太弟，废掉太子司马章，招致东海王司马越、并州刺史司马腾和安北将军王浚等人的反抗。司马越等招徕鲜卑骑兵助战，司马颖无力抵抗，只好拉匈奴做强援，刘渊因此被封为北单于、参丞相军事，回山西召集匈奴五部骑兵南下参战。

刘渊一回到山西，匈奴贵族就推举他做了大单于，竖起反晋的旗帜。公元304年，刘渊在左国城称汉王，成为十六国第一个政权的创始者。为了争取汉族人的支持，刘渊重新拾起"人心思汉"的口号，依汉制建百官，并尊蜀汉后主刘禅为孝怀皇帝，尊奉汉高祖刘邦、汉光武帝刘秀、汉昭烈帝刘备为三祖。扶不起来的阿斗大概在天堂也想不到会有一个匈奴人主动做自己的儿孙，替他光复他自己都不想要的大汉基业。

刘渊的口号确实有效，大批生活在水深火热之中的西晋子民纷纷投到刘渊旗下。西晋大将聂玄前来讨伐，被杀得大败而归。刘渊乘胜，一举攻克太原、屯留、长子、中都、上党等地。

次年，左国城一带发生严重饥荒，刘渊被迫迁徙到河南。公元

308年，刘渊攻克平阳、河东，遂迁都平阳，并正式称帝，建元永凤。流民领袖汲桑，少数民族首领石勒、单征等纷纷拥众归顺。

公元310年，刘渊病逝。太子刘和即位。刘渊刚死，汉国内部就发生严重内讧。刘和生性多疑，即位不久就在舅舅呼延攸、卫尉刘锐的撺掇下，想杀掉手握重兵的刘聪等4个王爷。齐王刘裕、鲁王刘隆等是刘渊临终前留下的顾命大臣。呼延攸、刘锐没能参与顾命，所以有意加害刘裕等人。不料，大将田密不听他们指挥，斩关奔逃，报告给了拥兵10万的楚王刘聪。刘聪毫不客气，迅速回师，轻而易举地攻进平阳，斩杀了刘和等人。随后刘聪自立为帝，改元光兴。尊刘渊皇后单氏为皇太后，生母张氏为太后。不知道他是出于什么打算，没有封儿子刘粲为太子，而是把北海王刘乂立为皇太弟，领大单于、大司徒，作为未来的皇位继承人。但是刘粲作为署使持节抚军大将军、都督中外诸军事，兵权在握，他能老老实实地看着皇位归了小叔叔？

刘聪也是在汉地长大，深通汉族文化，而且他的母亲就是汉族人。据说刘聪不仅精习孙、吴兵法，弓马纯熟，还善于作诗，著有述怀诗百余篇。但和其父刘渊不同，刘渊基本上可以说是地道的汉化匈奴人，不仅言谈举止像汉人，治国方法也像。当年手下人滥杀无辜百姓，刘渊十分愤怒，予以严惩；刘聪则不同，虽然同样精通汉族文化，但草原狼性不改，即位没多久就露出了狰狞的面孔，是一匹典型的披着羊皮的狼。

即位不久，刘聪即派遣族弟刘曜率4万精兵撇开周围的晋军，长驱直入河南，直扑晋朝的国都洛阳，完全是一副擒贼先擒王的架势。刘曜也很争气，在梁州、陈州、汝州、颍州等地辗转袭击，攻陷汉族人自建自保的坞堡100多座，使洛阳成为一座孤城。东海王司马越急召各地勤王，可一兵一卒也没见到。

公元311年夏六月，汉军攻入洛阳，纵兵大掠，屠杀百姓，晋帝陵寝也被刨开，晋怀帝司马炽被俘，史称"永嘉之祸"。扒坟掘墓在汉族文化中是最不能容忍的行为之一。汉军的行为和他们所宣扬的恢复汉朝天下的主张完全背道而驰，伤透了汉族人的心。从此，汉族人对刘汉政权的支持日渐减少。

晋怀帝被俘后，刘聪大设宴席庆祝，并当众引见晋怀帝，封其为会稽郡公。封前代皇帝爵位、养其终老是当时的政治文化中"存亡继绝"的表现。刘聪开始还算遵循了汉文化的"指示"。但是，在公元313年春节，刘聪的狼性突现，在大殿上逼使晋怀帝身着仆隶青衣，为在座的匈奴贵臣执壶行酒，然后派人送上一杯毒酒，当殿鸩杀了晋怀帝。

洛阳陷落后，秦王司马邺被拥立为皇帝，即晋愍帝，定都长安。刘聪派遣刘曜围攻关中。公元316年秋，汉军进攻到泾水南岸，九月攻陷长安外城。城内粮米紧缺，1斗米居然价值2两黄金，士兵纷纷逃亡。晋愍帝彻底绝望，于十一月出城投降。长安城免不了又遭受一场洗劫。

刘聪故伎重演，在外出游猎时让晋愍帝身穿军服，手执长戟，作为前导开道。不少对晋朝有深厚感情的百姓，眼见堂堂皇帝形同仆役杂卒，纷纷于路旁哭泣拭泪。公元318年，刘聪又让晋愍帝做了一回陪酒员，随后杀了他。至此，西晋灭亡。后来琅琊王司马睿跑到南京，建立起偏安一隅的东晋政权。

灭了西晋，汉国的疆域急剧扩大，除了个别据点外，几乎占据了整个黄河流域。这是匈奴历史上第一次，也是唯一一次君临中原。为了适应这种现实情况，刘聪在政治体制上完全接受了魏晋旧制。但在民政事务上，刘聪发挥了他的聪明才智，把汉族和少数民族分开治理，汉人按"户"，由左右司隶等官治理；胡人按"落"，维持原有的部落形态。有人认为这是在人为地制造民族隔阂和对立，我倒认为这是切合实际需要的一种创造。如果不这样，强行打散少数民族的部落结构，肯定要激怒大批既得利益者——各部大人。如果改变汉族人的生活方式，也会引起不必要的麻烦。在民族融合才刚刚开始的时候，是找不到一条能让双方都满意的中间道路的。各自维持现状，是最简单也最有效的方法。

功业已成，刘聪开始放纵自己。在他眼里，汉人的伦理道德简直就是枷锁，他要回到匈奴的文化当中，去做不受约束、万人尊崇的大单于。首先被他恢复的就是"收继婚"。刘渊的遗孀单太后年轻貌美，刘聪毫不客气地占为己有。太保刘殷的两个女儿、四个孙女漂亮乖巧，刘聪不顾同姓、辈分，一锅端了过来。刘聪自己想恢复祖规，其他深慕汉族文化的臣僚可不愿意。皇太弟刘乂就是一个。得知自己的母亲被刘聪收继，刘乂很生气，常常入宫"谏劝"。单太后也是明礼之人，见儿子不满，很快"惭恚而死"。

逼死了皇帝的爱妃，罪莫大焉。刘乂的舅舅单冲知道其中的奥妙，赶紧劝刘乂主动让出皇储的位置给刘聪的亲生儿子刘粲，可迂腐的刘乂就是不听，还振振有词说："天下者，高祖之天下，兄终弟及，何为不可？"

太傅崔玮、太保许遐等劝说刘乂调动东宫近卫军趁着国中大军基本在外地，国都只有几个年轻王爷的机会起兵夺权，杀掉刘粲，又被他拒绝。

刘乂不动手，旁人可要对他下手了。

中宫仆射郭猗、中护军靳准与刘乂有仇，尤其是这个靳准。当年他的堂妹嫁给刘乂后不守妇道，和卫士私通。刘乂发现后，当场将其刺死。平常人都认为家丑不可外扬，可这个刘乂偏偏到处张扬，还公开在朝堂上嘲讽靳准，主动给自己树立仇敌。

后来靳准指使刘粲撤去监督刘乂的军士，然后派人告诉刘乂说刚才皇帝有命，最近京师可能会发生政变，皇子们应该穿上铠甲，以备万一。刘乂愚蠢，言听计从。靳准又向刘聪报告说刘乂要叛乱，已经穿好了铠甲。刘聪马上派靳准前往调查。

由于刘乂有大单于的名头，平时在京中的氐族和羌族贵族名义上都是他的部属。靳准抓住这一突破口，逮捕了10多位正在京中居住或做人质的氐、羌贵族，严刑拷打，百般苦毒。这些人屈打成招，纷纷自诬说与皇太弟一直在密谋准备造反。刘聪信以为真，下令杀光东宫僚属，刘乂的部卒15000多人也被处死，京城一片血海。刘乂本人后来被刘粲秘密刺杀。

由于留侍平阳的质子无故被杀，氐、羌等部数十万众相继造反，后来大多投入正在酝酿分裂自立的羯族大将石勒怀抱。

公元318年，喜酒好色的刘聪终于被掏空了身子，刘粲即位。刘粲同他父亲一样是个狼崽子，上台第一件事就是把刘聪留下的貌美如花的后宫嫔妃们收归己有，昼夜宣淫，没一点哀痛的意思。靳准的三个女儿也被临幸，贵宠无比。

这个靳准不知道出于什么心理，明明女婿刘粲是个好靠山，他偏偏不用。靳准首先让女儿说服刘粲，让他相信有人要造反，下令把一帮兄弟杀个精光，然后又亲领精兵，冲入光极殿，把刘粲当场处死。

杀掉刘粲后，靳准下令："刘氏男女，无少长皆斩东市。"凡是在平阳的屠各匈奴刘姓宗亲，成族斩杀，一个不留。靳准又下令发掘刘渊、刘聪的陵墓，并把刘聪的尸体令人扶跪于地，大刀砍下这位死皇帝的脑袋。接着，靳准又命人一把火把刘氏宗庙烧个干净。

如果说靳准造反是为了自己当皇帝，倒也合情合理，可他偏偏又把刘聪从晋朝缴获的玉玺找出来，对汉人胡嵩说："自古无胡人为天子者，今以传国玉玺付汝，还如晋家。"看来靳准也是深受汉族文化教导，颇有些正统观念。可这个胡嵩却是个胆小鬼，迟迟不敢接受玉玺，气得靳准一剑砍了他。靳准随后派出使臣，对晋朝的司州刺史李矩说："刘渊乃屠各小丑，因晋之乱，矫称天命，使二帝幽没。我欲还二帝梓宫，请以上闻。"公开尊奉东晋皇帝为自己的皇帝。远在江东的东晋元帝接信后，尽管摸不着头脑，不过还是赶忙派太常韩胤等人迎还怀、愍二帝灵柩，归于晋土落葬。

眼见匈奴刘氏大半被诛，天下乱起，一直觊觎汉国、企图自立的石勒马上发精兵5万，打着兴复汉室的旗号，亲自征伐靳准。驻扎在长安的大司马、相国刘曜也率兵赴难。

公元318年冬十月，刘曜大军行至赤水川，太保呼延晏等人从平阳城中逃出，与太傅朱纪等人共劝刘曜称帝。刘曜也不客气，马上称帝，改元光初。刘曜以朱纪为司徒，呼延晏领司空，以石勒为大司马、大将军，加九锡，晋爵赵公。

石勒很快攻入平阳。这位羯族领袖可是一天汉文化都没学过，进了平阳城，不仅大肆抢掳，还一把火烧了汉国宫室。

刘曜知道石勒此时羽翼已丰，不好斥责他，派人加授石勒太宰、大将军，晋爵赵王。由于平阳城宫室尽毁，周围又被石勒力量占据，刘曜只好迁都长安。公元319年夏，刘曜在长安立宗庙、社稷，公开把国号改成"赵"，以冒顿单于配天，刘渊配上帝，完全以单于后人自居，连羊皮也不要了，彻底恢复了草原狼的身份。为了和石勒的赵国相区别，刘曜的赵国被称为"前赵"。同年冬，石勒也自称赵王，史称"后赵"。

尽管放弃恢复汉朝的旗号，但刘曜知道汉人人心向背的重要性，于是在长安设立了太学和小学，挑选了13—25岁之间的青少年入学，并从中挑选成绩优秀者授以官职，从而安抚了汉族知识分子。同时，他又装模作样地学习汉族皇帝纳谏，朝中大臣有规谏不要大兴宫室的，他马上下诏褒扬。至于是否接受，另当别论。

刘曜登基后，石勒屡次前来挑战，双方战事不断。

公元 328 年，石勒派大将石虎带领 4 万大军从轵关（今河南济源）西入，进攻前赵河东地区，一时之间，有 50 多县起来响应，后赵军势如破竹，直攻蒲坂（今山西永济）。刘曜御驾亲征，从卫关渡过黄河，大败石虎。随后又进攻守卫洛阳金墉城的后赵大将石生，并掘河水猛灌后赵守军，同时分遣诸将进攻后赵的汲郡、河内等地，后赵荥阳太守尹矩、野王太守张进先后出降，一时间形势对刘曜非常有利。但是，刘曜没有集中兵力进攻后赵国都襄国，而是把兵锋指向了洛阳。

石勒集中近 10 万大军前来援救，刘曜闻之变色，马上下令从金墉撤围，在洛西布阵，以迎石勒大军。石勒不予理睬，而是率 4 万步骑进入被围数月的洛阳城中。

刘曜正犹豫间，忽然发现石虎率 3 万步兵自洛阳城北向西而来；石堪、石聪两人各将精骑八千自城西疾驰向北，合军进攻刘曜的前锋军，双方大战于西阳门。石勒本人亲率大军从洛阳阊阖门冲出，形成对刘曜大军的夹击之势。

刘曜是个酒坛子，嗜酒如命，大敌当前还不忘先喝上几斗，倒霉的是，刚要出战，自己的战马突然倒地。刘曜还真是个明君，到这时候都没想过从臣子胯下讨一匹骏马换上，而是临时找了一匹拉货的小马，然后醉醺醺地冲了出去。结果可想而知，不仅大军溃败，阵亡 5 万多人，自己还被俘虏，送给石勒。

毕竟曾经同殿称臣，石勒也没难为他，而且给他治伤，要求他给长安城内的皇太子刘熙写信，让他们投降。刘曜不愧是狼的后人，算条汉子，他只写了几个字给刘熙："与诸大臣匡维社稷，勿以吾易意也！"石勒大怒，一刀结果了他。

公元329年年初，听说石勒要进攻长安，太子刘熙和南阳王刘胤吓破了胆，居然主动放弃了铜墙铁壁的长安，逃往上邦（今甘肃天水）。大将蒋英、辛恕等人拥众数十万于长安，看到未来的主子实在不成气候，不愿再当炮灰，干脆投降了石勒。

同年秋九月，在上邦喘过气的南阳王刘胤开始后悔当初撤出长安之举，于是又率兵数万反攻长安，后赵大将石生见敌人来势汹汹，坚壁清野，拥城固守。任凭刘胤等人百般辱骂，就是不出来。

石勒派石虎率精骑2万飞奔救助。十月，双方大战于义渠，刘胤大败，奔还上邦。石虎沿途追杀，一直追至上邦。刘胤溃兵入城后未及关城门，石虎骑兵蜂拥而入，把前赵帝王将相一网打尽，俘虏了太子刘熙、南阳王刘胤及其王公卿校3000多人。石虎是十六国时期出了名的暴徒，当即下令全部屠杀，前赵至此灭亡。从刘渊即位起，汉（前赵）共立国26年。居于中原的匈奴屠各部以及山西的南匈奴后裔被石勒的兵将大批屠杀，剩下的纷纷远徙，再也没有能以国家主人身份出现在历史的记录中。

二、残暴的野狼：赫连勃勃和他的大夏国

和刘渊一家相比，刘勃勃是典型的野狼，为了宣示自

己的雄心，他给自己起了一个很大气的姓氏：赫连，表示自己的功业要显赫无比，连接天地。这个残暴的家伙确实很会打仗，把东晋的北上王师打得落花流水，狼狈而归。

不过，在赫连氏北面有一个更厉害的家伙在等着他们。几经反抗，大夏国终于还是亡在鲜卑人手里。这个曾经赶走北匈奴的民族现在又在匈奴人身上欠下一笔血债。好在大夏国存在了 26 年，和汉国（前赵）一样，总算是没有输给这个亲戚，打了个平手。

当屠各匈奴建立汉与前赵的时候，匈奴的铁弗部则在他们的首领刘虎和刘卫辰、刘屈子几代人的领导下，在中国北部地区各族混战的恶劣环境中生存下来，并于匈奴前赵政权灭亡 80 余年后再次建国称帝，并入主关中，成为另一个占据昔日敌手——汉朝老窝的匈奴政权。

前文说过，铁弗匈奴是匈奴和鲜卑族的混血儿，不像屠各匈奴血统那么纯正。不过，他们攀亲的本事一点也不比屠各匈奴逊色。按照他们自己的说法，其祖先是南匈奴的於扶罗单于。於扶罗单于有两个儿子，次子刘去卑，南匈奴的右贤王，是他们的远祖。公元 216 年曹操把呼厨泉单于扣留在邺城，刘去卑曾经奉命回山西监管匈奴五部。

刘去卑生二子：长子刘猛，次子诰升爰。刘猛曾任匈奴北部帅，晋武帝时因为叛乱出塞被处死。诰升爰因此接替了刘猛的职位。

诰升爰又名训兜，生子乌路孤，也就是晋朝时著名的首领刘虎。

刘虎早年一度依附于汉国刘聪。刘聪把他当成宗室成员，封他做了安北将军、监鲜卑诸军事、丁零中郎将、楼烦公。西晋灭亡后，并州刺史刘琨始终坚持在北方，和外族政权进行着不懈的斗争，幻想有朝一日王师还能北定中原。为了增加手里的筹码，刘琨联合鲜卑拓跋部，一起进攻刘虎。刘虎也想在刘聪面前露一手，于是联合另外一支鲜卑人——白部鲜卑进攻刘琨（白部鲜卑发源于长白山，和发源于大兴安岭的鲜卑部有很大差异，将其看成女真人的祖先似乎更合适）。刘琨的亲密战友拓跋猗卢马上出兵援救，大败刘虎。刘琨为了酬谢猗卢，经东晋政府批准，封猗卢做了大单于、代公。不久，猗卢自称代王，在山西北部、内蒙古南部一带建立代国。

公元 341 年，刘虎为了复仇，进攻代国，结果不仅战败，自己还受了伤，不久病死。从此铁弗匈奴部和拓跋鲜卑部成为世仇，连年征战，直到其中一个被彻底消灭。

刘虎生二子：长子刘务桓、次子阏陋头。刘虎死后，刘务桓统帅部众。刘务桓为了自保，主动派出使者前往代国，表示臣服；暗中却又派人召集旧部，与后赵皇帝石虎取得联系，同样表示愿意归顺。不久，刘务桓就被石虎封为平北将军、左贤王。

公元 356 年，刘务桓死，弟弟阏陋头代立。代国借机送质子悉勿祈回匈奴。悉勿祈回来后，大批部众抛弃阏陋头，投到悉勿祈麾下。阙陋头逃走。

公元 359 年，悉勿祈去世，弟弟刘卫辰杀死诸位侄儿，自己做了主子。刘卫辰也没有能力自保，于是同样派儿子到鲜卑，向代国拓跋什翼犍称臣，并娶了什翼犍的女儿为妻；同时又暗中与苻坚的前秦政权联系。当时刘卫辰手下有 1000 多落，领地东西近千里，还有很大的利用价值，所以苻坚很快任命他做了左贤王。

铁弗匈奴当时已经掌握了一定的农耕技术，为了获得稳定的食物来源，刘卫辰请求"入塞寄田（借地耕种），春来秋去"，获得苻坚批准。后来刘卫辰自认为羽翼已经丰满，开始对前秦用兵，结果一战即败，自己也做了俘虏。苻坚倒也宽宏大量，不但没收拾他，反而加封其为夏阳公。

代国得知刘卫辰换了主子，很生气，兴兵讨伐。刘卫辰无能，接连战败。苻坚看刘卫辰实在不中用，于是亲自出马，发幽、冀、并三州兵 30 万分道击代。什翼犍派匈奴部帅刘库仁领兵迎战。这个刘库仁同样是个废物，在石子岭惨败而归。什翼犍大出意外，仓促之中率部逃往大青山一带。不久代国发生内乱，拓跋鲜卑的第一次建国实践失败，被迫蛰伏，等待新的时机。

苻坚因俗而治，把匈奴和代国遗民分成两部分，以黄河为界，东部交给刘库仁，西部划给刘卫辰。刘库仁虽然是匈奴后裔，但其母、妻都是拓跋鲜卑，自己甚至做了鲜卑的主人——南部大人，所以对拓跋部非常忠心，并悉心照顾什翼犍的后裔拓跋珪。刘卫辰则不然，只知道为自己争名逐利，还一度杀了前秦五原太守。刘库仁毫不客气，狠狠地教训了一下这个乱臣贼子。但苻坚却依旧不予计较，还加封他做了西单于，并给他修了座代来城，供其居住。

后来前秦因为错误进攻东晋，在淝水惨败而归，不久瓦解。刘库仁部则遭到另外一支鲜卑部落——慕容部的进攻，陷入内乱。这个慕容部可以说是纯种的鲜卑人，在十六国时期曾经屡次兴风作浪，建立了若干个割据政权。大概就是因为其历史比较曲折，后来成了金庸先生笔下不可或缺的角色，屡次在其武侠名作中出现。

刘库仁部内乱后，拓跋珪逃走，并于公元386年建立北魏政权。北魏建立后，很快消灭了刘库仁部的乱臣贼子，兼并其众。这时的刘卫辰则成了矮子里的将军，西燕、后秦政权都来向他示好。结果刘卫辰再次飘飘然，自不量力地向新兴的北魏发动进攻，准备替祖先报仇。结果不必说，又是大败。不仅大败，连刘卫辰自己也被部下一怒之下砍了脑袋。拓跋珪恼恨刘卫辰当年勾引前秦兵进攻代国，下令杀掉所有刘家宗亲，5000多人当即毙命。不过百密一疏，跑了一个儿子。这就是后来的大夏国君赫连勃勃。

赫连勃勃当时名叫刘勃勃，字屈孑。刘勃勃身材魁梧，仪表俊美，是个美男子。当时他逃到了后秦高平公没弈干处。没弈干没有嫌弃他，还把女儿嫁给了他。后秦皇帝姚兴很喜欢他，不久封他做了安北将军、五原公。这个姚兴也糊涂，封他做了官也就罢了，居然还分配给他五部鲜卑和杂胡2万多落，把他重新武装了起来。

刘勃勃投奔后秦，是想借后秦的力量为自己报仇。但后秦为了立足，和北魏建立了联系。对"国际"政治斗争一窍不通的刘勃勃大怒，马上起兵叛乱，而且袭击并杀死了老岳父没弈干，兼并了他的部众。

因为《史记》中说匈奴是"夏后世之苗裔"，所以在公元407年建国的时候，刘勃勃自称是大夏国王、大单于。刘姓本是他的母姓，屈子认为不合礼法，于是给自己定了个姓：赫连，表示自己的功业将显赫无比，上连天地。从此以赫连勃勃著称。其他旁支亲属，一概改姓为"铁伐"，意思是刚猛如铁，利能伐人。

赫连勃勃虽然粗野残暴，但是军事天赋非凡。后秦军几次前来讨伐，都被他杀得大败。赫连勃勃因父兄都被斩杀，心理很有些变态，残暴异常。每次打胜仗后，他都要垒一座骷髅高台，以示纪念。他经常坐在城上，置弓剑于侧，凡有嫌愤，马上亲手格杀之。臣僚中敢怒视他的马上刺瞎眼；笑话他的割其唇；谏阻者则先割其舌而后斩之。为了制造高质量的兵器，他亲自在旁监视检测过程：如弓箭射不透盔甲，则斩造弓箭的人；相反则杀死铠匠。不过就是这样一位远近闻名的暴君，居然还收降了一位智者——后秦参军王买德。

公元413年，赫连勃勃征发民力在现在的陕西榆林一带修建新国都——统万城。为了建一座钢铁之城，赫连勃勃采用了一种不讲道理的检验方法：城砖烧好后，派专人用尖利的钢针刺，如果砖上留下痕迹，则处死烧砖人；如果没有，则杀死检验人。用这种残酷的方法，赫连勃勃确实建起了一座钢铁之城，据说城墙可以用来磨刀。统万城也因此成为目前唯一一座还能见到的匈奴城池。之所以叫统万城，意思是要一统天下，君临万邦。

在王买德的建议下，赫连勃勃也学会了远交近攻的斗争技巧，和北燕、北凉政权建立结盟关系，然后集中兵力对付后秦，接连攻占了杏城、新平等地，逼近长安。可就在大功即将告成之际，半路杀出个程咬金：东晋权臣刘裕为了树立威信，突然兴兵北伐，而且很快占领长安，摘走了赫连勃勃眼看就要到手的大桃子。

不过刘裕北伐并不是为了统一中国，光复晋室，而是为了篡权。所以，在占领长安后，刘裕马上回师，留下年仅 12 岁的次子刘义真镇守长安。刘裕撤兵后，赫连勃勃马上向王买德问计，王买德建议绕开周围，直接进攻长安。勃勃接受建议，派太子赫连璝统领 2 万骑兵直扑长安；赫连昌占据潼关，堵住进出关中的道路；王买德屯于青泥险要之地。

公元 418 年，赫连璝进入关中，刘裕急召刘义真东归。东晋将士完全没有王师的风范，大肆掳掠，带着大批辎重，缓慢东撤。赫连璝纵兵追击，晋军且战且退，来到青泥，又遭到王买德部的沉重打击。大将傅弘之被擒，刘义真个子小，藏在草丛里侥幸逃脱。赫连勃勃进入长安，又照例垒了一座骷髅台，炫耀武功。王买德"算无遗策"，加封河阳侯。

十一月，赫连勃勃在灞上筑高坛，正式称帝。群臣建议迁都长安，勃勃这时倒显出天子风范，坚决反对迁都，认为只有坚持住在统万城，北魏才不敢渡黄河西进。这种天子守边的气度在中国历史上大概只有迁都北京、直接面对蒙古入侵的明成祖朱棣可以媲美。

公元419年，赫连勃勃留下太子赫连瑰守卫长安，自己回到统万城。为了宣示自己的雄心抱负，赫连勃勃把四个城门改了名字：东门叫召魏门（招引北魏归降）、南门叫朝宋门（寓指南朝的刘宋政权）、西门称服凉门（收服甘肃一带几个小的割据政权）、北门叫平朔门（指北方游牧民族）。不料四邻没有臣服，自家窝里先乱了套。太子赫连瑰害怕弟弟赫连伦抢了自己的位置，于公元424年出兵袭击，赫连伦在高平（今宁夏固原）战死。太原公赫连昌气愤不过，出兵1万袭杀赫连瑰。赫连勃勃无奈，只好立赫连昌为太子。

大夏国内讧，给了北魏报仇的机会。公元425年，赫连勃勃去世，赫连昌即位。北魏太武帝拓跋焘听从谋士崔浩的建议，出兵伐夏。大夏国地方官员望风而逃，连长安也丢掉了。统万城异常坚固，不好强攻，魏军决定调虎离山，在城外围歼夏军。愚蠢的赫连昌果然中计，出城决战。统万城之战异常残酷，拓跋焘在大战中马失前蹄，险些命丧敌手，身中流矢，依然奋力杀敌。夏军士气被压了下去，纷纷溃退。赫连昌来不及进城，匆匆逃往上邽。号称铜墙铁壁、城墙高达十仞（大约25米）的统万城就这样轻而易举地落到了敌人手里。拓跋焘进城后，挨家挨户搜查，抓获王公、卿将、诸母、后妃、宫人上万，马三十余万匹，牛羊数十万头，奇珍异宝，不计其数。赫连氏的奢侈连同样来自塞外草原、粗犷豪迈的鲜卑领袖拓跋焘都看不下去了，对左右连声叹气：这么一个小不点国家，居然如此奢侈，老百姓疲于奔命，如果不灭亡，实在没有天理啊！

次年，下决心要"为民除害"的拓跋焘派大将奚斤进攻安定。这个奚斤也是个倒霉鬼，安定轻而易举地被拿下，还没好好庆贺一番，就发生了饥荒和马瘟，结果战马大批死亡，而且无法食用。赫连昌小人得志，马上跑到安定城下，亲自骂阵挑战。魏将安颉劝说奚斤出奇兵突袭夏军，奚斤保守，拒绝接受。赫连昌连日骂阵，魏军士兵都认识他了。安颉认为机不可失，于是撇开奚斤，集中仅存的200余匹战马，选拔精锐骑兵埋伏在城边。一会儿，赫连昌又来叫骂，安颉出战。很久没打仗的赫连昌心里痒痒得难受，遂亲自策马上前。埋伏的北魏骑兵突然杀出，直接扑向老相识赫连昌。这时天助魏军，突然刮起沙尘暴，暗如黑夜。大夏军士找不到皇帝，无法援助。赫连昌仓促之间落马，被安颉生擒活捉。

赫连昌被俘后，拓跋焘表现出君王气度，并没有难为他，封他做了常忠将军、会稽公，以后又晋封秦王。赫连昌容貌俊美，很招人喜欢。拓跋焘一时高兴，还将妹妹赐给了他。赫连昌倒也吃得饱、睡得着，安心被敌国供养，丝毫没有亡国之痛。在北魏待了6年后，赫连昌开始谋求恢复故国，结果叛乱还没发起就被发觉，于是连忙逃走，在路上被侦探发现，一刀毙命。

赫连昌被擒后，他的弟弟赫连定继承皇位。赫连勃勃本人以残暴著称，这个赫连定居然因为残暴无赖屡遭赫连勃勃斥责，可以想象他是什么德行了。不过赫连定倒是继承了其父的军事才能，称帝不久即大败追击的魏军，收复安定。这回魏军的统帅又是倒霉鬼奚斤。这次不光是打了败仗，自己还被活捉，差点儿掉了脑袋。赫连定乘势进兵，魏军望风而逃，夏军兵不血刃就收复了长安。

赫连定有些头脑，知道光靠自己不可能打得过北魏，于是主动和刘宋联系。宋文帝刘义隆正在兴兵北伐，也需要助手，双方一拍即合，约定将来以北岳恒山为界，东边归宋，西边归夏。拓跋焘避重就轻，集中全力进攻大夏，一举攻克平凉，夺取了整个关中地区。赫连定在甘肃灵台地区被重重包围，身负重伤，勉强冲出包围圈，退守上邽。

为了消耗赫连定的精力，拓跋焘故意把大夏控制的平凉、安定等地赏赐给西秦王。赫连定果然上当，派出大军进攻西秦，西秦本来就处在穷途末路，哪里经得起大夏军的冲击，没多久就被灭亡了。

赫连定灭了西秦，感觉向西发展似乎更对胃口，于是从武威渡过黄河，准备进攻当初的盟友北凉。不料大军还没渡过黄河，就遭到吐谷浑骑兵的突然袭击，赫连定当场被抓。吐谷浑不想得罪北魏，于是送了个顺水人情，把赫连定转交给北魏。拓跋焘今次败在赫连定手下，心中懊恼，当即下令杀了他。斯时他的哥哥赫连昌还在秦王宝座上享受着娇妻美食，优哉游哉！

大夏国从赫连勃勃建立政权到赫连定被擒，存在了26年，和汉国（前赵）一样，总算是没有输给这个所谓的南单于亲戚，打了个平手。

三、一心向佛，倾心教化，彻底褪去狼皮的沮渠蒙逊：夹缝中成长起来的北凉政权

默默无闻的北凉政权汉化得最为彻底，在这里既没有无情的杀戮，也没有野蛮的压迫，有的倒是文治武功，百姓安居乐业，以至于让人们怀疑它和匈奴究竟有没有关系。如果不是时运不济，湮没在群狼当中，说不定会成为隋唐的替代者。即便亡了，也让人怀念，君不见大唐李氏念念不忘把从北凉分裂出去的李暠当成自己的祖先？

北凉是甘肃张掖卢水胡沮渠蒙逊建立的割据政权。和屠各、铁弗不同，卢水胡是否属于匈奴族还有一定的争议，一些前辈学者，像周一良、唐长孺等，认为卢水胡的族属和月氏有关。不过，沮渠蒙逊的姓氏来自祖先的官名：匈奴左右且渠。左右且渠是匈奴中上层官职，外族一般不会坐到这样的高位，林干先生因此在《匈奴通史》一书中认为卢水胡肯定是匈奴的一支。我们尽管不便于下这样的断语，但至少可以说沮渠蒙逊所在的这一支卢水胡和匈奴有紧密的联系。既然联系紧密，肯定免不了要相互通婚，相互拥有对方的血脉。

汉国的刘渊父子汉化程度很深，但狼性未改，不时干出一些类似屠城的残暴之举。赫连勃勃一家是典型的"狼人"，不仅异常

残暴，还异常勇敢，敢于荒唐地亲自挺枪上阵，拼个你死我活。沮渠蒙逊则不同，他身上的狼性、胡气几乎完全褪掉，不仅"博涉群史，颇晓天文，雄杰有英略"，而且非常善于玩弄权术，心思缜密，全然没有草原民族的粗犷、强悍。不仅如此，因为北凉地处河西走廊，是佛教向内地传播的必由之路，所以沮渠一家很早就与佛教结缘，沮渠蒙逊还把自己的一个儿子取名为"菩提"。著名的佛教大师昙无谶曾经是北凉朝廷的座上宾。如果不是红尘之念未了，沮渠蒙逊恐怕会成为第一个出家的皇帝，抢了顺治皇帝的名次。既有汉学背景，又是佛门高徒，使北凉的政治局面截然不同于屠各、铁弗这两个更标准的匈奴政权。北凉国内既没有无情的杀戮，也没有野蛮的压迫，有的倒是文治武功，百姓安居乐业，心甘情愿跟随大王出征作战。这在一片混乱的十六国时期是典型的另类，与世外桃源可有一比。

氐族人苻坚建立的前秦是中国历史上第一个统一北方的少数民族政权。苻坚的雄心很大，希望统一全国，在发大军向东晋进攻的同时，派大将吕光前往经略西部。吕光在占据河西走廊一带后，拥兵自重，脱离前秦，建立了后凉政权。苻坚南下不久在淝水被东晋丞相谢安打败，狼狈逃回，自身尚且难保，对吕光更是无可奈何。

沮渠蒙逊的两位伯父罗仇、麹粥分别是后凉的尚书和三河太守；从兄男成为将军，守晋昌；蒙逊本人则是宫廷宿卫。一家人都是吕光死心塌地的部属。可吕光对自己的手下忠臣却并不珍惜，随意处置。一次，后凉进攻鲜卑乞伏部建立的西秦，大败而回。吕光听信谗言，杀了作战不利的罗仇和麹粥。

伯父无辜被杀，沮渠蒙逊非常愤怒，于是借发丧的机会，联络本族部众，起兵造反。从兄男成听说后也聚众数千，起来响应。大概是被别人领导惯了，不习惯自己做出头鸟，男成发兵包围了建康，软硬兼施，把建康太守段业逼上了领导位置。公元397年五月，段业自称大都督、龙骧大将军、凉州牧、建康公，改元"神玺"。让段业当头儿只是男成一个人的意思，蒙逊事先并不知道，等蒙逊了解到内幕的时候，木已成舟，无法改变。在接受了段业封的镇西将军职务后，沮渠蒙逊曾经几次对段业的用人、用兵提出不同意见，都被否决。可事实证明沮渠蒙逊的建议都是对的，这让他更加不服气。

段业逐渐知道沮渠蒙逊非比凡人，于是敬而远之，时刻提防着他。蒙逊不甘心永远居于人下，于是秘密会见男成，希望联手除掉段业。可男成不想自己打自己嘴巴，拒绝了。蒙逊无奈，只好自己动手。深谙权谋之道的沮渠蒙逊知道，要想除掉段业又不引起严重内乱，必须制造一起由段业牵头的让所有人都愤怒的血案。无毒不丈夫，沮渠蒙逊决定把男成作为牺牲品。

公元401年，沮渠蒙逊约男成一同到兰门山祭祀，暗中却又遣人告诉段业，"男成要叛乱，如果他请求到兰门山祭祀，那就是要行动了"。段业信以为真。蒙在鼓里的男成兴冲冲地来找段业请假外出，段业二话不说，马上把他推出斩首。沮渠蒙逊一见大功告成，马上派人四处张扬，诬蔑段业杀害开国功臣。民众的激情被煽动了，纷纷投到蒙逊麾下，连段业派来讨伐的将军也纷纷叛变，段业眨眼间成了孤家寡人，不久被杀。

六月，沮渠蒙逊自己做了大都督、大将军、凉州牧、张掖公，改元"永安"。自己的亲族和原来段业的臣属都被封了官，大家都很高兴，以为遇见了明主。

当时的北凉是一个典型的夹缝里的政权。东面有后凉吕隆（氐族）和强大的后秦（羌族姚兴）；西面是一年前才从北凉分裂出去的西凉李暠；南面则是两个鲜卑政权——南凉秃发利鹿孤、西秦乞伏乾归。北面虽然没有敌人，可遍地除了戈壁沙漠，就是崇山峻岭。在中原，则是北魏和南朝宋政权。

北魏和刘宋虽然庞大，毕竟离得远，只好上表称臣就够了。这也是沮渠蒙逊始终没有称帝，甘心接受北魏和宋朝册封的原因。对于四邻，沮渠蒙逊认为南凉最不好惹，只好卑躬屈膝，主动送上对方点名要的兄弟做人质。为了能站稳脚跟，蒙逊开始励精图治，招贤纳士，减轻赋税，发展生产，积聚力量。对于饱学之士，蒙逊大多委以重任，甚至还仿效中原汉族皇帝发出诏谕，鼓励百姓进言献策。对于违法乱纪、坑害百姓的行为，蒙逊拿出大义灭亲的架势，两位伯父亲信、孔笃偏要考验一下侄儿的决心，结果都被勒令自杀。

经过数年休养生息，蒙逊势力渐强，开始逐步向外扩张。公元402年，后凉国都姑臧发生严重饥荒，蒙逊趁机发兵攻打。不知道是因为过于轻敌，还是自己的好运气都用光了，这一战不但没赢，反而损兵折将，最后不得不献上 10 万斗粮食赔罪。后凉不仅振奋了军心，还解决了粮荒问题，真不知道是应该恨沮渠蒙逊，还是应该感谢他"及时"前来进攻。

次年，南凉主动约蒙逊一起进攻后凉。后凉国主吕隆眼看无力自存，于是主动投向了东方大国后秦。蒙逊眼看后秦即将成为邻国，赶紧向后秦进贡。南凉一看北凉抛弃自己投入了大国怀抱，十分不满，遂于公元 406 年向北凉发起进攻，并别有用心地把战利品献给了后秦。后秦皇帝姚兴愚蠢至极，不仅相信了南凉秃发氏的忠诚，还把姑臧送给了他。

公元 410 年，南凉再次出兵攻打蒙逊。蒙逊终于时来运转，在穷泉大败敌军，并乘胜进围姑臧，克之。公元 412 年，蒙逊自张掖迁都姑臧，称河西王，改元"玄始"。

南凉败落，西秦乘机进攻，取而代之。西秦强大，北凉屡次吃败仗，于是调整战略方向：南面主守，西方主攻，把矛头对准昔日的分裂者——西凉。

公元 417 年，西凉李暠病死，其子李歆嗣位。李歆不理政事，大兴土木，屡征民役，并不听大臣劝阻，于公元 420 年七月，亲自出兵讨伐北凉。蒙逊早有灭李氏之心，于是有意散布要南征西秦的消息，诱西凉前来。李歆果然上当，以为张掖空虚，带大兵来偷袭。沮渠蒙逊派兵埋伏于怀城，大败李歆。后来又在蓼泉击败西凉军队，杀死李歆。蒙逊乘势西进，占领酒泉。在酒泉，沮渠蒙逊学习汉高祖刘邦约法三章，严禁抢掠。西凉臣子、百姓感恩戴德，纷纷投入北凉。

李歆弟李恂据守敦煌，继续与北凉对抗。公元 421 年，沮渠蒙逊亲率大军 2 万围攻敦煌，在城外三面筑堤，以水灌城。李恂惊慌失措，于敦煌城失陷时自杀身亡。占领敦煌后，北凉打通了前往西域的道路，西域各国纷纷称臣纳贡，北凉实力达到顶峰。

解决了西方，沮渠蒙逊开始集中精力对付欺压了自己多年的西秦。双方几次大战，互有胜负。北凉毕竟国小力弱，薄弱的经济基础难以承担长期的战争需要，打速决战还可以，消耗战就不行了，和西秦的战争恰恰陷入了消耗战的泥潭。

不过蒙逊的运气实在是好，原本强大的西秦居然首先丧失了信心，于公元 430 年投降了北魏。北魏给了西秦一张空头支票，让他们前往平凉一带居住。平凉的主人、大夏国主赫连定没有识破北魏的玄机，大举进攻西秦，一举消灭了它，替沮渠蒙逊报了仇。

公元 433 年，失去对手的沮渠蒙逊生了重病，不久病死。国人推举其子沮渠牧犍做了河西王。牧犍嗣位后，继续向北魏和宋朝称臣，并把妹妹兴平公主嫁给拓跋焘做了右昭仪，自己则娶了拓跋焘的妹妹武威公主。

北魏早有统一天下的远大目标，北凉迟早要灭掉。这时，沮渠牧犍干了一件蠢事，给了大舅子一个借口。

沮渠牧犍的嫂子李氏貌美，牧犍与之勾搭成奸。这个李氏是个醋坛子，暗中抢了别人老公也就罢了，居然还想鸠占鹊巢，给武威公主下了毒药。公主中毒后，拓跋焘派太医前往急救，算是保住了一条命。拓跋焘要求沮渠牧犍交出李氏，牧犍竟然还很钟情，坚决不交，还把李氏送往酒泉躲了起来。拓跋焘大怒，马上给牧犍安了12条罪状，然后御驾亲征。在北魏铁骑面前，北凉军队不堪一击，很快丢了国都姑臧。拓跋焘对这位妹夫开始还算不错，不过大臣们却不想放过他，不时上一道奏章揭发他的"罪行"。拓跋焘逐渐厌烦，于是把他连同他的妹妹一块儿赐死。

姑臧陷落后，沮渠牧犍的弟弟沮渠无讳占据酒泉、敦煌，多次和北魏军对抗。可是胳膊终归扭不过大腿，只好重新走上匈奴祖先的老路：占据西域。公元442年，无讳率万余落抛弃敦煌，占领鄯善。在鄯善和敦煌之间有大片沙漠，而且遍布流沙，无讳虽然占有了鄯善，可部众有一半以上被流沙吞没，损失惨重。无讳退到西域，拓跋焘也懒得管他，不再向他进攻。无讳从此偏安西域，做起了西域小霸王。

公元444年，无讳去世，弟安周即位。公元460年，被北魏击败的另一个游牧民族柔然向西迁徙，经过西域，顺手消灭了安周，北凉最终灭亡。

随着北凉的灭亡，匈奴民族再也没有以国家形态出现在中华大地上。其实，无论是汉国、大夏，还是北凉，和称雄于蒙古高原的草原帝国都有很大区别。匈奴帝国从单于到部族首领基本都是匈奴族，是纯粹的民族政权。归降并受到重用的外族数量很有限，起到的只是智力补充作用。汉国等三个政权则不同，在他们的政府中充斥着大量的汉人和其他少数民族精英分子，且不再是配饰，而是主宰。匈奴人只是大头目，是领袖，而不是全部。沮渠蒙逊除了血脉，看不出一丝胡气，和中原王朝的皇帝没什么区别；刘渊一家虽然保持着狼性，但并没有摆脱汉文化的影响，其政权组织模式和中原王朝没什么两样；即便是比昔日的大单于还凶狠的赫连勃勃，手下也有一个被捧为神仙的汉族谋臣——王买德。

魏晋南北朝时期是民族大融合的时代，从最残暴、最野性的赫连勃勃到深度汉化的沮渠蒙逊，历史似乎有意设计了三种模式，分别代表融合的三个阶段。历史是曲折的，即便是温文尔雅的沮渠蒙逊也曾有过屠城敦煌的暴行。融合伴随着血腥，似乎也是无法回避的历史之"道"。

这里还有另外一支重要的匈奴分支——鲜卑宇文部，我们没有提到。并不是它不重要，也不是因为它建国太晚，而是因为在它身上实在看不出匈奴的影子。北周的创建者宇文泰只进行过一次改革，而且还是鲜卑化的，他希望用鲜卑人的血性，而不是匈奴人的狼性来抵消掉一些过度汉化的消极影响。与其说他是匈奴人，还不如说他是鲜卑文化的捍卫者。

在北凉灭亡以后，匈奴民族逐渐淹没在中华民族的汪洋大海中，只有从个别历史人物的身上才能找到它的影子。不过，这个民族没有消失，在匈奴人纷纷入主中原、割据称雄的时候，在西方，在地中海北岸，西迁的匈奴人同样在用腥风血雨推动着希腊、罗马文化的蔓延扩散，用弓箭找寻着帝国的昔日荣光。

气若游魂：内外交攻的罗马帝国

南欧是欧洲文明的起点，在 2000 多年前，巴尔干半岛南端和亚平宁半岛先后兴起了雅典、斯巴达、罗马等城邦。这些寡民小国或实行民主，或实行独裁，几乎把所有政治制度都试了一遍。慢慢地，他们都沉沦了，只有罗马在一天天地发展壮大。他们走出了罗马，走出了亚平宁，走出了欧洲，把地中海变成他们的内湖，建立起横跨三大洲的世界帝国。但是，文明在前行，帝国北面丛林里的日耳曼人逐渐发展起来，美丽温暖的地中海岸吸引着他们一步步走出丛林。罗马人无法容忍野蛮人不讲道理地南下，没有谈判、没有宽容，有的只是铁和血。

就在日耳曼人不断南下的时候，帝国内部开始出现裂痕，内外交攻下的罗马帝国终于撑不住了，直到有一天，那个来自遥远东方的民族给予它最后一击。

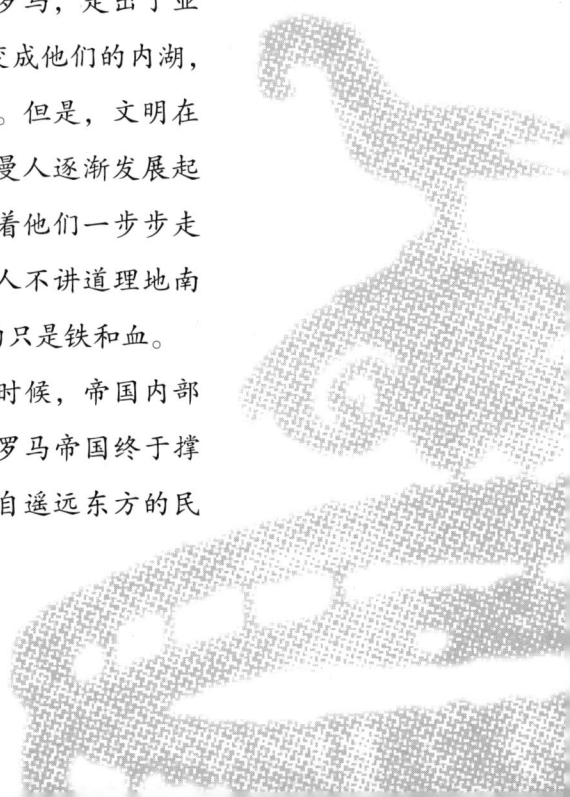

第八章
皇帝＝军阀：城邦里长出来的政治怪胎

战神之子建立的国家从一开始就充满暴力。战士的心里充满了对英雄的崇拜。英雄代表着财富，代表着荣誉，也代表着专制和强权。于是，罗马人开始从共和走向帝制，走了一条同东方截然相反的道路。

一、放眼看世界：亚平宁半岛崛起的城邦小国

地中海是欧洲文明的起点，这里到处是在东方人眼里只能算低矮的山峦、丘陵，错落其间的谷地和小片冲积平原是欧洲先民最早生活、开发的乐土。因为地理上的阻隔，这里没有产生大的联邦国家，而是以城邦为单位，孕育出了最早的西方文明。希腊的雅典、斯巴达是最典型的例子。

城邦是典型的小国寡民，人口少，彼此都是邻居、朋友，管理时丢开谁都不好意思，于是，在这里诞生了历史上最古老的共和制

度。全体城邦成员都有参政权，直接行使民主权利。全体公民对城邦的忠诚和热爱是它存在的基础。

被古希腊英雄们摧毁的特洛伊城难民流亡到意大利半岛，在台伯河畔依样画葫芦，也成立了一个民主制的城邦国家——罗马。在这里，由德高望重的资深贵族组成的元老院虽然只是个咨询机构，但是具有令人生畏的威信，对它的建议，官员们必须认真考虑，因为元老们没有任期，他们的亲族掌握着可怕的社会资源。森图里亚大会（后来衍生出公民大会）是最高权力机构，可以制定法律、宣战、媾和、审判要案。大会每年要选出两名执政官作为最高行政长官，任期一年，拥有广泛的权力。执政官只受法律约束，并不对森图里亚大会负责，有点像美国总统。两名执政官可以互相否决对方的提议，避免出现独裁。但是，罗马人对独裁的防范有些过了头。只有一年任期，而且不能连任，能干成什么大事？平庸得只会做些急功近利的政治秀，有才干、有抱负的必然要想办法突破一年任期的限制，谋求连任，也就不可避免地要引起政局动荡。而两名执政官相互否决对方的权力肯定会滋生出不和、拖沓，甚至阴谋。此外，后来又增加了以维护公民权利为主要任务的保民官、负责选择元老的监察官，等等。执政官则自动具有了进入元老院的权力，而且是院长。类似的体制目前仅存在于意大利的国中之国——圣马力诺，只有这里还有两名任期一年、不得连任的国家元首：执政官。

这样的政体大概只能适用于世外桃源、与外界很少接触的国家。稍微大一点的国家都无法容忍这种缺乏效率的制度，崇拜古罗马的拿破仑也曾封自己做执政官，但是首席执政官。对古罗马政体多有借鉴的美国人也只设立了一个总统。

可问题出来了。母狼哺育出来的罗马人先天好斗，罗马军团的威名远近皆知，罗马公民的视野根本没有局限在台伯河两岸，他们有着统治世界的野心。经过三次布匿战争、三次马其顿战争，迦太基和马其顿这两个大国先后被罗马吞并，西班牙、山南高卢、希腊与小亚细亚尽入版图，埃及、叙利亚、努米底亚诸国莫不俯首称臣，茫茫地中海，俨然成为共和国的内湖。所向披靡的罗马将士们拔剑四顾心茫然，似乎已经到了孤独求败的境界。

版图的迅速扩大带来了两个问题：拖沓低效率的政治体制如何管理如此庞大的国家？庞大国家的缔造者——军队应该处于什么位置？于是，城邦背景下的共和制度开始被逐渐否定。但是，有着民主传统的罗马人很难接受独裁统治，于是，在独裁和民主的长久较量中生长出来一个蹩脚的政治怪胎。共和国以及后来的罗马帝国在这个怪胎的领导下抽风似的一会儿长期和平，一会儿动乱不堪，直到走向灭亡。

二、帝制和共和的混血儿：罗马帝国英雄们制造的三个怪胎

屋大维是罗马帝国的开创者，可在战场上所向披靡

的他在罗马人的共和传统面前却退缩了。元老院保留了下来，而且拥有了选举皇帝的权力，尽管行使的机会并不多。

屋大维没儿子，只好让养子即位。喜欢勾引别人老婆的罗马人高兴了，养子从此成为皇帝的第一候选人。

屋大维靠军队控制了国家，后来人可不一定都有这个本事，于是，军队掉过来成了皇帝的老板，谁想做皇帝，先要讨好军队司令官。可是军人们的胃口并不一致，于是，几个皇帝同时执政的怪现象成了正常事，帝国的分裂潜滋暗长，直到报销了整个帝国。解铃还须系铃人，可屋大维信仰的朱庇特的天国已经被上帝占据，他还有这个兴趣吗？

罗马军团的最高统帅是执政官。战争是没有期限的，如果战争刚打到一半，执政官要卸任，还不让敌人乐翻天？没办法，只好让步，制造出一个独裁官，专门领兵打仗。罗马原来没有职业兵，服兵役是罗马公民的天然义务，而且装备自备。罗马公民的数量本来就有限，有钱置办刀枪的更少得可怜，可偏偏大战不断，怎么办？没办法，罗马公民们还得让步，同意执政官或独裁官从被征服民族中选拔士兵。可让他们当兵首先就得给报酬，给多少呢？还得执政官们说了算。执政官或独裁官掌握了大笔钱财，难免有自私的想法，为了共和国的前程，公民们只好睁一只眼闭一只眼。选拔出来的外族士兵逐渐变成了雇佣兵，对雇佣他们的将领自然感恩戴德，感谢他给自己提供了饭碗。

这下贵族们不干了，长此以往，独裁官们岂不变成了军阀，干政怎么办？于是，罗马公民们又开始拉拢雇佣兵，给予他们公民权。可军事统帅们有他们的办法。一方面，他们利用战争形势的变化，争取到了连任的权力，换句话说，他们拥有了长期和自己的军队接触的机会；另一方面，此时的公民大会作用越来越小，元老们经常用非常手段干扰大会进程、暗杀甚至政变，改变公民大会的决议，元老院已经变成了事实上的最高权力机构，士兵们要公民权有什么用？他们最关心的是自己的待遇。独裁官们想尽办法给士兵创造福利，比如退役后分一块土地，提高军饷，等等。在士兵们眼里，统帅才是自己的再生父母，罗马城的元老们只会想办法限制自己。于是，军队逐渐带有私人性质，事实上的军阀不可避免地产生了。

随着疆域的扩大，战争规模的扩大，军队统帅的作用越来越大，个人权力在罗马政治事务中的作用也越来越大。第一个公开率军进攻罗马的内战发动者是苏拉。著名罗马历史学家阿庇安评论说："从此以后，群众的骚动只能由武力来解决。罗马城经常被进攻，城下经常发生战斗。从此以后，羞耻心或法律，制度或国家都失去了约束力。"元老院从此失去了至高无上的地位，开始沦为独裁者的遮羞布。不过民主的影响力还很大，苏拉的所有职务、荣誉都要经过公民大会"合法"授予，而且还成了元老院权力的维护者。最后，他居然效法古人，宣布退休，而且把卫队都遣散了，自已跑到乡下过起了田园生活！

不过，苏拉留给后来者一个"宝贵"的经验：不要解散元老院，但要对它进行改革，最简单的做法是增加名额，把自己人塞进去。对此学得最精的是恺撒，他一下子给元老院增加了400个名额，达到空前的900人，因为手底下的人员有限，干脆连自己释放的奴隶也塞进去凑数。元老院的代表面扩大了，可再也不高贵。不过，留任的元老们可不甘心让人随意玩弄，他们刺杀了恺撒，"维护"了共和国的民主传统。刺杀他的元凶布鲁图斯在大庭广众之下高傲地宣称："我爱恺撒，但我更爱罗马！"一句话堵住了上万张嘴。

恺撒虽然死了，但是他的养子屋大维站了出来，迅速完成了养父的未竟事业。公元前29年，屋大维回到结束了百年内战的罗马，回到了公民们身边。放弃权力吗？不行！罗马人喜欢直来直去，可公开说自己要独裁弄不好会重落养父的下场。聪明的屋大维想出了一个东方式的含蓄方法。公元前27年1月13日，他在元老院发表演说，宣布还政于民。已经沦为陪衬的元老们毫无异议地拒绝了他的请求，还挖空心思，炮制出一个"奥古斯都"的尊号授予他。奥古斯都带有神圣、庄严、伟大等含义，可以显示屋大维至高无上的地位，而且不会像国王一类称号刺激共和派的神经。屋大维很高兴地接受了这一尊号，合法地当上了大皇帝。从此，奥古斯都成为罗马皇帝的代名词。不过，奥古斯都本身没有任何权力意义，拥有这一称号的人还要担任一大堆传统职务，如执政官、保民官，等等。

这样，罗马政治的第一个怪胎产生了。元老院没有废除，而且拥有了选举皇帝的权力，每一个公民在理论上都有机会。每一个皇帝的继承人，都要到元老院履行一下这个程序。如果皇帝选好了继承人也就罢了，一旦没选好，或者不唯一，元老们就得费一番心思。这就给共和派的残余势力或者居心叵测者创造了机会。

屋大维本人后嗣无人，虽然娶过三个妻子，可只生出一个女儿。女儿倒是给他生了三个外孙子，可一个个都是短命鬼，比他死得还早。没办法，他只好把与自己毫无血缘关系的他妻子与前夫生的儿子提比略收为养子，并把守寡在家的女儿嫁给了他。这样，提比略成为他唯一的继承人。罗马政治的另一个怪胎——养子继承制度诞生了。

控制军队是皇帝的第一要务，屋大维曾经骄傲地宣称："向我宣誓效忠的罗马公民士兵有50万人。"但问题是并非每一个皇帝都身经百战，能够赢得全体士兵的爱戴。虽然皇帝未雨绸缪，把继承人安插到军队里领兵作战，培养感情，可这些养子们未必都是军事天才，碰上几个笨蛋只会弄巧成拙。军人们对无能的统帅当然不会效忠，稍不顺心就可能另外选一个自己倾心的将军，披上紫袍，让其做他们的皇帝。

另外，在把地中海变成自己的内湖后，罗马军团的敌人越来越少，唯一的压力是来自北方日耳曼人。在北部边境聚集了帝国最精锐的部队。养子们虽然被安插进北方驻军，可以在最精锐的部队中树立威信，可其他行省军队呢？连养子们的影子都没见过，凭什么对他效忠？让军队属于国家不行，那样只会让元老院得利，可养子们又没能力在全军树立威信，于是，原本是赖以争夺政权的军队，现在反而成了皇帝的最终选择人。

为了取悦军队，皇帝只好挖空心思为他们创造发财之路，唯恐得罪自己的后台老板。被爱德华·吉本列为罗马帝国灭亡祸首之一的塞维鲁留给儿子的遗言最能说明问题："愿你们兄弟和睦，让士兵们都发财致富，其余的不在话下。"他的儿子卡拉卡拉说得更露骨："世界上除我之外，谁也不该有钱，以便我能把钱花在士兵身上。"

从地中海变成内湖那一天开始，罗马人简朴、纯洁的生活结束了，变得日渐奢靡。对酒神的崇拜蔓延全国。酒神节里，人们放纵地狂欢，制造出一大批花花公子和放荡女人。至于残酷的角斗，更让他们乐不可支。为了维持奢侈的生活，人们开始寻求特殊的致富方法——买官。罗马的卸任官员可以出任行省总督。行省本来是罗马的殖民地，百姓也没有参与国家政治的权力，总督更是独裁的代名词，绝对是个肥缺。据说，总督第一年捞到的钱足够偿还买官的开支，第二年的收入足够将来万一获罪时贿赂法官，第三年的收入足够卸任后的豪华生活。总督任期一般五年，也就是说五年的收入够他挥霍三辈子。于是，有钱人纷纷买官，没钱人拼命借债。

共和国变成帝国后，这种社会风气有增无减，严重吞噬着罗马的民族精神。屋大维的继承人提比略军事才华不错，可为人残暴、多疑，还假模假式地宣布"退隐"到一个小岛上，害得大家要千里迢迢地去向他请示汇报国事。提比略一死，已经厌烦他的近卫军马上拥立卡里古拉即位，连元老院的象征性选举也免了。这是军人干政的第一次成功尝试。可惜军人们看走了眼，卡里古拉不仅是个精神病患者，还讨厌当皇帝。除了在娱乐圈里混日子，他什么也不想做。不过，他对自己的姐姐兼情妇倒很重视，姐姐死后，马上把她尊为神。有一次，他居然封自己的马做了执政官！近卫军官们实在受不了，一刀砍下了他的脑袋。

天真的元老们以为机会来了，跑到朱庇特神庙开会，提出要争取自由，恢复共和制度。可近卫军们对屋大维家族还有一点感情，于是这个家族硕果仅存的男人——50岁的克劳狄被披上紫袍，推上皇帝宝座。元老们不想掉脑袋，只好投赞成票。

克劳狄是个有道明君，可他的妻子兼侄女阿格里皮娜权力欲极强（罗马人似乎没有什么乱伦的概念，经常把姐姐、侄女等直系亲属变成老婆或情妇），居然把近卫军拉到自己手里，还把自己与前夫生的儿子尼禄——同时也是克劳狄的女婿——推到继承人的位置，硬生生地挤走了克劳狄的亲生子。这还不够，阿格里皮娜觉得丈夫活得太长了，干脆毒死了他，自己掌了权。可儿子尼禄是个比老娘还狠的东西，上台一年后就剥夺了母亲的一切权力，随后又派人刺杀了她。

尼禄是有名的昏君。3岁时父亲死了，不久母亲又被流放。幼年的打击让他内心充满了对世界的仇恨。当政之后他能想到的只是纵情娱乐，补偿往日的损失。于是，除了天天埋在音乐、戏剧和女人中间，没做过什么好事。为了取乐，他天天向公民们抛洒各种赠品，包括各种小鸟、食品、粮票、衣服、珠宝、金银，甚至还有奴隶、船只和农田！

尼禄喜欢看角斗表演，但是他不让角斗士去表演，而是强迫400名元老和600名骑士去登台搏斗，让这些高高在上的贵族丢尽了脸面。罗马人对同性恋很热衷，流传下来的罗马情书都是写给面首的，没有一封写给女人。尼禄更不像话，最初是把一个小男孩阉割，当成自己的老婆，后来干脆披上新娘婚纱嫁给了自己的另一个同性恋伙伴。为了建造皇宫，尼禄居然让人纵火烧掉了大半个罗马！

不过尼禄对艺术确实很有造诣，曾经平等地和歌剧演员们同台竞争，并取得优胜。他喜欢演悲剧。一次，"一个正在门口站岗的新兵看见皇帝的打扮和用锁链锁着的样子，赶紧冲上前去救他"（《罗马十二帝王传》）。为了展示自己的歌喉，"任何人哪怕是有燃眉之急的理由也不准离开剧场。据说，因此一些妇女竟将孩子生在剧场里。许多人听腻了，不屑于鼓掌，偷偷跳过院墙，或者装死，让人把他们抬出去，像是送葬的样子，因为大门是关着的"。被军队逼得自杀时，他还念念不忘"你们杀了一位多么伟大的艺术家"。可见，皇帝也怕入错行，如果不是阿格里皮娜非要让他做皇帝，说不定他会成为历史上一位著名的戏剧大师。

不过这位昏庸无耻的皇帝确实很聪明，他发明了很多对付官场舞弊的方法，还暂停了角斗表演，等等。如果他的心理不是变态的话，应该是个很优秀的统治者。

尼禄死后，罗马陷入内战，各地军队纷纷给自己的统帅披上紫袍，直到公元70年韦伯芗登基。韦伯芗和他的儿子提图斯都是不错的皇帝，罗马在他们的统治下开始了另一个百年和平。可韦伯芗的另一个儿子图密善却难乎众望。图密善有个怪癖，"每天他都习惯深居简出，除了捕捉苍蝇，并用铁笔刺杀它们之外，什么事也不做"。图密善非常好色，自称擅长"床上格斗"，还和娼妓们一起游泳。为了取悦军队和争来荣誉，他发动了几次战争，结果却在多瑙河畔惨败，偷鸡不成反蚀把米。他的倒行逆施连老婆都看不下去了。她联合近卫军官，于公元96年发动政变，杀了他。罗马皇帝经常被自己最亲爱的妻子干掉也是历史上的一件奇事，背后原因很值得研究一下。

不过图密善同样做过很多好事。他对当时日趋奢侈、腐化的社会生活进行了大量的革新：取消无偿的食品分发、禁止举行奢华宴会、禁止演员出现在公共舞台上、严禁阉割男性、整顿司法，等等。为了提高粮食产量，他下令削减葡萄园的面积，最多只能保留一半。据说图密善曾经梦见自己后背上长出一个金瘤子，他认为这是一个好兆头，预示着自己死后国家会更加繁荣昌盛。他的这一愿望确实实现了。可惜的是，罗马的史学家们出于道德上的考虑，把功劳全记到了后来的皇帝头上，认为是"由于他的后继皇帝们的廉洁和节俭"，对图密善的功劳只字不提。

像图密善和尼禄这样的皇帝很大程度上是被别人逼到了皇位

上的，他们的一些乖张举动可以理解为一种不满的发泄。所以，他们的劣迹更多的是得罪了统治阶级，在普通百姓那里，他们并没有那么可恶。这也是帝制所带来的必然后果。正是因为在他们身上善恶并存，罗马帝国的大厦才没有迅速垮塌。统治阶级的堕落是历史的大趋势，昏君只不过是他们的代表而已，用不着对他们的行为负责。

图密善死后，元老院终于扬了一回眉，吐了一口恶气，选举了前任执政官涅尔瓦做了皇帝。看来帝制观念斯时已经深入人心，连元老院也没兴趣恢复共和制度了。涅尔瓦没什么战功，在军队里威望很低，为了笼络军心，他做出一个明智的决定：选择深孚众望的日耳曼总督图拉真做自己的养子和继承人。

图拉真是罗马历史上战功仅次于恺撒的皇帝，他不仅征服了屡次给罗马军团制造惨剧的达西亚，还把东方边境推到了波斯湾。罗马在他的统治下社会经济空前繁荣，国力异常强大，帝国版图达到了极限。

图拉真的继承人、他的远房亲戚哈德良和他一样出生在外省。哈德良也是个不错的皇帝，在他的治理下，罗马城与行省的差距在缩小，罗马文化在全帝国内推广，皇权进一步加强。不过犹太人对他恨之入骨，因为他曾经亲自率军镇压了犹太人大起义，屠杀了60余万人。犹太人被他永远地赶出了故乡耶路撒冷，成为第一个没有祖国的民族，在世界各地流浪了将近2000年。

图拉真父子统治期间，罗马公民的道德在财富的腐蚀下日渐堕落，同性恋成为时髦，妓女更是多得不可胜数。名目繁多的节日让罗马人享尽了美酒、美女和角斗的血腥。此时，还兴起了另一个享受方式：洗澡。公共浴室遍布城乡，甚至前线士兵也不忘在驻地修一座豪华浴室。享受生活的军队是没有战斗力的，日耳曼人在不久后能够大举南下和罗马人的腐化堕落是分不开的。

公元 161 年，奥雷利乌斯登上帝位。他制造了另一个政治怪胎：多个皇帝同时执政。皇帝是一国之主，处在万万人之上，是独裁的、唯一的。奥雷利乌斯偏偏不愿意独立执政，不知道他是对共和时代的两个执政官并存充满怀念，还是对自己的治国能力缺乏信心，反正他把维乌斯也推上了皇位。元老院此时也没兴趣过问其中的原因，随他们胡闹。因为开了这个先例，以后不仅多次出现了二帝共治，甚至还出现过四个皇帝同时当政。罗马帝国的最终分裂与此有直接关系。

奥雷利乌斯很勤快，还是个善于思考的哲学家。大概是想的问题太深了，他居然没有发现自己妻子的劣迹。在他眼里，妻子是一位圣洁的女性，足以母仪天下。元老院大概也不想刺激这位善良的丈夫，按照他的建议，把他死去的妻子、一个荡妇尊为女神，与天后朱诺、爱神维纳斯相提并论！

由于长期的奢侈生活，帝国的黄金白银大量外流，全进了西亚商人的腰包，帝国财政开始面临严重困难。为了抵御日耳曼人，奥雷利乌斯居然不得不卖掉皇冠上的珠宝。为了满足军队的胃口，奥雷利乌斯只好把粮食作为军饷。在边境，粮食也不够用，只好分给士兵们每人一块土地。为了种地，士兵们纷纷结婚，并把家属接过来。带着家属打仗，战斗力可想而知。更糟糕的是，维乌斯在远征西亚时又带回了可怕的瘟疫，让帝国雪上加霜。维乌斯本人突然中风去世，和瘟疫似乎也脱不了干系。

维乌斯死后，奥雷利乌斯又把儿子康茂德立为皇帝凑数。公元180年，奥雷利乌斯去世，康茂德开始独立执政。没有老子监督，康茂德的本性彻底暴露。康茂德比花花公子还放荡，宫里养着300名美女、300名漂亮男孩供他淫乐，而且颇为自负，认为自己力大无穷，为了证明自己，竟然跑到竞技场和角斗士一决雌雄。他对政务毫无兴趣，全都推给宠臣和近卫军官，帝国在他的统治下乌烟瘴气，一片衰世的景象。他万般宠爱的情妇都被他的胡作非为气疯了，一杯毒酒要了他的命。

三、大棒底下出政权：为了取悦军人，不惜抛弃臣民的军阀

皇位被军人们公开拍卖，吓坏了想做皇帝的人们。为了防止自己的紫袍被转手卖给别人，皇帝们只好想方设法为军人们谋福利。直到有一天，聪明的戴克里先把军团编制大大缩小，才暂时压住了军人们的胡闹。

康茂德死后，近卫军官们不想再遇上一个昏庸皇帝，于是立了

一个纯粹的傀儡：佩提尼那科斯。偏偏这个傀儡不识抬举，妄想整顿军纪，近卫军只好又废了他。大概是实在找不到合适的傀儡，近卫军们居然想把皇位拍卖！还真有捧场的，两个富翁真的来竞买了。最后，钱多一筹的尤利阿努斯买到了皇位。罗马臣民们感到莫大羞辱，纷纷造反。前面提到的北非人塞维鲁首先杀进罗马，处死了才过了两个月皇帝瘾的尤利阿努斯。精明的生意人尤利阿努斯破财又丢命，这下亏到家了。

塞维鲁和他的儿子只知道取悦军队，根本不懂得治国。军队的势力在他们的"鼓舞"下更加猖獗，在此后的50余年中，竟然出现了50多个各色各样的皇帝。帝国军队的本位思想彻底替代了爱国主义精神。在混乱的内战中，原本英勇善战的罗马军团变得不堪一击。罗马帝国陷入空前的混乱和分裂割据状态。直到公元282年，卡鲁斯皇帝即位后，帝国才重新得到统一。

两年后，戴克里先披上了紫袍。他的出身很低微，父亲居然是一个被恢复了自由的奴隶。一个奴隶的儿子当上了皇帝，向来骄傲自大的罗马公民们不知道会作何感想。不过他们也不用想了，因为戴克里先已经决定彻底抛弃虚伪的面纱，建立彻底的君主制度。他首先给自己取了个好名字：多米诺斯（Dominus），意思是"主子"，是所有人的主子。然后他给自己戴上了镶满宝石的令罗马人非常厌恶的皇冠，穿上了豪华装饰的皇袍，并像东方君主那样制定了烦琐复杂的礼仪。臣民要见皇帝必须匍匐在地，行跪拜大礼。

不过，共和的传统对他仍然有着很大的影响。在称帝的同年，他也像前人那样，选择了一个执政伙伴，只会打仗其他什么都不懂的马克西米安，和他一起做皇帝，执掌朝政。和工于心计、表面谦和的戴克里先相比，马克西米安粗鲁、野蛮，一正一邪，相映成趣，倒也配合默契。

大概是觉得帝国太大，治理起来实在劳神费力，戴克里先又给自己选了两个助手：加勒里乌斯、君士坦提乌斯。两个人分别做了戴克里先和马克西米安的养子，并被授予"恺撒"称号（皇储的代名词，权力仅次于奥古斯都），而且都被迫和前妻离婚，另外娶了戴克里先和马克西米安的女儿。四个人各自负责治理一块地方，罗马帝国历史上出现了罕见的四个皇帝（两个"恺撒"虽然没有"奥古斯都"的名分，但拥有同皇帝几乎一样的权力）共同执政的局面。

戴克里先还效法古人，宣布"奥古斯都"任满20年后，必须辞职，把权力交给自己的"恺撒"。他本人以身作则，于公元305年引退。但是，他的继承人们可没有这个兴趣，军人出身的皇帝们只继承了戴克里先的一项改革成果：极度强化的军队。

戴克里先为了防止再度出现地方叛乱，把军队扩充到50万人，但军团的编制则大为缩小。行省的数量也翻了一番，在若干个行省上面设一个大区，各区长官由近卫军的副司令兼任。他们上面的近卫军司令则直接听命于皇帝。地方叛乱的危险减少了，可庞大的军队对财政的压力太大了，苛捐杂税因此层出不穷。为了维护财税来源，戴克里先要求罗马人的职业要世代相传，不准改行。

　　戴克里先不想分割帝国，可他讨厌元老院，恨乌及屋，连帝国的首都罗马也成了他厌烦的对象。为了躲开讨厌的元老们，戴克里先很少到罗马，罗马的政治中心地位基本丧失。这对于帝国的未来有着深远的影响。丢掉了根据地，自然而然会丢掉帝国的灵魂。此后，日趋强大的基督教会成了罗马的主宰，罗马的大主教也逐渐取得了号令天下的地位。罗马后来成为教皇国的核心，至今仍然以梵蒂冈的名义占据罗马市中心地带，戴克里先应该是教会最大的功臣。

　　如果说罗马人对戴克里先带来的和平还心存感激的话，对他的继承人可就没有什么好感了。他们又没有什么功绩，凭什么奴役有着悠久历史传统的罗马公民？小规模的战乱再次出现在帝国境内，骄傲的罗马人忘了，在帝国的北方，虎视眈眈的日耳曼人在一刻不停地寻找着向罗马军团复仇的机会。现在，机会终于来了！

第九章
野蛮的上帝之鞭：日耳曼人对罗马帝国的不懈打击

日耳曼人，罗马人的近邻，为了活命，纷纷离开家园，希望到罗马帝国讨口饭吃。可是主人并不好客，第一批客人还没把饭碗端起来，就送了命，而且是举族全歼，连回家的路都断了。既然主人如此不仗义，客人们只好反客为主，大举讨伐这些不懂得待客之礼的罗马"蛮人"。明知理亏的罗马人嘴上不松口，于是，第一条"上帝之鞭"的荣誉丢给了汪达尔人。

在亚洲和欧洲的北部地带曾经有着大片的原始森林，森林中居住的人类先民被称为林中百姓。唯有不同的是，亚洲的森林部落和定居民族之间是游牧民族纵横驰骋的辽阔的蒙古高原，林中百姓没有机会向南发展，只好缩在森林中逍遥度日。直到公元 13 世纪初，成吉思汗的长子术赤才指挥大军把林中百姓征服，并入新兴的蒙古民族。欧洲则相反，除了一座勉强算高大的阿尔卑斯山和几条大河，在林中百姓和南部的罗马帝国之间几乎没有什么天然的屏障。于是，这些被罗马人称为日耳曼人的林中百姓为了拓展生存空间，不断地向南进发，一次又一次冲击罗马帝国的北部边境，直到杀进罗马，做了中南欧的主人。

日耳曼先民主要居住在北欧斯堪的纳维亚半岛和日德兰半岛一带。这里靠近北极圈，冬季非常寒冷。但是由于靠近大西洋，大洋上吹来的含雨云团给这里带来了典型的温带海洋性气候，降水很多。即便是在寒冬，也少不了霏霏淫雨。于是，在这里呈现出一种怪异的景象：一面是林木参天，针阔叶混交林遍布四野；一面是泥泞遍地，到处是恐怖的沼泽和湿地。在其靠近高卢的南部总是下暴雨，西侧靠近匈牙利草原的地方则风势强劲。总的来说，这里是一片并不适合原始人类居住的地方。在罗马历史学家塔西佗眼里，这里不适合种果树，牛羊也不肥硕，缺少矿藏，是被诸神遗忘的角落。

日耳曼人认为大神忒士托和他的儿子曼努斯是他们共同的祖先，大力神赫丘利是他们崇拜的偶像。赫丘利是希腊神话中的主要大神之一，日耳曼人对赫丘利的崇拜应该是受了罗马人的间接影响。如果发生战争，他们会一起呼啸，不仅可以鼓舞士气，还有传播信息的功能。

森林地带不适宜农耕，日耳曼人虽然也有农业，但是受自然条件限制，耕作手段很原始，还停留在定期休耕和轮作阶段，比刀耕火种强不了多少。不过，他们擅长用大麦或其他谷物酿造一种类似葡萄酒的饮料，很受罗马人喜爱，是商人们"长途贩运"的主要对象之一。畜牧业是他们的主业，牛羊肉和奶制品是主要食物来源。

由于农业地位很差，所以土地在他们眼里并不是财富，土地私有在日耳曼人中间没有市场。因为畜牧业重要，妇女在生产中的地位自然很高，挤奶、制作奶酪等完全是妇女们的工作。妇女在部落事务中有很大的发言权，重要事务必须听取她们的意见。

男人们的工作除了狩猎主要是战斗，日耳曼人认为可以用流血的方式获取的东西，如果用流汗的方式得到，"未免太文弱无能了"。勇敢的男人喜欢把自己的创伤展示给女人们看，伤口越多，越受女人青睐。战马和无比锋利的长矛以及宴席是对胜利者的奖赏。不过森林地带并不适合发挥长矛的威力，一种被称为"夫拉矛"的短枪才是他们常用的武器。此外，盾牌和标枪是必不可少的兵器。他们几乎没有铠甲，骑兵也很少，因为找不到可以纵横驰骋的地方。妇女同样很好战，临阵退却的丈夫会让她们感到终生耻辱，甚至为此而自杀。

日耳曼人中的查特人还有一种特殊的习俗。当男孩子成年时，要留起长发和胡须，不加修剪。只有当他杀死一个敌人后才可以剪掉，颇有一点蓄发明志的意思。为了让年轻人尽快成长起来，打仗时人们会主动把他们安置在最前沿。胆怯的人不仅要终身披头散发，还要被戴上一个铁环——耻辱的标志。

部落的军事酋长有至高无上的地位，全体士兵都要为保护他的安全付出最大的努力。同样，酋长的勇敢精神是他立足的根本，如果表现得不如他人，那是他最大的耻辱。很多日耳曼部落已经进入早期国家阶段，军事酋长大体已经取得国王的权威。

日耳曼人的宗教信仰和匈奴人有很多相通的地方。比如，他们对白马很敬仰，把白马当成献给神祇的礼物，白马的叫声和喘息声是喂养它们的祭司、国王、军帅们判断吉凶的标准。此外，他们也会观察月亮，认为新月初上和月盈的时候处理事务最吉利。这种信仰上的类似，使他们对匈奴人有一定的亲切感。在匈奴西迁过程中，有大批日耳曼人加入到西迁队伍中，除了畏惧匈奴军威之外，信仰上的共通应该也是一个重要因素。

日耳曼人很好客，绝不允许把任何人关在门外，而且每个人都会尽其所能款待客人，即使自己不能筹办，也会把客人推荐给有能力款待他的人。客人临走时还可以随意索要自己看上的东西做礼物，主人们同样可以索要客人的随身物品，而且互相不用称谢。

一、高卢喋血：日耳曼人的第一波冲击

红头发的凯尔特人率先渡过莱茵河，礼貌地请主人赐给他们一块土地，混口饭吃。向来只知道抢别人土地的罗马人很不习惯，于是向他们开了火。聪明的恺撒看到了日耳曼人的优势，于是，日耳曼兵团成了这位毛遂自荐的高卢总督的嫡系，名正言顺地杀向罗马。

大约在公元前后，日耳曼人的社会经济有了跨越式的发展，人口迅速膨胀，原有的恶劣的生活区域已经无力承载巨大的人口压力。对故乡本来就没什么概念的日耳曼人开始逐渐向外迁徙，并与罗马发生接触。最早进入共和国领土的是红头发的凯尔特人。凯尔特人中的分支——辛布赖人、特乌托涅斯人最先进入高卢地区。高卢人向罗马求援，罗马执政官斯拉努斯带了四个兵团前往营救，大概是因为轻敌和对日耳曼人战术不了解，罗马兵团没有显示出应有的威力，反而全军覆没，斯拉努斯本人也当场毙命。

此后，罗马人又连吃败仗，自尊心受到极大的打击。为了挽回面子，罗马共和国于公元前105年集中8万大军，由三位现任或前任执政官率领，北上"剿匪"。糟糕的是，几位统帅都很无能，还互相拆台，结果导致8万大军在阿劳乌西奥被日耳曼人合围全歼。三位执政官一个当场毙命，另外两个侥幸逃回。

阿劳乌西奥战役对罗马共和国的打击是毁灭性的。罗马军队遭遇了100多年来最严重的失败。阿劳乌西奥战役消灭了罗马半个政府、半个元老院，元老阶级和骑士阶级全加在一起，也无法再组建起一支像样的军队来保卫家园。危急关头，公民大会打破传统，让名将马略连任执政官。

因为日耳曼人南下只是为了寻找吃饭的地方，并没有什么长远打算，所以他们在获胜后并没有乘胜追击，而是越过比利牛斯山脉，朝着沃野千里的共和国粮仓——西班牙前进。这给了马略充足的重整旗鼓的时间。公元前102年，马略在高卢南部的六水河一带偷袭了特乌托涅斯人，经过异常惨烈的战斗，这支日耳曼人南下的先驱被彻底消灭，被杀被俘的有十几万人。次年，在米兰附近的费拉拉，马略和辛布赖人进行了一场关乎共和国命运的大战。战神马尔斯这回垂青了罗马人，战场上刮起的一阵狂风帮助了处于优越地势的罗马士兵，辛布赖人经过惨烈的抵抗后从地球上彻底消失了。

凯尔特人的第一波冲击失败了，可前人给他们指了一条明路——高卢。此后，大批日耳曼人蜂拥而下，进到这块后来被称为法兰西的地方。不过他们的文化毕竟还很落后，彼此之间为了争夺土地、牧场，内讧不断、互争雄长，没有形成合力。这时，一个该死的克星降临到他们头上——恺撒就任高卢总督。

公元前58年，恺撒卸任执政官，为了获得一支属于自己的军队，他把宝押到了高卢。这回，他赌赢了。

在高卢，爱杜依人是罗马的盟友，塞广尼人是罗马的死敌。为了占据优势地位，后者从现在的瑞士地区招来了另外一支凯尔特人——赫尔维提亚人。赫尔维提亚人果然厉害，几个回合就把爱杜依人打得稀里哗啦，被迫签订城下之盟。可塞广尼人的幸福也没持续几天，赫尔维提亚人翻脸不认人，不仅占了他们大片的领土，还要求他们把最富饶的那部分也交出来。

恺撒先礼后兵，希望赫尔维提亚人主动让步，在没有效果的情况下迅速进兵，在比布克德地区和赫尔维提亚人展开激战。日耳曼人没有预留战略预备队的习惯，一打仗就倾巢出动，结果被恺撒后发制人的生力军打得大败，被迫退回莱茵河对岸。此后，恺撒又击溃了另外一支进入高卢的日耳曼人。从此以后，高卢地区成为恺撒的根据地，大批留下的日耳曼人加入了恺撒的队伍，使他拥有了一支战斗力极强的私人武装。这也是日耳曼人第一次加入罗马军队。

二、最好的防守是进攻：屋大维的唯一尝试

　　屋大维颇具战略眼光，他把防御日耳曼人的重点选在了易北河。可日耳曼人人多势众，罗马战士就像掉进人民战争汪洋大海里的日本鬼子，东挨一枪，西挨一箭，直到有一天在黑森林里迷失了方向，全军覆没。从此，罗马人只好采取防守，直到有个叫图拉真的家伙幸运上台。

在完成从共和国到帝国的平稳过渡后，屋大维把视线转移到北方，开始着手解决那些令人厌烦的野蛮人。屋大维深知莱茵河防线的脆弱，仅凭一条并不算宽、河水也不湍急的莱茵河显然不能一劳永逸地挡住日耳曼人。恺撒大帝的威名虽然很有效，可迟早有失灵的时候。居安思危，屋大维决定把北部边界推到易北河畔，把易北河南岸的广阔日耳曼人生活区变成帝国领土。这样既可以把不安分的日耳曼人直接掌控在手心里，同时又给意大利本土创造一个战略纵深。即便日耳曼人要进攻，也不会在短时间内杀进亚平宁半岛。为此，屋大维在他坐上皇帝宝座 11 年后，也就是公元前 16 年，派养子提比略领兵进到多瑙河沿岸，先后建立了潘诺尼亚等四个行省作为前进基地。随后，又于公元前 12 年开始调动大军跨过莱茵河，发动了所谓的"日耳曼战争"。

此时的日耳曼人虽然开始定居生活，但还处于初级阶段，没有长期耕作不辍的土地，更没有固定的村庄、城镇。为了应付这一局面，避免陷入日耳曼人的游击战陷阱，罗马大军采取步步为营的战术，在进攻道路的沿线建造了无数的兵站、碉堡和基地，慢慢收紧罗网。在公元前9年，他们终于粉碎了日耳曼人的顽强抵抗，成功地推进到了易北河西岸，从莱茵河到易北河的广大地区被罗马帝国于公元5年正式吞并为日耳曼尼亚行省。领导这次行动的是屋大维的另一个养子德鲁苏斯。

屋大维没有后代，德鲁苏斯作为养子，现在又立下大功，完全有机会继承皇位。屋大维很高兴，准备嘉奖，进一步为养子制造声势。可还没等嘉奖令下发，倒霉的德鲁苏斯却在没有任何敌人骚扰的路上马失前蹄，摔成重伤，不久便不治身亡。

屋大维非常悲伤，可军中不可一日无主，只好马上召回自己的女婿兼养子提比略，北上填补德鲁苏斯的空缺。提比略第二次来到日耳曼前线，一切轻车熟路，很好地完成了使命。公元7年，提比略又被召回，紧急派往东方战场，接替他的是新任日耳曼尼亚省总督瓦卢斯。

罗马人编织密如蛛网的封锁线，到处设防，控制战略要地的被动打法需要足够的军队，但他们没有，所以难以自拔。德鲁苏斯和提比略领兵时处于进攻姿态，问题还不明显，等瓦卢斯上任时，问题已经全面爆发，倒霉的瓦卢斯只好代人受过了。

公元8年，日耳曼民族的好儿子阿尔米尼乌斯从罗马回到日耳曼尼亚。有着金黄色头发的阿尔米尼乌斯是切卢斯克族人，贵族出身的父母在罗马担任人质期间生下了他，其童年和青少年时期都是在罗马度过的。这位在帝国留学多年的青年人了解罗马军团的战术战法。经过多方联系、斡旋，分散的日耳曼各部落统一到阿尔米尼乌斯麾下，准备对罗马人发起痛击。让人费解的是，阿尔米尼乌斯居然很顺利地取得了瓦卢斯的信任。在阿尔米尼乌斯的引诱下，瓦卢斯在公元 9 年带着三个骄傲的罗马军团，趾高气扬地来到条顿堡森林。

条顿堡森林到处是高大乔木，树底下灌木丛生，由于行进困难，罗马士兵只好摆出一字长蛇阵，缓慢前行。步兵倒还勉强，骑兵可遭了大罪，非但不能骑马，还得拉着战马前进。偏偏天公不作美，又下了半天大雨，人困马乏，士气低落。

这时，成千上万的日耳曼人突然从雨雾中冒出来，嗷嗷叫着杀向罗马人。这些金黄色头发的日耳曼人可比红头发的凯尔特人厉害多了。罗马士兵首尾不能相顾，被迅速切割成若干段。在森林里，罗马人赖以成名的标枪、长矛完全发挥不了作用，巨大的盾牌在大雨浇灌下沉重无比，而且很容易被灌木卡住，沉重的铠甲更使他们成了日耳曼短标枪的活靶子。四天的苦战让绝大部分罗马士兵命丧异乡，总督瓦卢斯无颜去见"江东父老"，拔剑自刎。

条顿堡森林战役是年迈的屋大维一生中最惨痛的失败，在得知这不幸的消息后，他一连几个月不理发，不刮胡子，不洗脸，还时不时用头撞门大叫："瓦卢斯，瓦卢斯，你把我的军团还给我！"

阿尔米尼乌斯则成了日耳曼的民族英雄。中世纪宗教改革的领袖马丁·路德曾经满怀敬意地说："我从心底爱这位赫尔曼。"时至今日，在条顿堡森林深处，还矗立着他高达 50 余米的青铜雕像。

条顿堡森林一战是历史上具有决定意义的转折之战，它不仅粉碎了屋大维在易北河建立界碑的梦想，还使罗马北部边界从此处于长期的不安定状态中。日耳曼人则从此独立于帝国之外，保留了"蛮族"的文化，没有被同化到罗马文化之中。

屋大维毕竟是久经考验的罗马奴隶主阶级的优秀战士，在暂时的失态后，再次将提比略派往北方前线，带着 6 个军团去增援，连同当年被瓦卢斯留在驻地的两个军团，帝国的精锐几乎有一大半聚集在这里。提比略深知彻底消灭或征服日耳曼人是不可能的。他唯一能做的是用主动的、有分寸的进攻维持帝国边境的安全，至于日耳曼尼亚省能保留多少，只好听天由命了。

公元 12 年，成功维护了边境安全的提比略被召回罗马，得到了凯旋仪式和胜利勋章的荣誉。两年后，屋大维去世，提比略顺利接过皇帝的权杖。

提比略撤回后，自己的侄子日耳曼尼库斯被任命为总督，来到北方前线。日耳曼尼库斯敢想敢干，公元 14 年，他从现在的荷兰鹿特丹附近出发，从海上绕过日德兰半岛进入波罗的海，然后弃舟登岸，从背后杀向日耳曼人，打了敌人一个措手不及。此后，他又两次和日耳曼人大战，并且都获得了胜利，连阿尔米尼乌斯的老婆孩子都被俘虏。瓦卢斯麾下三面罗马军团鹰旗中的两面也被找了回来。

不过，提比略并不希望日耳曼尼库斯在那里太过嚣张。他不想过分刺激日耳曼人。于是，日耳曼尼库斯被召回，随即又调往西亚，并在两年后神秘地死在那里。此后的几任罗马皇帝都奉行和提比略一样的策略：稳守反击。除了几次小规模冲突外，多瑙河附近的边境线基本维持了平静。

公元81年，恶名昭彰的图密善皇帝即位，他一改前人的防守策略，于公元83年向多瑙河下游北岸的达西亚王国发起进攻。起初战事进展顺利，但很快就陷入被动。达西亚人转守为攻，向莫西亚行省发动猛烈进攻，行省总督萨比努斯兵败被杀。图密善大为恼怒，调集了空前庞大的远征部队，准备对达西亚人展开毁灭性的报复打击，结果又是惨败而回。无奈之下，图密善只好低下头来，给达西亚国王送去很多礼物，间接表示认输。不过达西亚人并不领情，此后不断骚扰罗马边境，直到图拉真皇帝上台。

图拉真是罗马帝国最后一位成功的拓展疆域者。公元101年春，图拉真召集20万大军，兵分两路渡过多瑙河，直扑达西亚王国的首都萨尔米泽。达西亚人在拼死抵抗了一年多后，被迫接受图拉真的议和条件。三年后，达西亚人发动复仇战争。图拉真调集12个兵团步步为营，最后把达西亚人逼回萨尔米泽。双方在这里展开最后的决战，达西亚人全军覆没，国王德克巴鲁斯逃进山区继续抵抗，走投无路之下自杀身亡。

图拉真消灭了达西亚人后，在多瑙河上修起巨大的石桥，把达西亚变成罗马的行省。此后，大批罗马人移居达西亚，他们的后裔也就是现在的罗马尼亚人。

达西亚人并不属于日耳曼人种，所以，图密善、图拉真两位皇帝的军事行动还算不上对日耳曼人的主动进攻。屋大维当年的行动仍然是罗马帝国对日耳曼人的唯一一次大规模进攻性行动。

为了抵御日耳曼人的入侵，罗马帝国政府决定在边界上构建一条永久性防线。防线包括两部分：一是在莱茵河—多瑙河沿线制造一个无人区，禁止任何日耳曼人的船只在这两条河上航行，罗马舰队则在全流域不间断地巡逻；二是从哈德良皇帝开始，沿莱茵河—多瑙河一线建造一条长城。和中国屹立了2000多年的万里长城不同，罗马长城的主体是土墙，兼用壕沟的木栅栏，在其间点缀着一系列的塔楼或堡垒。由于西欧地形比较平缓，这道长城其实只能起到瞭望的作用，和依山凭险而建的中国万里长城不可同日而语。加之当时帝国已经腐败不堪，这道和篱笆墙差不多的边墙居然修了将近200年才完工。

三、马克西米努斯：统治了罗马的日耳曼皇帝

马克西米努斯·特拉克斯出生在罗马帝国境内的色雷斯，是个不同蛮族的混血儿。父亲是哥特人，母亲是阿兰人。和父亲一样，马克西米努斯是个农民，虽然天生剽

悍，可从来没有过叛逆的想法。但是一个偶然的机会，把他推到了历史的大舞台上。向来骄傲的罗马公民们做梦也想不到一个野蛮人居然爬到他们头上，当起了皇帝。

随着罗马帝国版图的扩张，对士兵的需求越来越强烈。罗马公民的数量毕竟有限，满足不了战争的需要以及军阀们的胃口，于是，大批和平迁入帝国领土居住的日耳曼青壮年被招募从军。在进攻日耳曼人的战斗中，不时可以在罗马军团中看到本族人的影子。不过，一向骄傲自负的罗马人大概永远也不会想到，有朝一日会有一个蛮族成为罗马帝国的皇帝，成为自己命运的主宰者！

马克西米努斯·特拉克斯出生在罗马帝国境内的色雷斯，是个不同蛮族的混血儿。父亲是哥特人，母亲是阿兰人。和父亲一样，马克西米努斯是个农民，虽然天生剽悍，可从来没有过叛逆的想法。但是一个偶然的机会，把他推到了历史的大舞台上。

一次，罗马皇帝塞维鲁从东方远征回来，突发奇想，准备在色雷斯举办一个盛大的军人运动会，让士兵们放松一下，同时庆祝小儿子格塔的生日。全国各地的百姓纷纷来到赛场看热闹，马克西米努斯也夹杂在当中。不知道是哪根筋出了问题，马克西米努斯突然大步走到皇帝面前，请求参加摔跤比赛。塞维鲁不但没有制裁他的惊驾之罪，还同意了他的要求。不过威名远扬的罗马士兵如果输给一个色雷斯农民实在太给自己丢脸，于是塞维鲁派人从军中精心挑选了16名和马克西米努斯一样身材高大的青年士兵。不过这些精兵实在不争气，三下五除二，全被马克西米努斯掀翻在地上。塞维鲁倒也不生气，不仅发给他一个小奖品，还批准他加入自己的军队。

第二天，按照当地的习俗，在新兵中鹤立鸡群的马克西米努斯和大家一起跳舞欢庆。他一发现塞维鲁在看自己，马上跑到皇帝身边，和皇帝的战马跑了一大段仍然面不改色。塞维鲁很惊讶，问他："色雷斯人，你在这一阵长跑后还能跟人摔跤吗？"不知道疲倦的马克西米努斯马上回答："我非常愿意试一试。"接着，他又一口气放倒了7个最强壮的士兵。作为对他无与匹敌的勇气和无尽能量的奖赏，塞维鲁奖励了他一个金项圈，并把他选进了自己的骑兵卫队。

马克西米努斯很能干，很快晋升为百人队队长。塞维鲁的儿子卡拉卡拉遇刺后，马克西米努斯离开近卫军，到了外地。亚历山大登基后，他被召了回来，不久又被任命为第4军团司令，前往北部前线。马克西米努斯以身作则，第4军团很快成为全军纪律最严明的部队。由于得到士兵们的赞许，马克西米努斯不断晋升，最后掌握了驻扎在多瑙河畔的全部罗马兵团。据爱德华·吉本介绍："要不是他原来的野性显然尚未全部消除，皇帝也许会将自己的妹妹嫁给他的儿子。"

亚历山大皇帝性格软弱，国家大政方针都要征询他的母亲、叙利亚人朱莉亚·莫米亚。马克西米努斯见有机可乘，开始派亲信散布谣言，诋毁皇帝和太后。谣言很有效，"（士兵们）对自己如此忍气吞声，竟然在长达 13 年的时间中一直支持着一个像个娘儿们一样的叙利亚人，一个一味听命于母亲和元老院的怯懦的奴隶，并接受他加在他们头上的严酷的训练感到十分可耻"。这时，正好多瑙河对岸的日耳曼人又在蠢蠢欲动，刚刚从波斯前线返回的亚历山大母子不得不又投入另一场战争。大概是打累了，亚历山大准备采取绥靖政策，用重金收买敌人。这下士兵们不干了，因为他们已经很久没有领到足额的现金军饷了。

马克西米努斯此时受亚历山大委托，全权负责士兵训练和招募新兵工作。在他的暗中鼓动下，有一天，当他走进训练场的时候，军队不知道是冲动还是有预谋，忽然一致尊他为皇帝，给他，一个纯粹的"野蛮人"，一个日耳曼人的后裔，披上了紫袍。

据说亚历山大看到自己被军队抛弃了，马上退进帐篷，以免受到士兵们的侮辱。一个军团司令和几个百人队队长跟进帐篷，充当了刽子手。亚历山大"本应该充满男子气概，毫无畏惧地接受这一生中的最后一击，而他于事无补的哭泣和哀求却使他生命的最后时刻显得大为失色，并使他的无辜和不幸原应引起的正当同情变成了轻蔑"。在他的哭喊和对母亲的咒骂声中，一股污血从那个曾经被称为御颈的地方喷了出来。

野蛮人的出身让马克西米努斯非常自卑，心理有些变态。对那些以前侮辱过自己的罗马贵族，他毫不留情地举起了屠刀。但是，对于那些帮助过自己的恩人，他也横加杀戮，仅仅因为他们知道自己的出身！变态的心理让他变得疑神疑鬼，对谁也不相信。相反，对子虚乌有的谋反者，马克西米努斯奉行"宁可错杀一千，不能放过一个"的政策，不需要证据，用不着审判，马上开刀问斩。被简单处死还算幸运，不幸的家伙们不是被缝在牛马皮里闷死，就是丢给饥饿的猛兽。居心叵测者乘机大肆造谣诬蔑，在整个帝国到处奔走着搞阴谋和告密的人。全国充满了恐怖气氛。

为了满足士兵们的欲望，马克西米努斯大肆征收苛捐杂税，原本被用来为市民购买粮食和举办公益活动的城市公共基金被强行没收，拨到皇帝的金库。神庙里的金银器全被拿走，就连神灵、英雄们的铜像也被融化掉，用来铸造钱币。

为了向主子报功的征税官们终于给马克西米努斯捅了马蜂窝。一个非洲的财政长官为了获得大笔收入，决定向富人们开刀，给他们安上各种各样的罪名，然后没收他们的财产。富豪们本来是帝国的依靠对象，现在却变成了打击的首选，马克西米努斯这下真的变成了孤家寡人，身边只剩下一批看似忠诚的士兵。

起义首先在非洲爆发。戈狄安被推到前台。在眼含热泪的恳求无法打动激昂的人们后，80多岁的戈狄安委屈地披上了紫袍。元老院迅速批准了戈狄安的奥古斯都称号。不过当上皇帝才三十几天，戈狄安就被毛里塔尼亚总督亲兵造反的消息吓死了。这回元老院做了一次救世主，他们迅速选举了普皮努斯和巴尔比努斯做了皇帝。

马克西米努斯愤怒已极，亲自率领大军南下，进行"平叛"。普皮努斯命令各地坚壁清野，拒不出战。马克西米努斯的军队在阿奎利亚城下猛攻多日，没有任何进展。饥肠辘辘的士兵们终于把怒火发泄到他们的皇帝身上。马克西米努斯和他的儿子、亲信在一瞬间被杀个精光。

马克西米努斯虽然死了，可帝国的根基也快垮了。军队的力量可以把任何人推上皇帝宝座，罗马人的尊严和荣誉被彻底抛在一边。一个没有尊严的国家还能存在几时？一个连皇位都让日耳曼人把持了多年的国家还能凭什么阻止日耳曼人的南下，还有什么理由不接受即将到来的日耳曼人的统治？真正的长久统治者——哥特人就要来了。

四、分家的哥特人：罗马帝国的最后梦魇

为了不饿死，从斯堪的纳维亚半岛走出一群饥肠辘辘的家伙。因为起床时间晚了一点和造了一座堪称豆腐渣工程的浮桥，他们分道扬镳，从此给罗马人制造了三个难缠的对手。这群占据了从波兰到乌克兰广阔土地的日耳曼人，在约丹内斯笔下重新有了一个共同的名字：哥特人。

只要打开罗马帝国地图，就不难看出高卢北部平原的战略地位是多么重要。一旦此处有失，山南高卢、西班牙，以至于意大利北部，都将成为对方的打击目标。对于日耳曼人来说，高卢北部平原则是他们千年不遇的乐土，向西扩张是他们必然的政策。但慑于罗马兵团的声威，在恺撒征服高卢之后进入高卢的日耳曼人基本是和

平迁徙，莱茵河一线虽然仍是罗马军团防御日耳曼人侵入的主要边防地带，但是地位已经不那么突出，因为后来的日耳曼人把南下的路线转到了东欧的多瑙河流域。在这里，哥特人成为罗马帝国长期挥之不去的可怕梦魇，并最终成了帝国的掘墓人。

关于哥特人，还有一个看起来并不怎么美丽的传说。

在斯堪的纳维亚半岛，由于经常性的粮食缺乏，急剧增加的人口越来越难以平安地生活下去。为了生存，他们只好分家。最早动手的是伦巴底人，他们用抽签的办法把三分之一的人口"赶"走了。现在，轮到哥特人做决定了。

在波罗的海北岸，几十个心事重重的人正在荒凉的海滩上走来走去，商量着怎样填饱自己的辘辘饥肠，而这现在成了无法完成的任务。在苦苦熬过了一个漫长的冬季之后，他们去年的粮食储备已经枯竭，今年百年一遇的洪灾又淹没了沃土，仅有的几头牲畜都已然骨瘦如柴。更加糟糕的是，就连在附近这几块微不足道的土地上的居住权，他们也要靠你死我活的生存竞争才能获得。怎么办？经过讨论协商，他们痛苦地做出决定：学习伦巴底人，把全体人民分成男女老幼比例大致相同的三部分，然后抽签，决定其中哪一部分应该穿越大海，给同族腾出一块空间，到遥远的南方另外寻找新的家园。这个部落就是后来让罗马人闻风丧胆的著名的"哥特人"。

和所有蛮族一样，哥特人办起事来雷厉风行，几乎就在抽签结束的同时，三艘装备齐全的木制帆船就停靠在海岸边了。

当三艘哥特帆船渡过波罗的海，刚刚抵达现在的波兰海岸，他们之间就发生了很不愉快的事情：三艘帆船并没有同时抵达目的地，因为有一艘船上的人很懒惰，在划桨时不肯出力，所以比其他两艘船到得晚。三艘船上的人为此大吵了一架，最后决定干脆分道扬镳：前两艘船上的人们气呼呼地向南走了，第三艘船上的人则待在原地，不再迁移。据说他们的亲戚们以后不再称他们是"哥特人"，而是赠给他们一个侮辱性的名字：斯皮德人，也就是"懒虫"的意思。斯皮德人虽然"懒惰"，可能征善战，很快就在这里站稳了脚跟，然后不断南下，打得当地的汪达尔人痛哭流涕，俯首称臣。

与斯皮德人分手后，那些勤快的哥特人开始向东方的西徐亚进发。据说那里全是一马平川的沃土，非常适合发展畜牧业，而这正是哥特人所擅长的。可是好事多磨，他们前进的路上流淌着一条宽阔的维斯瓦河。这附近都是草地，没有树林，他们无法造船，于是就用随手能够捡到的一些灌木造了座浮桥。结果浮桥的质量太差，哥特队伍刚过了一半，它就坍塌了。不少哥特人淹死在河里，更多的则被就此分开。第一条船上的人已经到了东岸，而第二条船上的人却被留在西岸。他们不敢再造浮桥，于是留在维斯瓦河的中游平原上生活。第一条船上的人担负着在遥远的东方振兴整个哥特民族的希望，继续向前进发。

当时的多瑙河中下游流域是萨尔马特人的地盘。萨尔马特人兴起于中亚，同匈奴人一样是游牧民族。兴起不久，他们就把原来的主人西徐亚人赶往欧洲。随着人口的增加，中亚草原不再是美丽的家园，更像个贫民窟，于是萨尔马特人走上西徐亚人的老路，向外迁移。不知道是心有灵犀，还是近邻波斯太过强大，萨尔马特人也把目标瞄向了欧洲。倒霉的西徐亚人只好再次向西迁徙，逐渐分散到欧洲各个角落。萨尔马特人顺利地占领了辽阔的乌克兰草原，随后穿过喀尔巴阡盆地，占据了多瑙河中下游。

但是多瑙河流域地势崎岖，森林密布，根本不适合游牧民族生活。定居下来的萨尔马特人旺盛的斗志逐渐被定居生活消磨掉了，原本战无不胜的铁骑也被森林和河水冲刷干净。但是，对于出身森林部落的哥特人而言，这里绝对是一块乐土。于是，他们开始对萨尔马特人发起进攻，不费吹灰之力就把战斗意志已经消磨殆尽的萨尔马特人赶走，一边打一边走，直到看到"被深蓝色的海水冲破了的寂静天涯"——黑海的一片汪洋出现在他们面前。这样，从波兰南部到乌克兰，都成了哥特人的天下。

哥特人可没有萨尔马特人那么老实，没多久他们就开始越过多瑙河进入罗马领土。起初还是和平交往，很多壮汉成了罗马人的雇佣兵，一些人还进入罗马的手工作坊打工，学到很多先进技术。主动到哥特地区做生意的罗马商人则教会了他们使用货币。但是，同样崇尚武力的哥特人还不懂得谈判和妥协，稍微受一点委屈就想用武力解决。于是，同罗马人的武装冲突不可避免地发生了。

面对潮水般涌入的哥特人，罗马帝国在几次清剿不利后，迫于国内动乱的压力，开始采用绥靖政策，每年给哥特人一笔丰厚的补助金，来换取他们在巴尔干一带安静地生活。

公元 248 年，正当罗马庆祝它的建城千年纪念日时，哥特人突然开始进犯莫西亚行省，因为新任罗马皇帝菲利普取消了应当"赐予"他们的补助金。菲利普是继马克西米努斯之后另一个异族皇帝，不同的是，他来自西亚，是个阿拉伯人。

不知道是财政困难，还是为了给千年庆典计划增加一份荣耀，反正菲利普做出了这个让他后悔一辈子的决定。

此时的哥特人已经不是当年饥肠辘辘到处找饭碗的流浪汉，他们已经是整个东欧的主人。为了教训一下不知好歹的罗马人，哥特王奥斯特罗塔决定大干一场。

公元 248 年盛夏，奥斯特罗塔率领 30 余万大军，水陆并进。罗马主帅迪西乌斯命令部队坚壁清野，以静制动。哥特人不知道怎么攻城，忙活了几个月没有成果，后勤补给逐渐出现困难，只好心不甘情不愿地收兵回国。

在奥斯特罗塔失败撤兵后，斯皮德人对他们发起了攻击，哥特人在遭到打击后发生分裂，以德聂斯特河为界，东部的被称为东哥特人，西部的叫西哥特人。

奥斯特罗塔死后，克尼瓦成为他的继承者，他是东哥特人的第一位国王。为了报昔日的一箭之仇，克尼瓦重新组织了一支大军，于公元 250 年再次进犯罗马帝国。这时已经做了皇帝的迪西乌斯急忙率军昼夜兼程地赶往巴尔干救援。

克尼瓦避实就虚，避开罗马军主力，包围了菲利浦波利。菲利浦波利兵微将寡，一部分丧失信心的士兵主动开城投降。哥特军洗劫了这座富庶的都市，在获得足够的战利品后士气大增。公元251年7月，双方主力在莫西亚北部山区相遇。克尼瓦出人意料地率领精锐部队从罗马大军背后冒出来。罗马军阵脚大乱，混乱不堪，损失惨重。但哥特人却出人意料地后退了。急于挽回面子的迪西乌斯皇帝下令追击。当追到一片沼泽地时，哥特人突然从四面八方冲过来，像狩猎一样追逐着罗马士兵。罗马人四散奔逃，不是死在哥特人的枪下，就是被沼泽无情地吞没。迪西乌斯本人也死在乱军之中，成为第一个被日耳曼人杀死的皇帝。

因为没有全盘的战略构想，胜利的哥特人只是四处劫掠，没有趁机向帝国腹地进攻。迪西乌斯的部下迅速拥立加卢斯总督做了皇帝。为了能够立即返回罗马，避免元老院另立新君，加卢斯赶紧与克尼瓦讲和。哥特人可以带走自己的所有战利品和战俘，罗马帝国则恢复每年支付给对方的补助金（其性质已经变成了"贡金"）。

公元253年，东哥特人再次深入巴尔干半岛，一路打到小亚细亚腹地。善于学习的哥特人还组织起一支海军，袭击了黑海、爱琴海沿岸的城市和港口，阻断了罗马帝国的一条重要粮道。

其他日耳曼部落也趁机发动进攻。公元259年，高卢的阿勒曼尼人居然翻越阿尔卑斯山脉，一直打到了罗马城下。从莱茵河前线快速返回的伽利埃努斯皇帝在米兰城郊截住了这些日耳曼人，并且将其彻底打垮。据说，他只用了1万罗马人就击溃了30万好战的敌人。次年春天，伽利埃努斯又深入敌境，大破马科曼人，马科曼人被迫投降。为了笼络马科曼人，伽利埃努斯娶了马科曼国王的女儿琵琶公主，作为交换，马科曼人移居潘诺尼亚。伽利埃努斯很快被这位金发美女迷住了，可是傲慢保守的罗马人死活不肯承认这桩婚事，背地里给公主加了一个"妾"的侮辱性名号。

公元 268 年，哥特人再次洗劫了希腊和小亚细亚，但在回师的路上被罗马人截了个正着，地点是马其顿南部的奈苏斯城郊山谷。经过多日的血战，哥特人在丢下 5 万多具尸体后狼狈逃跑。罗马帝国获得了久违的对日耳曼人的最大胜利。不久，伽利埃努斯的继承人克劳狄二世又在莫西亚歼灭了一支庞大的哥特军队，克劳狄因此获得了"哥特人征服者"的称号。不过，罗马军团从东方带回来的瘟疫再次袭击了罗马人，克劳狄二世也没能幸免，死在进攻汪达尔人的军营里。

迪西乌斯和他以后的几位皇帝都颇具军事才华，在他们统治时期，日耳曼人南侵的势头被暂时遏制住了。为了换取和平，罗马人做出了最大的让步，包括彻底放弃图拉真皇帝费了九牛二虎之力才建立起来的达西亚行省。在维持了将近 100 年的均势后，一位好战的皇帝——瓦伦斯被自己的几次小规模胜利冲昏了头脑，又一次向日耳曼人主动发起了进攻，这次他把矛头对准了西哥特人。不幸的是，此时的西哥特人正在一位足智多谋的国王——阿纳塔里克的领导下。眼看局面不利，又要兵败如山倒，瓦伦斯连忙提出议和。阿纳塔里克傲慢地答复，他乐意和谈，但按照祖先立下来的规矩，他不可以踏上罗马帝国的国土一步。瓦伦斯自然也不愿意冒着生命危险去西哥特人的领土和谈，经过多次交涉，双方约定，在两国边境的中点见面。

公元 369 年 9 月，两位国王在多瑙河的一条船上举行谈判。谈判的结果还是老一套：罗马人恢复缴纳"补助金"，交换战俘，西哥特人带走全部战利品，等等。唯一多出的一条是阿纳塔里克不能再迫害基督教徒。因为当时罗马帝国已经被基督教所征服，皇帝已经变成基督教的捍卫者。无孔不入的传教士们已经把触角伸到日耳曼人的领地，为了维护本民族信仰的纯洁，阿纳塔里克曾经对基督徒给予残酷的打击。不过阿纳塔里克真正担心的不是基督教的传播，而是罗马人借传教之名进行渗透，现在既然罗马人已经服软，接受这个条件也就不算什么了。

不过让双方都很失望的是，他们之间的和平没能维持多久，匈奴人的铁蹄就开始在亚欧大陆之间的茫茫草原上肆意驰骋。欧罗巴的大门被迫向他们打开。欺软怕硬的西哥特人只好违背和约，再次到罗马帝国寻找安身立命的地方。

第十章

上帝摧毁了皈依自己的狼之子孙：基督教的发展与罗马帝国的分裂

在释迦牟尼创立佛教几百年后，上帝开始钻进罗马人的脑子。耶稣改造犹太教的目的是为了拯救犹太民族，可新兴的基督教虽然不再保守，却又变得进攻性十足。驱赶了朱庇特，赶走了战神，实在没的可斗了，就窝里斗，斗得天昏地暗，日月无光，直到把罗马帝国斗得分了家。

一、曲线救民族：重视现世却放弃了战斗精神之基督教的诞生

上帝是犹太人的发明，可是在犹太人遭到残酷打击时，上帝一次也没出来拯救它的子民。为了生存，耶稣只好出头改造犹太教，希望通过对现世的重视换来别人的理解。

出师未捷身先死，满怀希望的耶稣被钉上十字架。圣保罗接过他的"枪"，继续"战斗"，一些略有过激的学者

干脆认为应该是他而不是耶稣，才是基督教的创立人。

罗马人是重视实际利益轻视抽象思考的民族，填补他们空虚的精神世界的任务只有由异民族来完成。换句话说，罗马的最终命运掌握在那些被他们征服的外民族人手里。罗马人的宗教信仰首先被希腊人把持。在罗马人眼中神圣的朱庇特在希腊人嘴里称宙斯，希腊人的爱神一转脸就变成了罗马人的维纳斯。从某种意义上讲，希腊人把自己的神灵全盘塞进了罗马人的脑子，间接报了灭国之仇。几百年前，特洛伊城被希腊英雄们攻破；几百年后，希腊人用另一种方式征服了特洛伊遗民的后裔。

随着罗马领土的扩张、财富的积聚，罗马公民的贫富分化日渐加剧。下层民众对现世的信心越来越差，开始幻想在来世否极泰来。上层贵族、骑士们则肆意享乐，把酒神当成崇拜对象。酒神节的祭礼为他们提供了纵情酗酒、发泄性欲的机会，本应严肃的祭祀仪式变成了狂欢节。和下层民众一致的是，他们也把希望寄托于来世，唯一不同的是他们的来世是可以天天放纵的极乐世界。但是，罗马人对诸神的崇拜是现世的，没有来世的概念。于是，被征服地区的宗教又一次被拿来。亚细亚人的大地女神、埃及人的地狱神奥利西斯、波斯人的光明之神密特拉很快成了他们的崇拜偶像。在这种兼收并蓄的氛围中，一种全新的宗教——基督教开始出现在世人面前。

基督教出现在公元 1 世纪，最早萌发于巴勒斯坦和小亚细亚的犹太下层民众之中。犹太民族是个多灾多难的民族。在他们的历史上，除了大卫王和所罗门王这一段黄金时代外，绝大多数时间都是某个强大帝国的属民。犹太—以色列地区只是一个狭长地带，位于尼罗河各大都市和底格里斯河和幼发拉底河各大都市之间。换句话说，它位于当时强盛的埃及帝国、亚述帝国、巴比伦帝国，以及后来的波斯帝国的夹缝中，自古以来就是兵家必争之地。弱小的犹太国家不得不周旋于诸大国之间，时而向这个称臣，时而向那个纳贡，时而被这个占领，时而被那个征服。

在罗马占领西亚地区之前，犹太人被波斯帝国统治的时间最长，达200余年。犹太人信仰以上帝耶和华为中心的犹太教。但是现实是残酷的，在犹太民族遭受苦难时，上帝在哪儿呢？为了安慰受伤害的心灵，犹太人的智者又创造了"弥赛亚"。弥赛亚是上帝的使者，是救世主，只有他才能解救犹太人脱离苦难。弥赛亚在希腊语里即"基督"。

犹太教虽然历史悠久，但是，它的成文经典是在波斯帝国的控制下编纂的，大约成书在公元前5到公元前3世纪。所以，犹太教以及后来的基督教不可避免地受到波斯国教——琐罗亚斯德教的影响。

琐罗亚斯德教和犹太教以及后来的基督教有很多共同的地方，比如救世主、天使和魔鬼、末日审判，等等。这些概念在犹太教的经典《圣经·旧约》中是看不到的。

由于罗马帝国不断向西亚扩张，琐罗亚斯德教逐渐传入罗马，并成为罗马帝国内最大的宗教团体之一，在军团中尤为盛行。很多军团都设有地下教堂，信徒们在这里进行祭祀和庆祝胜利。之所以能在军团中流行，除了他们是最早的接触者之外，大概和琐罗亚斯德教的宗教活动充满狂欢气氛有关。战争总是让人精神紧张，在战争之间彻底放松自己是士兵们的第一需要。琐罗亚斯德教恰好提供了这一条件。

不过琐罗亚斯德教强调宗教活动要隐秘举行，这多少影响了它的传播速度，并对未来基督教的传播造成了不好的影响。

犹太教是一神教，不崇拜偶像，和罗马人崇拜偶像的多神教格格不入。罗马人为了让共和国（帝国）更加统一，在对外扩张的时候，有意识地把自己的信仰向外传播。这在其他地区都没遇到太多的阻力，因为一般的宗教都劝人忍让。但在犹太地区，却遇到了空前强大的阻力。

罗马帝国的宗教政策应该说是很宽松的，并不要求外民族放弃自己的信仰，只要求在原有的信仰之外，再加上几个罗马的神灵而已。可犹太人偏偏拒绝接受，而且发起一次又一次大规模的护教斗争。虽然几次大规模的武装斗争都失败了，犹太民族付出了惨重的代价，可那个他们为之付出血的代价，久久期盼的上帝却一直没有出现。总是这样打下去，犹太民族迟早会有彻底灭亡的一天。要避免这种惨剧的发生，唯一的办法是改造犹太教。

罗马征服耶路撒冷以后，犹太教内部由于对罗马统治和人民起义持不同态度而发生分化，出现了撒都该派、法利赛派、艾赛尼派、短刀党、奋锐党等不同派别，撒都该派和法利赛派坚持维护旧的教义，处于正统地位。其他派别则被视为异端。在这些异端中，拿撒勒派最为"离经叛道"，他们主张弥赛亚降临说和世界末日论，盼望新的世界秩序的产生，坚决不接受现存秩序。但是，谁会是弥赛亚呢？希伯来人耶稣·基督适时地出现了。

按照《圣经·新约》的记述，耶稣的母亲玛丽亚在嫁给丈夫约瑟之前，感应到上帝的圣灵，未婚先孕。约瑟因此不敢碰玛丽亚。玛丽亚后来生下了耶稣。后来人把他当成是上帝派来拯救人类的救世主，所以又加上了"基督"的称号，也就是拿撒勒派期盼的弥赛亚。耶稣生下来并没有什么与众不同的地方，此后大部分时间以木匠身份过日子。直到30岁左右才开始以犹太教传教士身份四处游走。但是人们很快发现，他嘴里传出来的教义和传统的犹太教有很大的区别。

耶稣宣称完美的天国可以在人世完全实现，所有灾难都将消失，世界会变得尽善尽美。他自己则是上帝的使者，是按照上帝的旨意来人间领导人们建立天国的。换句话说，他就是弥赛亚，就是救世主。要建立天国，人们只要充满博爱思想，遵守不贪财、不奸淫杀戮、不偷盗等戒律就够了，用不着去和异教徒拼个你死我活，因为他们在沐浴了上帝的光辉后会主动改过自新。耶稣还教导人们要学会忍受，不要以眼还眼，以牙还牙，"有人打你的右脸，连左脸也转过来由他打"（《圣经·新约·马太福音》）。

耶稣的思想吸引了大批受苦受难的下层民众，他们热烈希望能在今生过上好日子。但是，在正统的犹太教领袖眼里，这是有史以来最荒谬的异端。是可忍，孰不可忍？于是他们向当地的罗马官员告发，诬蔑他要叛国，把自己的犹太兄弟送上了十字架。三天后，耶稣流尽了最后一滴血。

耶稣虽然死了，他创造的异端却留了下来。他的信徒相信他在死后又复活了。他的死只是为了救赎世人的罪过。信徒们纷纷离开家园去传教，耶稣的死反而成了基督教传播的催化剂。

耶稣所宣扬的基督教，其实质仍然是犹太教，它的成员也以真正的犹太教徒自诩。真正使基督教成为一种独立宗教的人是耶稣的"门徒"：保罗。

保罗又名扫罗，出生在小亚细亚的一个城市——塔瑟斯，是一个有着罗马公民权的犹太人。保罗少年时学过希伯来文，受过完备的犹太教育，还学过做帐篷的手艺。年轻时他曾经前往耶路撒冷，在一位杰出的犹太教拉比——迦马列的指导下潜心苦读。

耶稣死后，信徒遭到迫害，保罗也曾参加过这种迫害活动，但是据说一次在前往大马士革的旅途中，陷在迷津之中的他同耶稣的灵魂进行了一番谈话，从此他改变了宗教信仰，摇身变成了这个异端的最强有力、最有影响的支持者。

保罗在余生中就基督教的问题进行思索和写作，并为这个新的宗教广泛收罗信徒。他在传教活动期间，先后漫游了小亚细亚、希腊、叙利亚和巴勒斯坦。保罗对犹太人的说教远不如早期一些基督教徒那么成功。事实上，他的举止常常引起极大的仇视，连生命也有几次遭到威胁。但是他对非犹太人的说教却非常成功，所以人们常说他是"非犹太人的使徒"。

在罗马帝国东部作三次传教漫游后，保罗返回耶路撒冷。他在那里被逮捕，最后被送往罗马接受审判，并被处以死刑。

在《圣经·新约》的 27 篇文章中，至少有 14 篇是保罗所作。保罗对基督教神学的影响是不可估量的。他的思想包括这样的内容：耶稣不仅是一位开明的人类先知，而且还是一位神。耶稣的受难挽救了人们的生命。如果一个人接受了耶稣，他的罪行就会得到宽恕，等等。

保罗认为追随耶稣的人没有必要接受犹太教的饮食限制，没有必要遵循"摩西律法"的礼拜式，更没有必要行割礼。正是因为取消了这些严格的律条，基督教才得以迅速传遍整个罗马帝国。在保罗大胆改革作风的引导下，基督教完全摆脱了犹太教。即使有保留下来的犹太教成分，也作了很大改动，如把安息日改为礼拜日，把逾越节变成了复活节，等等。已经被罗马人欣然接受的明显来自其他宗教的仪式，如洗礼和圣餐礼等也被吸收进来。

基督教由犹太教的一个小分支转变成为一种世界宗教，保罗在其中所起的作用要比其他任何人都大。从他开始，耶稣神性和唯有信仰才能获得赎罪的思想一直是基督教思想的基础。后来所有的基督教神学家，包括奥古斯丁、阿奎那、路德和加尔文在内都深受他的著作的影响。一些略有过激的学者干脆认为应该把他而不是耶稣看作是基督教的主要创立人。

二、养在深闺人未识：备受迫害的早期基督徒

早期基督教在不知不觉中深入人心，在沉寂和隐蔽中逐渐生长，帝国元首们不经意的打击反而让它精力倍增。上帝最终赶走了万能的朱庇特，在万神庙的废墟上竖起了十字架的胜利旗帜。

罗马人对宗教的观点是兼收并蓄，希望让所有神灵都来保佑自己。新兴的基督教虽然放弃了很多犹太教的排他性思想，但是和其他宗教相比，基督教依然是个封闭的体系。首先，它是一神教，虽然强调宽容，但严禁信徒信仰上帝以外的神，尤其不能崇拜偶像（神的雕像），因为上帝是无处不在的，没有具体形象；其次，基督教有很强的扩张性，要求教徒把传教作为自己的使命，改造异教徒，只有所有人都皈依了上帝，人间天国才能建成。可是，让罗马人接受上帝不难，让他们只接受上帝却很难。尤其是上层人士，酒神已经给他们提供了纵欲的权利，凭什么要放弃？只有那些受压迫的人士，那些从来没有被神灵们眷顾的人们才会投到上帝的光环之下。所以，基督教虽然发展很快，但信徒基本是社会底层民众。

在多神教体系下，前代的英雄和现世的皇帝本身即是神灵。早期的基督教重视世界末日理论，认为世界末日即将降临。也就是说，罗马帝国即将灭亡。主张众生平等也就罢了，还不尊重皇帝，

不相信皇帝是神，还要诅咒帝国灭亡，这还了得！

因为主要是下层民众参与，为了维持活动，有些基督教组织接受了犹太教艾赛尼派的做法，要求财产共有，彼此互助。入教者先要受洗礼，表示洗清一切罪恶。集会时要领圣餐，分食一点象征耶稣之肉的面饼和尝一口象征耶稣之血的红葡萄酒，以表示把耶稣的灵魂注入自己的躯体。受琐罗亚斯德教的影响，早期的基督教基本在地下活动，充满了神秘感，很容易让人误解。以上种种因素共同作用在一起，使其不可避免地要遭到当时统治者的打击。

秘密传教是当时很多宗教的做法，犹太教艾赛尼派、琐罗亚斯德教、希腊伊留辛努神秘派，都有类似的做法。据说这样做可以维护本教的威严，而且让异教徒敬畏。但是结果往往适得其反，很多人认为他们这样做是因为有见不得人的东西。别有用心者则趁机制造谣言，诬蔑其为邪教徒。

人们对"邪恶"的基督徒的仇恨被尼禄皇帝利用。在尼禄当政的第十年，一把大火烧掉了罗马14个街区中的10个。很多人怀疑是尼禄自己放了这把火，以便给自己建造宏伟的宫殿。当时有一个耸人听闻的说法：尼禄一面欣赏着熊熊大火，一面弹着七弦琴，高唱着古代特洛伊城的毁灭。为了改变人们的看法，尼禄决定抓几个替罪羊，"邪恶"的基督徒于是成为首选。这些倒霉的人被施以种种酷刑，逼着他们认罪并供出大批同谋，随后被施以酷刑处死。个别"首犯"甚至被涂满易燃物质，点了天灯。因为暴行，尼禄成为第一个对基督教进行残酷迫害的皇帝。

在图密善做皇帝时，他的侄子克莱门斯、侄女多米蒂娜以及一大批所谓的党羽不是被处死，就是被流放，理由是宣扬无神论和行如犹太人，这两者相结合，似乎只有基督徒才配得上这个罪名。因为他们和犹太人有千丝万缕的联系，而且不信仰罗马诸神，到处宣扬没有现实偶像的、虚无的上帝。于是后来的教会把图密善划入暴君的行列，认为他对基督徒进行了第二次大迫害。

如果克莱门斯等人确实是基督徒，反而说明了当时基督教已经摆脱低级宗教的地位，开始向社会中上层渗透。此时的罗马社会正处在一个百年和平阶段，经济繁荣，文化兴盛，基督教徒期盼的末日审判似乎越来越渺茫。作为领导者的主教和长老们顺应形势，开始淡化千年王国、末日审判的观念，更多地强调爱心和遵从，原来的秘密传教也已经变成公开地修建教堂、欢迎参观，并接受教徒的捐献。随着财富的增加，腐败现象开始露头，很多教会职位被公开出售。像安条克大主教保罗不仅拥有豪华气派的议事厅、大量地产，还把一个年轻貌美的妇女接进主教宫，做他的伴侣。教会的腐败堕落尽管"辜负"了耶稣的重托，但很对富人的胃口，对于吸收上流人士入教很有帮助。

在大多数时间里，重视法治精神的罗马人对诬告基督徒的行为会慎重对待，不会被法庭外暴怒的人群不懈的吼叫声干扰。

不过，当时的基督教和传统的罗马多神崇拜之间有很深的矛盾，相当多的罗马公民视基督教为邪教，很多教会职员的腐败堕落更加深了他们的看法。而善良的基督徒信守圣洁、仁爱、和平和公义，拒绝进入竞技场观看角斗，无条件释放自己的奴隶，批评罗马人奢华逸乐的生活方式等行为，和主流社会格格不入，也引起了很多人的不满。为了缓和社会压力，罗马帝国确实制定过取缔基督教的法律，但是，只要基督徒在法庭上否认自己是上帝子民，法庭一般会给个顺水人情，释放了事。

例如，在图拉真时期，本都总督普林尼曾这样向皇帝汇报："任何被控为基督徒的，我都要审问他们是否真是基督徒，如果他们承认，我便以刑罚警吓他们，并再次审问。假若他们仍然坚持承认自己是基督徒，我便（只好）下令将他们处决。"图拉真的批复是："你这样处理被控诉为基督徒的案件，做得非常正确。"

但是，在早期基督教的信徒中，很多人宁可牺牲，也不愿意违心地说自己不是基督徒。他们甚至渴望成为被人敬仰的殉教者。亚细亚行省总督安托尼努斯为此大叫："不幸的人们！不幸的人们！如果你们真要是对生活如此厌倦了，找一根绳子或一处悬崖不是再容易不过吗？"为了不流太多的血，他只好挑出几个人定罪处决，对大多数教徒则轰走了事。可就是这为数不多的几个殉教者也被教会大肆渲染，从而使许多人"出于怜悯，由于敬佩，最后皈依了基督教"。基督教在政权的"帮助"下反而日渐发展壮大。

康茂德时期，他的情人马西娅宣布自己是基督徒，让"基督教徒安然度过了残酷暴政的统治下的13年"；卡拉卡拉的乳母、老师也是基督徒，亚历山大母子干脆异想天开地给亚伯拉罕、基督等人塑了像，供在宫里的小教堂。尽管他们没有接受洗礼，也违反了基督教严禁偶像崇拜的禁令。后来的阿拉伯人菲利普则是基督教地道的保护人。不过，这些皇帝们大多是出于好奇，并没有真心信教。所谓的菲利普向上帝忏悔的故事，不过是教会人士一厢情愿的杜撰。就像黎明前必然要有一段黑暗一样，基督教必须遭受一次真正的严重打击才能浴火重生。这次，对他们"帮助"最大的是戴克里先皇帝。

戴克里先本人对基督教并没有仇恨，他的妻子普里斯卡、女儿瓦勒里娅对基督教有深厚的感情。备受恩宠的大太监琉善、多罗西斯、戈尼乌斯等人则是纯粹的基督徒。这些人都公开进行着基督教活动，尽管他们还要经常陪皇帝到神庙里给罗马神灵敬献礼品。但是戴克里先的两位伙伴、另外两个皇帝——马克西米安和加勒里乌斯却对基督教有深仇大恨。他们仇恨基督教，除了信仰上的冲突外，还有两个原因：一是基督教会组织机构严密，而且占有大量财富，却不向政府纳税。对于需要大量金钱养活庞大军队的帝国统帅而言，这是无法容忍的；二是很多基督徒拒绝参军报国。百人队队长马塞鲁斯由于信仰了基督教，在一个公共节日里，竟然脱掉军装、丢下武器，高声大叫他除了伟大的耶稣基督之外，谁的命令也不服从，"他永远不再使用杀人的武器，不再为偶像崇拜的主子效命"。类似的事例还有很多。对于军队来讲，无条件服从命令、勇敢战斗是维持战斗力的一个基本条件。现在基督教居然直接动摇了士兵们的服从精神，统帅怎能忍受？

加勒里乌斯提出：凡是拒绝接受罗马神灵的人一律烧死。戴克里先没有接受这么残酷的建议，而是下令拆毁所有基督教堂；严禁举行秘密宗教活动，否则杀无赦；烧毁所有基督教作品；拒绝信仰罗马神灵的自由民永远不能获得荣誉职务和称号，奴隶永远不能自由。

不久，戴克里先居住的皇宫两次离奇失火，纵火者很自然地由基督徒充当。原本态度温和的戴克里先这下变得怒不可遏，严令全国各地要彻底、坚决地执行自己的禁教令。于是，一场轰轰烈烈的护教斗争开始了。

成千上万的教堂被平毁，大批护教群众因为拒绝离开教堂被士兵们一把火烧成灰烬，大批阻碍法令执行的教众被处决。

马克西米安皇帝处死了大批拒绝称他是神的基督徒，连他的表弟一家也未能幸免。加勒里乌斯在军队了展开"清肃"，大批信仰基督教的军官被解职或者干脆投进监狱。帝国境内一片"白色"恐怖。

不过，这场被教会人士大肆渲染的迫害并没有持续多久，还不到两年，戴克里先就拉着老战友马克西米安，遵守自己做皇帝不超过 20 年的誓言，宣布引退。他们的继任者在是否继续迫害基督徒的问题上发生了严重分歧。刚刚经历一场浩劫的基督教，奇迹般地时来运转，不仅不再受压迫，还迅速成为皇帝的宠儿。

三、才下眉头、又上心头的帝国之愁：教会分家背景下的帝国分裂

基督教终于登上大雅之堂，但它才取得合法地位就开

始吵架分家。热心扶持基督徒的君士坦丁大帝主动出头召开尼西亚会议，希望他们言归于好，结果反而把自己卷进了神学论争。经过一番"努力"，主教们终于把他们大恩人的帝国分成了两半。

戴克里先退位后，加勒里乌斯、君士坦提乌斯分别继承了他和马克西米安的奥古斯都称号。君士坦提乌斯才当了一年皇帝就死掉了，他的儿子君士坦丁成为帝国西部的皇帝。马克西米安的儿子马克森提乌斯占据了非洲和西班牙，是另一个西方皇帝。君士坦丁可不愿意继续这种四帝共治的局面，于是他首先娶了马克西米安的女儿，稳住部分军队，随后大肆招募日耳曼人参军，依靠这支以日耳曼人为主的嫡系部队消灭了大舅子，成为唯一的西方皇帝。与此同时，东方的李锡尼也击败了自己的对手，统一了帝国东部，罗马帝国重新回到二帝共治局面。

两个人似乎都不想让对方占便宜，心照不宣地又打了起来。战争断断续续地打了十年，君士坦丁终于取得了唯我独尊的地位。

君士坦丁的母亲海伦娜是一位十分虔诚的基督徒，曾于公元327年在希伯来人犹大的指点下去以色列寻找钉死过耶稣的"十字架"，而且居然让她找到了，和另外两个据说钉过盗贼的十字架埋在一起。因为海伦娜，基督教士们频繁地在君士坦丁家里进进出出，给他的事业以很大的支持。不过，他从来不是一个合格的基督徒，而是一个十分迷信的人，对希腊多神教和叙利亚太阳神同样地支持。出于这一原因，君士坦丁对于戴克里先时期执行的反基督教政策并不感冒，他更希望维护帝国原有的宗教宽容政策。在他即位的第五年——公元311年，隐居乡下的戴克里先刚死，他就和另外尚存的两个皇帝联合颁布法令，给予所有基督徒信仰自由的权利。这是基督徒第一次获得合法地位。公元313年，他又和李锡尼一起颁布了著名的"米兰敕令"，再次肯定基督教徒和其他异教徒一样拥有信仰自由的权利。

他是罗马史上第一位被封为"大帝"的君主，在他之前，无论是屋大维还是图拉真，都没有享用过"大"字。因为这个"大"字，是当时主要的知识分子集团——基督教会赐予的。不管多么杰出的君主，只要他没有为教会的传播事业作出过贡献，就没有资格享有这个称号。

君士坦丁很早就宣布皈依基督教，但是他一直没有接受洗礼。只是到了临死前，大概是因为做过的亏心事太多，害怕受到末日审判，他才决定在病榻上虚伪地接受了洗礼，改名为奎利亚库斯。

为了显示自己的诚心，君士坦丁下令取消十字架这一残酷的刑具，把它挪到了士兵的头盔和盾牌上。他还亲自为军队设计了新的军旗——拉波兰旗。拉波兰旗由50名骁勇的战士负责保卫，据说举着它可以刀枪不入。在基督徒们卖力的宣传下，拉波兰旗果然发挥了作用。内战中的君士坦丁士兵一看到大旗马上精神鼓舞，敌人的士兵则为之惊恐万分。之后信奉基督教的皇帝们纷纷效法，每次大战必然把拉波兰旗带在身边。

尝到甜头的君士坦丁决定进一步利用基督教，希望它成为帝国唯一的宗教，帮助自己完成帝国精神上的统一。于是，他开始赐予教会很多特权。教会神职人员不用交税、不用服劳役，可以接受教徒赠予的遗产，政府赞助修建教堂，等等。自愿拆除神庙的城市可以获得一定的特权。每个放弃原信仰皈依基督教的人都可以获得一件白袍和20块金币。在这些政策的影响下，成千上万的罗马公民改信上帝。在不到一年时间里，就有12000名罗马男子加入基督教会，妇女和儿童不计其数。君士坦丁不仅在政策上向基督教倾斜，还在无意中给基督教会留下了一座精神首都——罗马。

在帝国后期，北部和东部都有着繁重的军事任务，首都罗马距离那里显得太远了，不适合对边境的控制，很多皇帝基于这个原因，绝大部分时间宁可待在潮湿的军营里，也不到罗马居住。为了改变这种情形，君士坦丁决定修一座新城，把政治和军事中心移到那里，于是，一座以他名字命名的城市——君士坦丁堡诞生了。

为了确定城市的面积，君士坦丁亲自拿着长矛在地上圈画。圈画的范围之大，让他的随从们目瞪口呆。为了完成这一伟大工程，君士坦丁动用了相当于19世纪250万英镑价值的帝国财富，却仅仅修成了城墙、门廊和渡槽！由于建筑人才的缺乏，他命令各行省马上成立专业学校，培养建筑技术员，然后择优输送到建设基地。

六年后，这座具有优越地理位置和战略位置，横跨亚、欧两大洲的新城终于完工了。这里很快成为政治、贸易中心，而且是一座无法攻破的城市。因为圈在城中间的博斯普鲁斯海峡连接着黑海和地中海，在古代，没有哪一支海军可以同时封锁两个出海口，也就是说谁也不能彻底切断它的后勤补给线。不过，这座庞大的城市带来了一个意料之外的后果：人口过多。为了养活这一大群妄自尊大的懒汉，帝国不得不把从埃及征收来的税金全部扔给了新都。

新都的落成对于帝国北、东两线的安全提供了巨大帮助，对帝国的统一却产生了莫大的损害。罗马的政治中心地位丧失了，元老院成了摆设，原本就和东部有巨大差异的西部靠谁去控制？政治家搬走了，教会适时地填补了权力真空。那个如同鸡肋的耶路撒冷终于被抛弃了，基督教终于和犹太教彻底划清了界限，不用再共用一个朝圣地了。罗马教会的地位越来越高，罗马主教逐渐取得了号令四方的权力，教皇就要在这里诞生了。

如果备受君士坦丁宠爱的基督教会真心实意地帮他镇守西部，帝国还可以维持统一。可教会似乎根本没有感恩的心，不仅没有维护统一，反而给分裂的微弱小火浇了一桶油，让它熊熊燃烧了起来。

罗马帝国西部的人们性格比较粗放，善于打仗，似乎不爱思考抽象问题，主教们不论怎么布道，他们一概相信。东部正相反，在希腊文化中熏陶出来的人们喜欢独立思考，不愿意人云亦云。可这一思考就出了问题，主教们不是说只有一个神——上帝吗？那耶稣和圣母算什么？《圣经》似乎没有回答。另外，耶稣是上帝吗？他可以同耶和华等同起来吗？《圣经·新约》上说，耶稣在被钉上十字架时，曾经痛苦地仰天大喊："我的上帝，我的上帝，你为什么离弃我？"后来他"被接到天上，坐在上帝的右边"。据此，耶稣不是上帝耶和华，应该很明显了。可是传统基督教会不这么认为，他们认为"圣父、圣子、圣灵"三位一体，不可分离。问题是，并不是每一个教民都这样认为，阿里乌斯就是其中的一个。

阿里乌斯，生于公元 260 年前后的非洲，是个希腊人，后来成了亚历山大里亚城的教会监督。在他之前，关于圣子与圣灵的永恒性问题已经在西亚和北非流行了数百年时间，后来因为基督教遭到迫害，才暂时沉寂了下来。而阿里乌斯让它重新复活了。

阿里乌斯的观点大致是这样的：上帝，即圣父，是永恒的；上帝后来从虚无中创造了圣灵，即柏拉图所说的"罗格斯（Logos）"，通过圣灵，上帝创造了整个世界。圣子同样是上帝创造出来的，受圣父委托，按照圣父的意愿，用仁慈和爱心统治世界，完美的圣灵则充斥于他的灵魂。因为圣子与圣灵都是上帝事后创造出来的，所以他们的存在当然就不是永恒的，"三位一体"理论也就无从谈起。但是阿里乌斯的观点也有问题，在上帝创造了"罗格斯"之前，世界不存在吗？如果不存在，上帝待在什么地方？

阿里乌斯学识渊博，在生活上无可指摘，而且还曾慷慨地拒绝了登上教会最高宝座的机会。由于他的鼓吹，基督教历史上最大的异端派别——阿里乌斯派诞生了。现在想想，如果他当初接受了相当于教皇的位置，用自己的权威去感化教众，大概也就没有以后那么多麻烦了。

"三位一体"之争本来是基督教内部的理论之争，君士坦丁偏偏爱管闲事，非要把自己树立成宗教论争的调停人。

公元 325 年，君士坦丁将罗马大主教亚历山大、阿里乌斯等教会高级人员召集到尼西亚，就"三位一体"问题展开辩论。阿里乌斯派迫于压力作出重大让步，承认圣父和圣子是一体，并把它作为基督教的根本信条。获胜者从此被叫作"尼西亚教派"。尼西亚教派虽然获胜，但在他们中间又发生分歧，支持耶和华、耶稣、玛丽亚都是神的三神论者以及坚决认为只有一个神的塞贝里派。后来这两派成了天主教和东正教的鼻祖。不过这时候他们还比较团结，毕竟阿里乌斯派是他们共同的敌人。

公元 328 年，大主教为巩固胜利果实，委任嫡系的阿塔纳西乌斯到阿里乌斯教派的核心据点——亚历山大里亚城做主教。阿塔纳西乌斯不知道搞统一战线，反而借机报复，严酷地迫害异端分子，即便是前后五次被信众赶下台也绝不让步。尼西亚派的倒行逆施没有收到预期效果，反而刺激了"异端"的产生。普瓦蒂埃主教希拉里曾经这样描绘纷繁复杂的教派斗争：

> 同样可悲，也同样危险的一件事是，人间有多少种观点就有多少种教义，有多少种思想倾向就有多少种宗教学说，有多少种错误就有多少种不敬神的缘由。因为我们全都随意制定信条，并随意对它进行解释。对本体同一说问题接连举行的宗教会议上，在这次会上被否定，下次会上又被接受，再下次会议又取消了。在那段令人痛心的日子里……（我们）不惜相互把对方撕成碎片，我们彼此成为对方毁灭的根源。

善于思考、熟悉柏拉图观点的东部人对阿里乌斯派更亲近，不喜欢咬文嚼字、寻根究底的西方教士在辩论中总是处于下风。为了获得优势，他们把希望寄托在君士坦丁大帝的权力上。起初，君士坦丁还有耐心，又组织了几次会议，可尼西亚教派实在不争气，总是说服不了对方。君士坦丁一气之下，宣布如果再有人反对尼西亚会议的决议，将立即被流放。阿里乌斯首当其冲，被流放到一个遥远的省份。他的著作被明令销毁，私藏者将被判死刑。

不过君士坦丁没有主心骨，没几年他又宣布阿里乌斯派无罪，因为他的一个姊妹喜欢后者。更让他害怕的是，尼西亚教派居然不承认他的权威，想独立存在。不过，阿里乌斯本人却没能胜利归来，因为他已经死掉了。为了补偿阿里乌斯派的损失、报复尼西亚派自不量力的狂妄，君士坦丁又把亚历山大、阿塔纳西乌斯等人流放到远方。他本人临死前的洗礼也是在阿里乌斯派主教的主持下完成的。

尘世君主无端卷入神学冲突，其后果是十分可怕的。当他支持尼西亚派时，阿里乌斯派信徒视他为异教徒，是犹大，是叛徒。当他掉转船头时，又得罪了西部的尼西亚派信徒。君士坦丁的左右摇摆，显示他似乎看到了自己种下的苦果，但已经无法自拔。

君士坦丁大帝去世后，他的儿子们也没有改掉左右摇摆的毛病，基督教各派也因此卷入他的子侄们的内战。罗马帝国在世俗和宗教的纷争中一步步走向毁灭。

公元 360 年，帝国落到了君士坦丁的侄子、富于思考的哲学家尤利安手中。尤利安早年是位虔诚的基督徒，但在他的父兄受苦受难时，上帝并没有显灵。其本人还被一个冷酷的主教监管了很久。为此，他转到了基督教的对立面，重新信奉起希腊多神教，大肆迫害基督徒，还亲自撰写了一部攻击基督教的著作——《加佳利人的诡计》。但和过去历次迫害一样，它使得基督教会比以往更加强大。公元 363 年，尤利安在波斯战争中被长矛刺穿身亡。

一名普通官员约维安被军人们拥立为皇帝，但这位基督徒仅仅当政八个月便去世了。军人们又拥立瓦伦提尼安当了皇帝，他把罗马帝国平分为东、西两部分，自任西部皇帝，而封自己的弟弟瓦伦斯为东部的皇帝。在西部，瓦伦提尼安执行宗教宽容政策；而在东部，受希腊和埃及教士影响，瓦伦斯支持起了当时已经大大衰落，并且还分裂成了数个支派的阿里乌斯教派。对于尼西亚派教众，瓦伦斯明令他们必须服兵役，敢于反抗者要遭到鞭打。

继瓦伦斯之后出任东部皇帝的狄奥多西则是三位一体学说的忠实信徒。在他的统治下，尼西亚教派的格里高利被选为君士坦丁堡大主教，阿里乌斯派被赶出东部地区。在公元 395 年，狄奥多西曾经一度把罗马帝国重新统一，可当年他就死了。罗马帝国再次分裂，东部归了狄奥多西的长子阿尔卡狄乌斯，西部给了幼子霍诺留。罗马帝国从此再没有统一。

伴随着帝国的分裂，原来尼西亚教派中的两端：三神论者以及塞贝里派开始了新的争斗，并最终于公元 1054 年分裂为天主教和东正教。罗马帝国没能重新统一，他们的功劳很大。最初，东部教团占优势，但突然出现在欧洲大陆的匈奴人帮助了西部。他们对西罗马帝国的持续进攻让罗马大主教有了扬名立身的机会。利奥一世大主教成功地说服匈奴王阿提拉放弃进攻罗马，让西罗马帝国的皇帝们汗颜，只好乖乖地受教皇支配。在东部，君士坦丁大帝修建的新都阻止了匈奴人的铁骑，让东罗马帝国又苟延残喘了 1000 多年。东罗马的教会始终没有得到正面与蛮族斗争的机会。

碾轧欧洲：西迁后重振雄风的匈奴帝国

苏东坡锦帽貂裘，胡人打扮，不过是图一时畅快，在酒酣耳热、大嚼山珍野味之余发一通不得志的感慨和牢骚。斯时他大概不会想到，距他大约1000多年前的匈奴民族虽然也是长弓在手，铁骑如云，但是一点好心情也没有。昔日的手下顺民已经变得日益张狂；身后的鲜卑民族虽然落后粗蛮，偏偏最擅长的是兵器和铠甲制造，而且抢走了他们的家园。狼的子孙是不能雌伏于人下的，为了尊严，他们只有向西走，另外寻找一方属于自己的乐土。他们也在向西北望，可他们看到了什么呢？

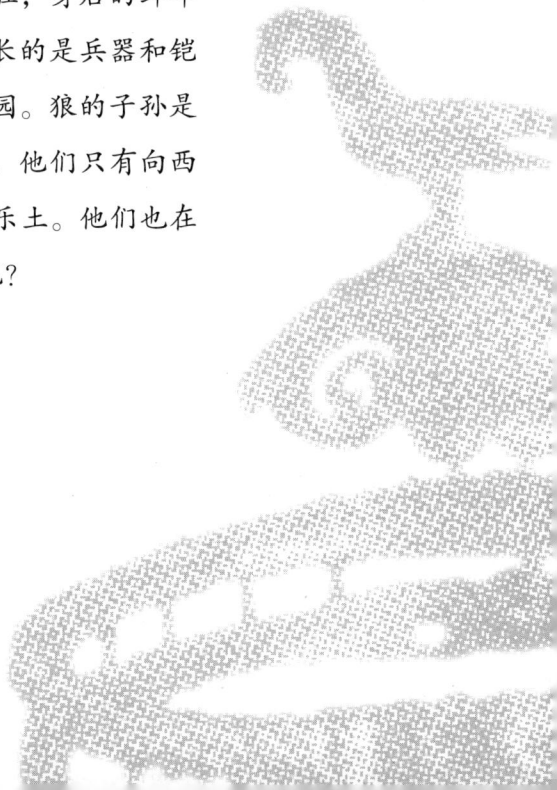

第十一章
西向天狼：游走中亚的匈奴部落

东方的中国在忙着应付"五胡"，西方的罗马被日耳曼人搅得焦头烂额，两个富有历史传统的大国，谁也没有顾及这个曾经或即将和自己发生亲密接触的流亡民族。

经过 200 年艰辛跋涉的匈奴人在顿河草原意外地遇到了缺少右侧乳房的阿马松女郎，梦寐以求的安乐窝终于找到了！他们欢叫着，像高山上的暴风雪一般疾驰而去，昔日强大的阿兰王国顿时稀里哗啦地垮掉了。

在西欧人的词汇里，匈奴是极端凶恶的代名词。匈奴大帝阿提拉的画像十有八九会伴随着一堆带血的头颅。但是，在东欧，在匈奴人曾经统治过的地方，匈奴人——特别是阿提拉，却是英雄、勇敢、权力的象征。公元 896 年，从乌克兰草原出发大举进攻喀尔巴阡盆地，奠定现代匈牙利国家基础的阿尔帕德大公曾经骄傲地宣称自己是阿提拉的直系后裔，而且得到了阿提拉的"战神之剑"。到现在，阿提拉仍然是很多匈牙利男孩子常用的名字。那么，在欧洲人心里留下深刻记忆的匈奴人是怎么万里迢迢地跑到欧洲的呢？

西迁的匈奴究竟通过什么方式到达欧洲，是一个很难回答的问题。因为他们长期游走的中亚是另一块群雄逐鹿的地方，而且他们是一群只知道大碗喝酒、大块吃肉的草莽英雄，没有多少文化可言，更谈不上留下文字记载。匈奴昔日的手下败将——大月氏曾经是中亚的主人，而且一度压得昔日仇敌喘不过气，文明程度也很高。可是他们吸收了太多的印度文化。印度是个诗歌的国度，盛产大诗人，但对历史学一点也不感兴趣。连他们自己的历史都得从诗歌中去揣摩、挖掘，更谈不上帮中亚邻居记载什么了。在匈奴人游走于中亚高原的时候，东方的中国正忙于应付"五胡"带来的长期战乱，西方的罗马正被南下的日耳曼人搅得焦头烂额，两个富有历史学传统的大帝国谁也无暇顾及这个曾经或即将和自己发生亲密接触的流亡民族。于是，我们只能从历史的蛛丝马迹中去寻找他们的踪影。

中国学者对这一问题曾经试图作出回答，也留下了一些成果，如齐思和《匈奴西迁及其在欧洲的活动》(《历史研究》1977年第3期)、肖之兴《关于匈奴西迁过程的探讨》(《历史研究》1978年第7期)、林干《匈奴通史》，等等。本节的撰写参考了他们的成果。为了避免引用过多对于一般读者而言绝对是枯燥无味的原始史料，本文尽量不作琐碎的论证分析，文中用到以上成果时也不再详细注释。

西迁的匈奴人并不是一窝蜂而上的，毕竟在他们眼中，蒙古草原才是熟悉的乐土。不到生死关头，他们是不会踏上这条看不到前途的不归之路的。最早西迁的匈奴部落是郅支单于的残兵败将。在陈汤"犯强汉者，虽远必诛"的精神指挥下，大汉杂牌军千里远征，战败了郅支单于，俘虏了大批人众。郅支单于的领地很快被呼韩邪单于占据。随同郅支单于抵达康居国的匈奴人不过3000，战争中又损失了不少。向东回到故土，会不会遭到残酷报复姑且不论，昔日3万民众被暴风雪吞噬了90%的惨剧还萦绕在心头，单单这恶劣的天气就让他们不敢轻举妄动。留在原地也不行，当初郅支单于横行中亚时，他们没少狐假虎威。现在，那些人只怕正在磨刀霍霍，准备把自己当牛羊宰杀呢。唯一的活路，就是向西逃命。不过这批人数量实在少得可怜，在史籍中找不到他们的丝毫踪影。有些西方学者曾经断言西迁后匈奴帝国的伟大帝王阿提拉就是郅支单于的后代，虽不能否定，但也只能是留在猜想层面而已。

公元91年，北匈奴在金微山（今阿尔泰山）被汉将耿夔杀得大败，一路向西逃去。不过，他们实在舍不得草高马肥的蒙古草原，还在梦想着回归故土。公元105年，北匈奴从一个汉人不知道的地点（估计是故意隐瞒）派来使者到东汉朝廷，又一次请求和亲，但是又说自己实在穷困，拿不出聘礼。对于这么一个穷困潦倒的匈奴残部，汉廷实在没兴趣结交这个穷亲戚，胡乱款待使者一顿饱饭，打发走了事。

不过汉廷犯了个大错误，没派几个间谍暗中跟随使者，找一下北单于的老巢。11年后，恢复了一定实力的北单于重新出现在新疆金且谷，和班勇大战一场，不过实力终归有限，只好撤出战斗，又藏了起来。公元 134 年，汉军又在金且谷一带发现匈奴军队，而且俘虏了北单于的老娘。此后双方又几次交锋，汉军都获得了胜利。公元 153 年，车师王阿罗多曾叛变汉朝，投奔北匈奴，不过没多久又主动回来，或许是看北匈奴实在力弱，不值得托付终身吧。此后，北匈奴再也没有和东汉发生过关系。这倒不是因为他们不想回来，而是在汉朝之外又冒出一个大克星。

鲜卑族从西汉末开始兴起，几起几落。大约在公元 2 世纪中叶，鲜卑族冒出一个大英雄——檀石槐。他"统一"了鲜卑各部，然后轻而易举地占据了匈奴故地，随后向西域进发。面对以会造兵器著称的鲜卑人，北匈奴料想惹不起，只好仓皇而逃。逃跑在匈奴人眼里并不是什么可耻的事，而是保全种族的基本方法之一。离天山北麓最近的地方就是曾经和汉朝关系密切、联合打击过匈奴的乌孙国。不过此时的乌孙国同样不是鲜卑的对手，已经向西跑到帕米尔高原躲了起来。让匈奴人庆幸的是，鲜卑人实在不成气候，檀石槐一死，马上四分五裂。匈奴人捡了个便宜，趁机占领了乌孙故地，开始休养生息，积蓄反击的力量。

在《魏书·西域传》中曾经提到一个匈奴北单于部众后人建立的"悦般国"，想必就是匈奴占据乌孙故地后的产物。史载：北单于在这里并没有待多久即向西迁入康居国，但把老弱病残的部众留在那里。这些羸弱部众后来逐渐繁衍成一个大部，南北朝时被甘肃一带的汉人称为"单于王"。

匈奴精壮大部为什么会离开乌孙进入康居，原因不明。估计不时进入西域骚扰的鲜卑部落以及后来兴起的柔然民族是主要的"原动力"。柔然是纯粹的草原之子，比成长于大兴安岭的鲜卑民族更厉害，在北魏时曾经长期困扰拓跋家族，处于低潮中的匈奴人自然更不是对手，只好一走了之。但是当年郅支单于西走康居时遭遇暴风雪的惨剧迫使北匈奴部众必须未雨绸缪，事先"抛弃"老弱。不过这倒成全了留下的匈奴人，使他们有机会后来再重新站起来，称霸一方，并和丁零人结合，演化为丁零高车部。而后者正是后来天山南麓的主人——维吾尔族的祖先回纥人的先辈。

康居作为北匈奴西迁的第二站，同样不是乐土。在这里，他们遇到了昔日的仇敌——月氏人。大体在东汉初年，退到中亚生活的月氏人建立起贵霜帝国。贵霜帝国占据了北印度和巴克特里亚的肥沃土地，于是主动放弃了沩水以北的"故土"。康居国原来处在安息和乌孙两个大国之间，活得很压抑，见月氏人南迁，如获至宝，迅速取而代之。但是月氏人可没那么仁慈，他们很快教训了康居国，并把它降格为自己的附属保护国。尽管如此，康居还是扩大了领土，不久，又把北面的阿兰人控制在手里。这样，在中亚地区就形成了一个奇怪的连环套。

发展壮大了的月氏人曾经想进一步染指塔里木盆地（或许还有回到祁连山的打算）。公元90年，月氏副王谢统兵7万进攻坐镇南疆的班超部。班超料定月氏人远道而来，后勤补给肯定很困难，于是坚壁清野，不予出战。谢纵兵四处掳掠，一无所获，于是向龟兹国求援。班超派兵在路上伏击，全歼了前往求援的部队，随后派人手持月氏使节的头颅去见谢。谢大惊，赶紧派遣使节向班超谢罪，请求放他一条生路。班超顺水推舟，纵其回国。从此，贵霜帝国再也不敢有东进的念头。但这时，月氏人的大仇人——匈奴人居然主动送上门来。听到这个消息，月氏人无不摩拳擦掌，准备大干一场，也割了单于的脑袋，做个人头酒杯。

可是月氏人自从进入中亚以后，被这里的肥田沃土吸引，已经放弃了游牧生活，转为农耕定居。对于游牧民族来讲，跳下战马的那一天，也就是军事实力开始急剧下滑的那一天。定居农耕必然安土重迁，害怕美丽的家园遭到外敌蹂躏，所以轻易不敢动刀兵，他们的战争更多的是为了保卫家园而不是开疆拓土，更何况在月氏和匈奴人之间还夹着一个康居。康居既然是附属国，打仗自然要出力，不能动不动就让主子出面。可是康居人自从进入月氏"故地"后也染上了同样的定居病，加上国小力弱，战斗力还不如月氏。匈奴铁骑虽然是败将残兵，可对付康居和月氏人似乎绰绰有余。在这里，他们终于可以重新享受阔别已久的胜利快感，于是，双方陷入了持久的消耗战。按照齐思和先生的估计，这种断断续续的战斗延续了大约100年。打消耗战是匈奴最不愿意看到的，在汉朝人那里已经给他们留下了足够的教训。于是，在支撑了百余年后，匈奴人终于决定继续西行，去抢夺同为游牧民族的阿兰人的牧场。

在公元290年前后，西方史籍中出现了匈奴人的踪影。在亚美尼亚国王泰戈兰纳斯的军队中出现了一队匈奴士兵。他们和一批阿兰族士兵一起服役。看来匈奴在向阿兰的领地迁移时双方并不总是兵戎相见，也有合作的时候。

阿兰在中文史籍中最早被称为"奄蔡国"，后来改名为"阿兰聊国"。据说境内有一座阿兰山，故而得名。郅支单于横行西域的时候，阿兰和大宛等国都曾经被迫向郅支交纳贡赋。郅支覆灭后，康居成了阿兰的新主子。匈奴人进入康居后，阿兰人的生活中心开始西移。从黑海北岸到中亚的吉尔吉斯草原都留下了他们的足迹。同其他民族一样，阿兰人征服了这片区域后，吞并了当地的高山民族若维人、爱好文身的阿加赛人、还处在母系社会的阿马松人等当地土著民族，他们从此也被称为阿兰人。

罗马帝国后期的历史学家阿米亚诺斯曾经描述说阿兰人个子都很高，仪容俊美，头发略带一点黄色。他们的铠甲很轻，估计主要是皮甲，所以行动便捷。他们以打仗、冒险为乐，把在战斗中牺牲的人视为最快乐的人。如果是年老寿终，会被人耻笑。他们的生活方式与匈奴人类似，也是以牛马肉和乳制品为主，善于骑马。他们没有房屋，也不住帐篷，而是生活在树皮盖顶、有帷幕的大车上。大车一般有四到六个轮子，用牛来牵引。如果找到一个水草丰美的地方，就停下来，把车子围成一个圆圈，开始放牧。这种车也是他们的重型武器（当然战斗时要换用马来牵引，帷幕要加上防护木板），冲击力很强，有点像现代的坦克。和匈奴人不同，他们不割敌人的头颅做战利品，而是只撕下面皮用来做战马的饰物。他们崇拜战神，经常拿一把剑插在地上，代表战神，加以礼拜。

在遭到匈奴打击之前，阿兰人是生活在东欧的唯一一个没有受到日耳曼人侵扰的民族。波涛汹涌的顿河成了他们天然的保护伞。在他们的南方是强大的亚美尼亚王国。阿兰人经常以雇佣军身份出现在这个高加索山国。公元317年，阿兰公主萨散尼克还曾经嫁给亚美尼亚国王科斯洛斯。

匈奴灭亡阿兰国的时间大约从公元350年开始，公元374年最终完成。对于战争的过程，阿米亚诺斯写道：匈奴人从顿河以东向阿兰人展开进攻，阿兰人予以坚决的抵抗。两军在顿河展开大战。阿兰人以战车为主力，敌不过勇猛突驰的匈奴骑兵，结果大败，国王被杀，国家被征服。匈奴人大肆杀戮后，和残余的阿兰人缔结了同盟条约，迫使他们参加自己的队伍。匈奴人和阿兰人联合之后，他们的声势更加壮大了。

但阿兰人并没有完全屈服于匈奴统治，其中一部分向南逃到高加索山脉中，另一部分则向西迁徙，辗转逃到高卢以及西班牙境内，成为后来匈奴帝国死硬的敌人。

匈奴人征服了阿兰人之后，在顿河以西地区只剩下弱小的罗克索兰人。罗克索兰人是西徐亚人的一支。他们之所以出名，并不是因为武力多么强大，而是和著名的阿马松女郎有关。相传西徐亚人离开中亚西迁途中，遇到一个部落——阿马松人的顽强抵抗。战斗结束后，西徐亚人唯一的收获是敌人的尸体。他们惊讶地发现和自己作战的对手居然都是女性，而且全部没有右侧乳房！阿马松人的拉丁语写法是"amazos"，mazos即乳房，a是否定的前缀，合起来的意思就是"没有乳房的人"。

根据古希腊著名学者希波克拉底在《论气、水和地》一书中的记载："这些妇女……早在她们的孩提时代，她们的母亲就取来一种专用的青铜器械，烧得通红，然后放在女儿的右乳上面，把它烧掉，以便破坏它的成长，而把它全部的力量和丰满转移到右肩和右手上面。"

很多古希腊古罗马学者认为阿马松人之所以切掉乳房，是为了成年后可以把弓弦自如地拽过胸口，增强战斗力，因为阿马松人还处在母系社会，女人是维持生存的主力军。希波克拉底却不这样认为。他认为西徐亚人生活在潮湿的亚洲北部地区，为了减轻身体的潮湿和柔软，增强力量，经常要"用火烧炙肩、臂、腰、臀和生殖器官等部位"。阿马松人主要是女性，也属于阴性，所以也有类似风俗。

不管是出于什么原因，这些神奇的阿马松女郎引起了西徐亚人的极大兴趣。西迁是艰难、痛苦的。按照游牧民族的生存法则，为了生存，大批老弱妇孺被抛弃。西徐亚人中有大量光棍。这些阿马松女郎不仅可以做老婆，而且还是勇敢的战士，正可以解决西徐亚人的燃眉之急。于是，西徐亚人决定停战，派了一大批光棍前往阿马松人的营地议和。阿马松部落缺少男人，女儿国的难处也不少，于是双方一拍即合，开始盛大的群婚联欢。似乎西徐亚人的情报工作很出色，派去的光棍数量不多不少，正好一人一个。几天后，西徐亚人决定把和他们发生第一次性关系的阿马松女郎娶回来。大家开始共同生活、共同西进。前面提到的罗克索兰人即西徐亚人和阿马松人结合的后裔。

罗克索兰人虽然是虎父龙母，可战斗力很差，没几个回合就拜倒在匈奴人脚下。这回，阿马松女郎们又可以帮助匈奴人繁衍后代了，只是不知道此时的她们还有没有保留昔日残酷的风俗。

随着不断地向西迁徙，不断地和当地民族通婚、融合，匈奴人的生活习惯乃至外形特征都发生了明显的变化。哥特历史学家约丹内斯对匈奴人的形象曾经有过生动的描述："他们容貌之可怕，也许并未真正经过作战，就使对方感到重大的畏惧。他们使得敌人在恐惧中惊逃，因为他们的暗黑色的状貌是可怕的，他们的头不像一个头，只是一种块状之物，他们的眼睛状如针孔，也不像眼睛。他们的强悍，表现于其粗野的状貌中，而从他们对待婴儿，即可知其残暴。因为当婴儿出生时，他们即以剑割其双颊，所以在婴儿受乳以前，便要忍受刀伤了。因此，他们至老而无须。他们的青年人，也因创痕、颜面不生髭须而丧失优美之感。他们躯体短小，行动敏捷，善用弓矢，颈项也永远傲然自举着。"

对匈奴人形象的丑化描写一半是出于约丹内斯的种族自我优越感，一半是出于无知和恐惧。日耳曼男人尚武，有在杀死一个敌人之后才能刮胡子的习俗，对于没有胡须的匈奴人自然充满了恐惧，于是编造出匈奴人残害婴儿的暴行。其实，匈奴人毛发少应该是民族融合和自然选择的结果。在中文史籍中，匈奴人是以毛发多而著称的。蒙古高原气候寒冷，多毛有助于御寒。而中亚高原，特别是伊朗高原北部一带气候以干旱少雨、气温高著称，多毛发岂不是与天公对抗？造物主是公平的，和中亚民族的融合，让匈奴人脱去了一些没用的毛发，适应了生活环境的需要。

至于割破面皮、用鲜血来祭奠亡灵，则是从西徐亚人那里继承过来的风俗，这在序章中曾经提到。类似的还有占卜术。东方的匈奴人靠观察日月来决定大事，在西迁后，他们的萨满巫师则学会了闪米特人的技术：观察动物内脏的形状。如此种种，都是在西进过程中吸取其他民族文化的结果。

经过近 400 年的艰难跋涉，匈奴人终于抵达东欧草原，准备和声名远播的罗马帝国再一次亲密接触。阿兰国的覆灭让欧洲人第一次知道了匈奴人的存在，他们人心惶惶，预感到这个"如高山上的暴风雪般骤然降临"的民族必然给自己带来大祸，可谁会是第一个倒霉蛋呢？那个令世人向往的罗马帝国现在是否正在准备迎接贵客呢？

第十二章
神鹿指路：突然出现在东欧平原上的骑马民族

一大片可怕的沼泽地成功地阻止了东西方的"铁血"交往。日耳曼人在这里停住了脚步，阿兰人有了一道天然屏障。但苍天似乎有意帮助这个憋屈了很久的狼族，一头小鹿带着匈奴人跨过了沼泽，来到一望无际的乌克兰草原上。

在第聂伯河各支流汇集的下游地带，是著名的普里柏特大沼泽。在约丹内斯笔下，这里是一片恐怖的世界："这块地方被关闭在动荡的沼泽地中，因而由于水陆两种因素混淆在一起，自然界使人不能进到那里。甚至到了今天，据说旅行者还能听到鬼怪野兽的叫嗥，还能看到人的幽灵在那些危险的沼泽地里挣扎着。"普里柏特大沼泽阻止了人们的穿行，居住在其两侧的人们不约而同地把这里当成了前进的终点站。虽然人类无法穿行，可神奇的鹿却可以在上面畅通无阻。

在公元4世纪中叶的某一天，几个匈奴猎手发现一头小鹿正在沼泽边上悠闲地吃草。几天都没有什么收获的猎手们如获至宝，赶紧催马张弓，冲上前去。小鹿发现猎人，赶紧向沼泽深处逃跑。猎人们纵马追到沼泽边上，勒住了缰绳，眼巴巴地看着即将到手的猎物跑掉，晦气至极。但没想到，小鹿也停了下来，还示威似的歪着头看他们。见到这种情况，一个猎人提议说："这头鹿大概累了，再追下去，也许就能逮住它。既然鹿能过去，我们的马应该也能过去，小心一点就是了。"同伴们听他说得有理，便又继续追逐，并且在经过的地方用树枝做了记号。可是小鹿向西跑跑停停，猎人们就是抓不住它。当天色已经开始暗淡下来的时候，他们突然发现，小鹿失踪了，而自己脚下的土地也已经不再潮湿。在不知不觉中，靠着这头神奇小鹿的指引，他们竟然成为第一批走通了普里柏特大沼泽的人。他们面前的这片草原，就是著名的乌克兰草原。神鹿在匈奴人眼里成为上天的使者，在哥特人那里，就只有被诅咒的分儿了。

一、第一个倒霉鬼：含羞自杀的东哥特王

在罗马人面前，东哥特国王赫曼立克是战无不胜的"哥特人中的亚历山大大帝"。但是，匈奴铁骑大范围地穿插跑动、如蝗飞来的长箭、奇异的呐喊，搅得大帝晕头转向，毫无还手之力。原本希望万寿无疆的赫曼立克竟羞愧得自杀了。

此时乌克兰草原的主人是东哥特人。东哥特王赫曼立克足智多谋，在他的领导下，东哥特王国四面出击，征服了周边大批斯拉夫人，建立起庞大的哥特帝国，西哥特人及其以西很多日耳曼人也臣服在其脚下。哥特人尊称他是"哥特人中的亚历山大大帝"。

如果赫曼立克早几年去世，他的英名会永远被哥特人铭记和敬仰。不幸的是，他太长寿了。人生不如意十之八九，既有盖世之功又长寿的赫曼立克倒霉的时候到了。

公元 374 年的冬天，东欧地区不同寻常的寒冷，生活在北亚草原上的匈奴人生活又没了着落。按照传统，他们决定再找一块乐土。听说黑海北岸的乌克兰草原生活很滋润，匈奴王巴拉姆贝尔决定带领部众沿着神鹿指引的方向，继续向西挺进。

"巴拉姆贝尔"显然不是匈奴人的名字，估计是当时的欧洲或西亚学者给他起的绰号。此后的匈奴王的名字，如卢阿、阿提拉等都带有这个特点。不过我们既然无法知道他们的本名，也只好用这些代称了。

此时的匈奴还没有恢复到一个完整的帝国状态。前面提到，西迁的匈奴民族并不是一个整体，这里既有先行一步的郅支单于余部，也有后来跟进的北匈奴各部，而且北匈奴各部也不是同时出发的。原来的单于是败军之将，手下部众未必会继续服从他的指挥，郅支余部则更是视他们为不共戴天的仇人。在西迁过程中沿途加入的民族同样是不安分的群体。这些因素加在一起，使匈奴民族此时大致处在一个松散的联盟状态。巴拉姆贝尔应该是这个联盟的一个领袖，是不是唯一的领袖则很难说。不过，就是这么一个带领着并非全部部众的匈奴王，把东哥特帝国搅得天昏地暗。

赫曼立克对突然降临的匈奴铁骑全然没有防备。面对这些长相怪异、数量庞大而且装备精良、战术新颖的匈奴骑兵，东哥特人的震惊和恐惧是难以形容的。日耳曼民族虽然也有马，但是主要用来运货，不用于骑乘。长期和罗马人作战，让他们学会了穿着沉重的铠甲，抛掷投枪。这是他们维持帝国存在的根本。可在匈奴人面前，这些优势顿时变成了劣势。大范围穿插跑动的骑兵、如蝗飞来的长箭、奇异的呐喊，搅得东哥特士兵晕头转向，只有引颈受戮的分儿，毫无还手之力。他们虽然竭力抵抗，但仍旧连遭败绩。赫曼立克本人也在战斗中受了重伤，险些丧命。

匈奴人一击成功后没有继续发动决定性攻势，而是停下来享受生活，顺便解决后勤补给。赫曼立克本来有机会重整旗鼓，可是这位把自己和亚历山大大帝相提并论的老王却精神崩溃，完全没有了往日的威风，只知道在病床上唉声叹气，根本没精神去整顿军队。充分休整的匈奴人于公元375年年初重新发起进攻，东哥特人由于缺乏赫曼立克的统一指挥，很快全线溃退。病榻上的赫曼立克在了解战况后，知道大势已去，实在不忍看到自己亲手奠定的偌大王国覆灭，惭愧地自杀了。

赫曼立克死后，他的侄子维斯米尔继承了王位。维斯米尔率领残部退守到帝国西缘。巴拉姆贝尔在局势基本稳定、时机成熟的条件下，领兵西进，攻打维斯米尔。可是对方的抵抗异乎寻常地顽强，连续几次交锋，匈奴都没能占到便宜。因为此时的匈奴政治组织比较松散，维斯米尔成功地用贿赂换来一部分匈奴人加入他的阵营，与自己的同胞作战。

但是，赫曼立克的儿子胡尼蒙德却对抵抗失去了信心，率部投降了。在维斯米尔奋勇抗战的关键时刻，胡尼蒙德领军从背后给了维斯米尔一刀。和谙熟于本军战法的同族作战，维斯米尔的部队士气大减，战况于是急转直下。维斯米尔本人在乱军中死亡。偌大的东哥特王国不到半年时光即灰飞烟灭。匈奴人在欧洲迈出了无比坚实的第一步。

在灭亡了东哥特王国后，巴拉姆贝尔娶了维斯米尔的侄女为妻，借以搞好同归降的东哥特人的关系。现在大部分阿兰人、东哥特人都已经向匈奴人臣服。巴拉姆贝尔按照祖先的传统，允许他们继续统率自己的部众，但在重大问题上要向自己报告。匈奴有军事行动的时候，他们必须出人出枪，协同作战。大概是由于广阔的领地气候条件复杂，巴拉姆贝尔没有遵循冒顿单于的传统，把这些顺民异地安置，而是让他们留在了原先的领地。这样一来，就给匈奴埋下了两大祸患：一是让他们有了维持原有文化习俗的地理条件，缺乏对匈奴的认同感，从而使匈奴民族停留在现有阶段，没能同化、融合被征服民族，壮大自己，看看冒顿单于手下虽然保留部众却始终以匈奴自居的休屠王、浑邪王、白羊王们，就知道巴拉姆贝尔是多么没有远见了；二是使这些民族始终处于武力威压的背景下，反感情绪强烈，一旦匈奴武力丧失，他们马上会起来造反，匈奴在阿提拉大王死后迅速消失与此有密切关系。不过话说回来，巴拉姆贝尔连匈奴本身都还没有统一起来，不仅大人会议依然存在，而且权力有增无减；他个人的威望，和昔日的大单于还有着天壤之别。在这种情况下，能让匈奴人基本用一个声音说话，一个拳头出击，已经很不容易了。

大部分东哥特人投降了，一小部分不甘受奴役的东哥特贵族则在赫曼立克的小儿子维德瑞克的带领下退到德聂斯特河以西，后来又翻越喀拉巴阡山脉，辗转来到达西亚，投奔他们的同族兄弟——西哥特人。阿拉修斯和沙福拉克斯两位将军始终护卫在他身边。

西哥特人热情地接待了这批难民，希望利用他们的经验，阻止匈奴人的脚步。但是，无能的维德瑞克们让他们彻底失望了。

二、西哥特人：匈奴帝国进攻罗马帝国的卓越"代理人"

如果不想和一个大国过早地发生直接对抗，最好的办法就是先打一场代理人战争。西哥特人比他们的同胞聪明，打不过就跑，而且一下子跑到了昔日仇敌的老巢。罗马人不知道怀柔，只知道趁势报复，生生地把西哥特人培养成了匈奴帝国的优秀代理人。瓦伦斯皇帝在一把大火中魂归天国，基督教士们说这是"由于他杀害圣徒而终于落到自己身上的天谴的报复"。

东哥特人的到来，给了西哥特人一个严重警告。西哥特国王阿纳塔里克知道匈奴人迟早会向自己发起进攻，于是提前开始防备。他命令大军在德聂斯特河沿岸布防，投奔过来的东哥特人也被安置在沿河地带。为了及时获得匈奴人的消息，大将弗里提格等人奉命在主营前面 20 里左右的地方驻扎。但是匈奴人获取情报的能力显然更强，他们料到西哥特前哨部队的后面肯定有大军，于是"对于散布在面前、悠闲自得、恍若无事的队伍并不在意。等到月光出来以后，他们选择了最好的道路，用渡船（从德聂斯特河上游）渡过了河。他们深恐敌人前哨先去报信，致使大敌望风而逃，他们迅速地直攻阿纳塔里克本人。受到初步攻打的阿纳塔里克吓晕了，损失了几个人之后，他便急忙逃到高山上去"。

以上这段文字出自罗马将军、历史学家阿米亚诺斯之手，对匈奴人的战术描写很具体，对阿纳塔里克——罗马帝国的大仇人，则多少有一点贬低。不过基本属实。阿纳塔里克确实在匆匆抵抗后即逃往森林高地地带，在那里仓促修葺一座城堡，准备和匈奴人决一死战。不过巴拉姆贝尔的骑兵连战连捷，掠获的战利品太多了，行动起来实在缓慢。另外，他们的主力部队没有及时跟进，还在乌克兰草原上休整，享受幸福时光。以防万一，巴拉姆贝尔决定停止追击，先回乌克兰草原整饬自己的新领地、新顺民。

匈奴人停止进攻，西哥特人本应该趁机整顿兵马，以利再战。可就在这时候，西哥特人内部出现严重内讧。

在以往与罗马帝国的斗争中，一部分基督徒作为俘虏进入西哥特人的领地。忠于上帝的他们决定把福音传给这些野蛮人。基督教开始在西哥特人中间传播。公元341年，阿里乌斯教派的乌尔菲拉斯被任命为西哥特主教。"通过他的无瑕的生活和不倦的热情获得了他们的爱戴和尊敬，他们对他所宣讲的并身体力行的包含真理和美德的教义由衷地深信不疑"。乌尔菲拉斯的传教取得很大成功。为了传教，他还在希腊字母的基础上编订了包含24个字符的字母表，其中4个是他首创。在这一基础上，他成功地创造出符合哥特人语言习惯的哥特文字。哥特文成为日耳曼人中第一种可以书写的文字。在创制文字后，乌尔菲拉斯开始翻译《圣经》。为了削弱哥特人的凶猛、好斗精神，乌尔菲拉斯在翻译过程中故意省略了《圣经·旧约》中的血腥内容。

乌尔菲拉斯的传教改变了大批西哥特人的信仰，无形中也在西哥特人中埋下了分裂的种子。国王阿纳塔里克坚信原始的多神教，大贵族弗里提格等人则接受了基督教。在对待匈奴人的问题上，两方再次发生分歧。阿纳塔里克主张坚决抵抗，保卫家园；弗里提格等人则认为靠自己的力量绝对不是匈奴人的对手，要生存必须南下，迁居土地肥沃的色雷斯，向与自己有着同样信仰的罗马帝国求助，凭借多瑙河天险抵御匈奴人的入侵。

在意见始终无法统一的情况下，弗里提格等人决定独立行动，带领大队人马浩浩荡荡地来到多瑙河边。弗里提格和另一位贵族阿拉维夫派代表前去面见罗马皇帝瓦伦斯，请求收容，表示愿意遵守帝国法律，并出兵参加罗马的军事行动。瓦伦斯等人并没有意识到匈奴人和日耳曼人的区别，还暗自庆幸日耳曼人终于有了死对头，自己有了帮手。"有些惯于谄佞之徒，遂向皇帝道贺，说什么他的洪福使得壮丁自远方而来，这些壮丁加上罗马自己的军队足以构成一支无敌的队伍；同时，这样还可以减轻各省征兵的负担，给国库省下大笔开支。"昏庸的瓦伦斯信以为真，于是下令接受西哥特人的条件，允许他们定居色雷斯，并派遣官吏负责运送西哥特人过河。但是西哥特人必须答应一个条件：交出武器，同时把老婆孩子作为人质集中安置。急于逃命的西哥特人只好答应了这样苛刻的条件。瓦伦斯没有想到，匈奴人的胃口大得很，草原英雄们绝不允许有人和他们平起平坐。匈奴现在需要稳定、整合内部力量，对罗马帝国暂时不会自己动手。但是，他们可以委托代理人，先行试探一下罗马军团的能力。西哥特人即将在未来主动充当一次匈奴人的卓越代理人。

不知道是出于什么目的，或许是宗教原因，或许是害怕招来匈奴人的攻击，总之，罗马政府拒绝了东哥特王子维德瑞克及其部众过河。无奈之下，他们只好投奔藏匿在深山密林中的阿纳塔里克。

究竟有多少西哥特人进入罗马领土，当时的史学家也无法知晓。他们只知道西哥特人被用船只、木筏、独木舟不分昼夜地运过河。当时正值雨季，多瑙河水猛涨，许多急于过河又没机会登船的西哥特人试图游过多瑙河，结果很多在激流中丧生。"负责渡运蛮族的这些倒霉的官吏们最初试图记下蛮人的数目，但因人数太多，只好放弃了。"无奈的阿米亚诺斯只好引用了一段大诗人维吉尔的诗句：

> 试图知道这个数目的人，
> 正如要知道多少沙粒在利比亚平原上，
> 被塞非罗斯（希腊神话中的西风之神）吹进大海。

在对待西哥特人的问题上，瓦伦斯的政策和汉朝对付南匈奴的方针基本一样，都是放在边境安置，都为其提供了物质上的援助。但效果却截然相反。因为瓦伦斯任命镇守色雷斯的地方官员吕皮西努斯和马克西慕斯并不稳重，更没有智谋；相反，他们不仅是典型的酒囊饭袋，而且极富贪欲。他们不仅扣下了政府拨给西哥特人的救济粮，还想出一个馊主意：他们抓来很多条自己从来不吃的狗和西哥特人交换，一条狗换一个奴隶，许多西哥特人为了生存只好同意交换，许多酋长的儿子也被换了狗肉。上行下效，罗马士兵也跟着主子作恶，利用西哥特人缺吃少穿的机会，逼迫西哥特战士的妻女卖淫，或者驱使他们的儿子做娈童。

这样羞辱的遭遇，当然会在哥特民族中间引发深仇大恨。吕皮西努斯知道被压迫的西哥特人可能会野性大发，起来造反，于是决定先下手为强。擒贼先擒王，吕皮西努斯主动设宴，邀请弗里提格等人前来。但是，他只允许弗里提格等几个贵族进城，其他人只能站在城外等候。饥肠辘辘的西哥特民众恳求罗马士兵允许他们进城购买食物。罗马士兵们蛮不讲理，不可避免地和性格粗犷的西哥特人发生了冲突。

当一些西哥特人被逮捕后，其他族众终于开始大规模暴动，杀死士兵，抢夺食物。"此时的吕皮西努斯还在倚靠着菜馔丰富的饭桌，听着嘈杂不堪的娱乐，他已经半醉欲睡了。"这时，有人来汇报城外的骚乱，吕皮西努斯认为形势危急，下令处死随首领进城的弗里提格等人的卫兵。这些卫兵一看罗马人气势汹汹地杀过来，以为头领已经被杀死，大为震怒，呼喊着"为首领报仇"的口号，奋勇冲杀。吕皮西努斯一看大事不妙，害怕担上引起暴动的责任，连忙放出弗里提格等人。众人一见首领还活着，非常高兴，大呼小叫着，一哄而去。吕皮西努斯不仅没能擒贼擒王，反而放虎归山。等待他们的将是大规模的哥特起义。

吕皮西努斯放走了弗里提格等人以后，又后悔了，赶紧又整顿兵马追击。由于没有仔细地规划，出城9里即与西哥特人遭遇。西哥特人见敌军追来，奋不顾身地还击。罗马人大败，几乎全军覆没，连军旗也丢失了，"只有那位瘟神将军当别人酣战的时候，急忙逃回城中，救出了自己的性命"。

此时，瓦伦斯皇帝正在安条克指挥和波斯的战争。听说西哥特难民造反，连忙下令把色雷斯地区尚未参加起义的西哥特人迁往他处。在阿德里亚堡附近居住的西哥特酋长苏里达斯等人被要求前往小亚细亚。苏里达斯等部本来不愿意参加暴动，影响刚刚安定下来的生活。对于迁移命令，他们愿意执行，只是希望能有两天时间做准备，同时希望政府提供一些旅费和食物。但是，阿德里亚堡的长官正在恼怒暴动的西哥特人毁了自己的农庄，严词拒绝了他们的合理要求，还自作主张地召集军队、武装普通市民，准备消灭本地的西哥特人。官逼民反，西哥特人只好反抗。弗里提格等部趁机前来会合，大举进攻阿德里亚堡。

由于不善于攻城，西哥特人在付出惨重代价后放弃攻城，转而劫掠城外富庶的农庄。整个巴尔干半岛北部的原野都成了西哥特人的天下。越来越多的西哥特人投身起义，在色雷斯金矿里劳动的奴隶和矿工也纷纷揭竿而起，加入西哥特人的起义队伍。许多以前被卖身为奴的西哥特人乘机回到本民族的怀抱。罗马人只能龟缩在为数不多的几个城市里，眼巴巴地等待救援。

更让罗马人揪心的是，原本被拒绝入境的东哥特人在阿拉修斯和沙福拉克斯将军的领导下也渡过多瑙河，加入西哥特人的暴乱阵营。一小部分匈奴人和阿兰人也出现在帝国境内。从色雷斯传来的消息让瓦伦斯非常忧虑，他急忙离开安条克，赶往首都君士坦丁堡。普鲁夫图鲁斯等人作为先锋，火速回师救援色雷斯的残兵败将。援兵一度把哥特人压缩到希姆斯山峰以外的荒凉山麓，但不久又让他们逃了出来。要扑灭西哥特人的暴乱，看来非集中全国精兵不可，无奈之下，瓦伦斯只好暂时抛弃即将到手的东方领地，亲自领兵回来灭火。

公元 378 年 8 月 9 日，两军在色雷斯重镇阿德里亚堡城西相遇。当天天气很好，能见度相当高，战场是一片较为平坦的丘陵地带，西北高，东南低。罗马人在东面列阵，西哥特人在西面列阵。瓦伦斯下令立即开始进攻。

战斗一开始，双方势均力敌，装备精良的罗马人逐渐占据了优势。按照瓦伦斯在战前的部署，他的左翼突然出击，连续攻下了西面的好几个山丘高地，并绕到西哥特军的背后，准备截断敌人的退路。正在此时，北方突然传来一声炸雷般的巨响，无数长箭雨点般地倾泻在罗马军的阵地上。原来这里埋伏着西哥特人的盟友：东哥特人和阿兰人。其中还有不少匈奴雇佣兵。遭到突袭的罗马军阵脚大乱。哥特联军乘机扑向落在后面的罗马步兵。被骑兵抛弃的步兵抵挡不住哥特骑兵的冲击，很快被切成数段，分割包围。在包围圈里的罗马人被挤得密不透风，相互践踏，哥特联军的武器每击必中。原本势均力敌的场面变成了单方面的大屠杀。罗马军队阵亡 4 万余人，帝国十几年来积攒的野战精锐，在一天里拼个精光。罗马帝国从此一蹶不振，西哥特人成功地完成了代理战争的任务。

瓦伦斯腰上也中了一箭，在卫兵的护卫下仓皇逃进一间破旧的茅屋里。倒霉的是，追击的西哥特人发现屋里有人，为了减少伤亡，干脆放了一把火，茅屋坍塌时正好砸在瓦伦斯头上。堂堂罗马帝国皇帝就这样变成了一把灰烬。因为瓦伦斯当政时曾经迫害尼斯教派基督徒，幸灾乐祸的主教们乘机给他扣了一顶帽子，说他没有得到善终的原因是"他杀害圣徒而终于落到自己身上的天谴的报复"。

弗里提格在大胜后马上率领西哥特人进围阿德里亚堡，但因为缺乏攻城器械，连续受挫。弗里提格此时的行动表明他缺乏政治眼光：此时君士坦丁堡极其空虚，若绕过阿德里亚堡，引兵直趋君士坦丁堡，说不定有机会当上罗马皇帝。

屯兵坚城几个月，给西班牙人狄奥多西将军创造了机会。在狄奥多西的努力下，罗马军团的战斗力逐渐恢复，在战争中逐渐找回了平衡。为了提高士气，狄奥多西严令在任何场所，如果罗马军队没有占据地利和兵力上的优势，绝对不允许和哥特人交锋。从此以后，罗马军团接连打了几个大胜仗，把战争包袱甩给了哥特人。

狄奥多西心里清楚，要想把哥特人重新赶到多瑙河以北显然不现实，唯一的可能是停止战争，把他们尽可能地约束在一片便于监视的土地上。

历史善待了这位有远见的政治家。西哥特人的领袖弗里提格等人先后死掉，为他排除了谈判的最大障碍。狄奥多西抓住机会，主动向西哥特老王阿纳塔里克示好，邀请他到君士坦丁堡谈判。阿纳塔里克欣然赴约。宾主经过愉快的讨论，于公元 382 年达成如下协议：

（1）维德瑞克手下的东哥特人以及一起侵入罗马帝国的阿兰人、匈奴人，可以居住在潘诺尼亚和上莫西亚地区；西哥特人居住在下莫西亚。

（2）所有这些人都是帝国的同盟者，继续按照本民族的风俗和法律统治自己的国中之国。免除哥特人土地上的所有租税。

（3）哥特人保证为帝国提供军队，并保证边境的安全；罗马政府每年给予哥特人一定数量的金钱补贴。

阿纳塔里克和少年阿拉里克被封为贵族，可以随时出现在皇帝面前。有感于狄奥多西的恩惠，西哥特人主动出兵帮助狄奥多西消灭了西罗马境内的叛乱者尤金努斯，使之重新统一了罗马帝国。

阿纳塔里克不久去世，狄奥多西也在统一了帝国五个月后，撒手西去。

公元382年谈判的条款和以往的条约区别不大，唯一的区别是哥特人及其盟友可以合法地在帝国境内生活。虽然因为阿纳塔里克去世，阿拉里克年幼，西哥特人暂时还没有一个强有力的领导人可以挑战皇帝的权威，但"哥特人的毒素"深深地植根于帝国境内。随着狄奥多西大帝的去世，阿拉里克的成长，哥特人再次显出他们叛服无常的本性，罗马帝国的掘墓人又要行动了。

第十三章
远交近攻：乌尔丁治下的匈奴帝国

草原英雄出身草莽，习惯于大碗喝酒，大块吃肉，直来直去，不喜欢算计。乌尔丁大王则不同，作为大禹的后裔、匈奴帝国的奠基人，他不喜欢使用武力，只喜欢炫耀。一阵挥干舞戚，就让东罗马帝国变成了匈奴人的金驴子。在他的"拉拢"下，西罗马人心甘情愿地把他当成最可靠的朋友，对受侮辱的东部同胞视而不见。

一、卓越的心理战"志愿者"：最早描述匈奴形象的罗马学者们

在世界历史上，"第五纵队"向来是各国最挠头、最可怕的敌人。在匈奴铁骑刚刚踏上罗马帝国的领土，还没有尽情挥洒长刀、羽箭的威力时，一批罗马知识阶层的"优秀分子"已经开始主动为匈奴帝国"服务"，充当了第五纵队的先锋，而且没要一分钱的报酬。

公元395年，狄奥多西驾崩。由于生前坚决支持天主教，教

会控制的知识群体也给他封了个"大帝"。狄奥多西是罗马帝国历史上最后一位统治整个地中海沿岸的君主。可是这位雄才大略的大帝却不会教育儿子。狄奥多西临终前，两个儿子阿尔卡狄乌斯和霍诺留年龄都不大，一个18岁，一个11岁，而且智商都很低，在他们中间挑选继承人，实在是难为狄奥多西。在即将去面见他忠诚信仰的上帝之前，不甘心皇权旁落的狄奥多西决定让两个儿子都当皇帝，把罗马帝国分成两半，一人一半，不偏不倚。至于将来谁能重新一统帝国，就看两个儿子谁的造化大了。作为东罗马帝国皇帝或首任拜占庭帝国皇帝，阿尔卡狄乌斯在名义上获得了亚洲西部、埃及和希腊、色雷斯和莫西亚；西罗马帝国皇帝霍诺留则获得了意大利、高卢、不列颠、西班牙、西北非洲和潘诺尼亚。之所以说是名义上，是因为莫西亚、潘诺尼亚以及高卢地区在事实上已经脱离帝国控制，成了蛮族的天下。

狄奥多西知道两个蠢儿子不争气，万一被人篡权，只怕连命都保不住，为此，狄奥多西想出一个好主意：把两个儿子托孤给名将斯提里科，为笼住斯提里科，他还把侄女兼养女塞雷娜嫁给了他。

斯提里科确实忠心耿耿，可他是个汪达尔人。这让狄奥多西的另一位宠臣、西哥特人阿拉里克心生怨恨。因为哥特人和汪达尔人是世仇。从此以后，这两个人的争斗成为罗马帝国的时代主题，这为匈奴帝国的运筹提供了机会。

在罗马帝国走向分裂的同时，原本松散的、各自为战的匈奴各部却在走向整合和集权。虽然从史籍中还看不出匈奴内部权力划分的实情，但可以看出原本松散的各部已经投到两个大王的麾下。和匈奴历史上的"三权分立"不同，迁入欧洲的匈奴只有两部分：东匈奴和西匈奴。在两者之上还看不到一个类似单于式的集权人物，巴拉姆贝尔似乎就是西匈奴的大老板。碾轧罗马帝国、驱赶日耳曼人的任务暂时主要由西匈奴承担。东匈奴主要在乌克兰草原及顿河以西地区活动。

在巴拉姆贝尔与哥特人大战的同时，东匈奴也没闲着。他们于公元 384 年沿黑海海岸南下，翻过高加索山脉，联合里海东岸的所谓白匈奴（其实是月氏人的一支），侵入两河流域，进攻依狄萨城，但被罗马将军瑞茨麦尔击败。吃了败仗的东匈奴王很没面子，不久即重整大军，再次向西亚进军。他们首先征服了亚美尼亚，然后直接向同为游牧民族的波斯萨珊王国发动了进攻。萨珊王国的勇士们虽然也是弓马娴熟，但和匈奴铁骑相比，还是差了一筹。萨珊很快屈服，他们的"万王之王"跪在使者面前磕头求饶，答应割地纳贡。不久之后，波斯人又进一步与匈奴人联手，策划袭击当时在罗马帝国控制下的叙利亚和以色列地区。

叙利亚地区是西亚最富庶的地区之一，是罗马帝国称雄于西亚地区的根据地。首府安条克是叙利亚以至整个西亚地区最大的城市，号称有 50 万人口。罗马帝国派驻了 4 个军团，保卫这块沃土。可就在匈奴大军即将兵临叙利亚的时候，东罗马皇帝阿尔卡狄乌斯却莫名其妙地把这些驻军全部调走了。大概是以为萨珊王国已经十分虚弱，对叙利亚没有什么威胁了吧！

　　罗马驻军的撤离使安条克变成了一座不设防的城市，本来不善于攻城的匈奴人轻而易举地拿下了这座西亚名城。足足有200多年没有享受过幸福的城市生活了，进了城的匈奴人像掉进金库的叫花子，拼着命地四处搜刮、大开杀戒。几天之内，数十万市民肝脑涂地，教士、妇女、儿童一概不能幸免。一个市民在石碑上为后人留下了可怕的记录："他们就在我们中间，而我们不知道他们从哪里来。他们在圣泉里饮马，在庙宇的台阶上霸占我们的女人，在城市的柱子上悬挂我们孩子的头颅。我们的女儿被脱光衣服，放在马背上带走。她们就这么离开了安条克，我们再也没有见过她们。"

　　阿米亚诺斯，古罗马著名历史学家，安条克是他的故乡。他曾经长期在罗马驻西亚的军队里服役。匈奴人蹂躏他的家乡时，阿米亚诺斯大约50岁，有可能亲眼见证了匈奴人的暴行。不管是见证，还是出于对家乡的热爱，反正阿米亚诺斯开始关注匈奴，并为我们留下了《历史》一书。在书中，我们可以看到罗马人对匈奴人的第一印象：

　　"他们居住在米阿提海（亚速海）的东岸。离着冰洋很近，较其他蛮族更加野蛮。他们生下孩子以后，就用钢刀在孩子们脸上划上深沟，这样孩子们长大了要生胡须的时候，疤疤就可以制止胡须的生长。所以到了老年，还没有胡须，样子很难看，犹如宦官。但是他们有强壮的四肢，有粗壮的脖颈，形态丑陋，看起来很像两条腿的野兽，又像被人粗加砍制，用来架在桥梁两头的木头偶像。"

　　"这些人虽具人形，但在生活上是极其野蛮的，他们不用火来烹调食物，也不用任何调味品。他们的食物是野生植物的根和不论是什么野兽的半生的肉。他们只将兽肉放在他们的大腿与马背间温一下就生吃下去。他们没有房屋，他们躲避房屋如同躲避坟墓一样。在他们居住的地方一座茅屋也没有。他们只是在山林之中漫游，自幼就学会了忍饥耐渴、不怕寒凉的本领。在离开家乡的时候，除非绝对必需，他们永远不会进入人家的房屋，因为他们觉得在屋顶之下是不安全的。”

“他们穿着用麻布或地鼠皮缝制的衣服，在家、出外都是如此。衣服一经穿上后，就不再脱下来，也不更换，一直到完全破敝碎落，不能再穿时为止。他们头上戴着圆形小帽，用山羊皮围着他们多毛的腿。他们的鞋不是用鞋形来制作的，致使他们行动起来非常不便。因此，他们不善于徒步作战，而是整天骑在马上。马很强壮，但是并不好看。有时他们用妇女骑马的样式，以便进行日常工作。他们每个人都不分昼夜地在马上进行买卖，在马上饮食，将头俯在马脖子上酣睡，在马上做梦。如有重要事情需要讨论，他们就骑在马上开会。”

“作战时，他们结成楔形的阵，并大声嘶喊，声音极其粗野。因为服装轻便，他们行动迅速，出没无常。有时忽然分散成小队进行攻击，各处乱冲，大肆屠杀。他们行动如飞，在敌人还没来得及看见时，他们已经杀到敌人营垒的前边。他们使用一种投掷的武器，尖端并不用金属，而用磨尖的骨头巧妙地紧缚于柄上。因此他们可以在远处对敌人进行攻击，向敌人投标之后，他们疾驰敌前，用剑来战斗，不顾生命。当负伤的敌人正注意自己的创伤时，他们向敌人撒网，使敌人手足被缚，不能行动。他们实在是最可怕的战士。"

对残酷蹂躏自己家乡的匈奴人，阿米亚诺斯的描述带有明显的歪曲和情绪化。不过这恰恰帮了匈奴人。因为阿米亚诺斯笔下残酷、出没无常的匈奴人形象是大多数罗马公民了解匈奴人的第一个窗口。他的情绪化描写恰恰增加了罗马人对匈奴的恐惧，在无意中充当了匈奴心理战的工具。

不光是阿米亚诺斯，还有更多的罗马人"自愿"充当匈奴帝国的心理战战士。希赫米密斯在公元 396 年写道："20 年来，每天都有罗马人的鲜血从君士坦丁堡流淌到阿尔卑斯山……匈奴人袭击阿兰人，阿兰人袭击哥特人，哥特人袭击汪达尔人和萨尔马特人，从伊利里亚被驱赶出来的哥特人又来驱赶我们。这事的结果还无法预料……"

对这些"志愿者"，东匈奴似乎并不领情。他们没有放过的意思，反而直扑基督教的圣地耶路撒冷。上帝这回终于发了一次威，地中海气候的夏季炎热、干燥，让来自寒温带的匈奴联军很不适应。无奈之下，匈奴改道西进，扑向不久前刚刚臣服的波斯。肥沃的美索不达米亚平原成了他们肆意掠夺的乐土。不过这回他们碰到了对手。公元 396 年，匈奴大军包围萨珊王国的首都——底格里斯河畔的泰西封。萨珊国王巴哈姆四世不甘心做阶下囚，率领全城军民拼死抵抗。匈奴缺少攻城设备，另外抢劫得也差不多了，基本上可以满足，于是在围攻了一段时间后主动撤离，翻越高加索山脉北上，回到"故乡"享受去了。此后，东匈奴一感到物资匮乏就向高加索以南的"顺民"讨要贡赋，稍有不从就挥师南下。这一局面直到阿提拉统一匈奴各部，建立统一的匈奴帝国时才宣告结束。

二、胡萝卜加大棒政策的知识产权拥有人：匈奴大王乌尔丁

开国之君往往拥有盖世武功，匈奴帝国的奠基人乌尔丁大王却发明了另一套方法：用胡萝卜填满敌人的口，用大棒驱赶代理人去抢夺敌人还没咽下去的胡萝卜。自己则装出一副老好人的模样，时不时地帮罗马人一把，既换取了好名声，还能乘机讨一笔丰厚的报酬。西哥特人阿拉里克和汪达尔人因此成为匈奴人南下的先锋官。

东匈奴在西亚横行的前夕，西匈奴发生了权力更替：征服了整个东欧平原的一代天骄巴拉姆贝尔去世，和他似乎没有什么血缘关系的乌尔丁接替了他的位置。在狄奥多西和西哥特人的协议中，加盟了哥特联军的匈奴人获准进入潘诺尼亚（主要在今匈牙利）地区生活。匈奴人惊讶地发现，在德涅斯特河以西还有这么一片水草丰美的草原。"只要有草原，就应该属于我们"，匈奴大王乌尔丁决定迅速向潘诺尼亚地区挺进。

公元 395 年夏，狄奥多西大帝尸骨未寒，乌尔丁即率军渡过多瑙河，势不可挡地由东向西横扫巴尔干北部。巴尔干北部属于东罗马帝国，不过大部分已经被狄奥多西让给哥特人居住，只有少部分罗马人零星散布在哥特人中间。忙着和弟弟瓜分遗产的阿尔卡狄乌斯无暇顾及这些零散的罗马公民，任由匈奴人的长刀在他们头上挥舞，抵御匈奴侵略的任务完全落到了倒霉的色雷斯总督头上。巴尔干北部是色雷斯总督的辖区，总督没办法推卸责任，只好硬着头皮去找乌尔丁乞和，希望他放自己一马。没想到乌尔丁很不给面子，指着太阳狂妄地对总督说："凡日光所照临之处，只要我愿意，我都可以征服。"总督只好灰溜溜地回去，悄悄收拾行装，准备在匈奴大军兵临城下之前逃命。匈奴铁骑并没有继续南下，而是折向西北，杀奔心仪的潘诺尼亚。总督长出了一口气，开始起草报告，向皇帝报告自己是如何成功地赶走了野蛮的匈奴人。乌尔丁第一次进攻东罗马帝国所造成的阴影就在这一特殊背景下被消弭殆尽，没有给东罗马朝野留下什么深刻的不良印象。这为以后两国的"合作"创造了条件。

在狄奥多西与西哥特人签署协议后，早已归顺匈奴的东哥特王胡尼蒙德为了给主子腾地方，带领大批部众以及一大批阿兰人离开乌克兰草原和顿河东部草原，陆续进入潘诺尼亚，和这里的苏维汇人、汪达尔人一起生活。这几个民族虽然语言、生活习惯不同，但却能和平相处，亲密无间。倒是斯皮德人受到一定的挤压，不过也还基本维持了在匈牙利东部平原以及邻近山地的统治地位。

可自从乌尔丁看上这块沃土，这里的平静生活便被打破了。胡尼蒙德当然不敢和主子对抗，主动拉着阿兰人迁走了。斯皮德人、苏维汇人、汪达尔人、伯艮第人在匈奴铁骑的扫荡下，勉强抵抗了一阵后纷纷向西渡过莱茵河进入高卢，和早已定居在这里的法兰克人、阿勒曼尼人等抢起了饭碗。盎格鲁人、撒克逊人跑得更远，干脆渡过汹涌的英吉利海峡，跑到匈奴铁骑不可能到达的大不列颠岛上，和这里的主人凯尔特人、朱特人等进行了长期的较量，直到成为英伦的主人。

匈牙利草原是欧洲内陆最后一片草原，再往西则是盘根错节的森林地带。森林地带可以说是游牧民族的坟墓，战马的威力根本无法发挥，如果下马步战，个头、力量都不足的匈奴人显然不是身材高大的日耳曼人的对手。于是，乌尔丁在占领了匈牙利草原后，放下了长鞭，开始细心调教归顺了自己的日耳曼各部。现在，在他手下有和匈奴一样，可以为他提供马上战士的游牧英雄阿兰人；有已经擅长农业生产的东哥特人等日耳曼部众为匈奴提供粮食。流浪了200多年的匈奴人终于找到了属于自己的乐土。

不过，令乌尔丁始料未及的是，匈牙利草原虽然水草丰美，可毕竟地域狭小，根本养活不了太多的游牧健儿。加上当地有很多定居的日耳曼人，很多马上勇士被安逸的定居生活所吸引，纷纷跳下马来，加入定居者的行列，成为定居日耳曼人的"俘虏"。定居生活对于游牧民族的战斗力的打击是极为严重的，匈奴铁骑从进入欧洲腹地开始，其骁勇无敌的战斗力即开始一天天地减弱。尽管在乌尔丁时期还看不出多大危害，但在不久的将来，这一弊端的巨大杀伤力将被他们的敌人所利用，并最终葬送了强悍的匈奴帝国。

为了赢得整合内部的时间，乌尔丁暂时收起了大棒，开始谋求改善同两个罗马帝国的关系。乌尔丁很清楚，要想长期在欧洲立足，匈奴和东、西罗马帝国之间肯定要大战一场。在条件不成熟之前，先驱赶日耳曼人到罗马帝国境内折腾一番不失为一个良策。当年巴拉姆贝尔大王"无心插柳柳成荫"，成功地"利用"西哥特人干掉了罗马皇帝瓦伦斯。乌尔丁开始有意地制造代理人，西哥特人阿拉里克和汪达尔人因此成为匈奴人南下的先锋官。

三、罗马陷落：西哥特人交出的出色答卷

西哥特人很听话，乌尔丁还没有任何进攻行动，他们就乖乖地离开家园，杀向罗马。霍诺留皇帝龟缩在拉文纳，拒不接受阿拉里克的条件。肚子瘪瘪的元老们不干了，他们又选出一个皇帝，用一种滑稽的方式取得了西哥特人的谅解。

公元 410 年 8 月 24 日午夜，在兵器的撞击和战马的嘶鸣声中，西哥特人杀进罗马。这座罗马帝国的母亲之城终于在建立 1163 年后，被"野蛮人"攻破了。地狱般的罗马大大刺激了基督徒的心。为了慰藉基督徒失望的心情，基督教哲学家圣·奥古斯丁创作了《上帝之城》，安

慰人们说罗马并不是上帝之城，毁灭了也不要紧，崇高的
天国是巍然永存的，阿拉里克只是上帝用来惩罚犯了罪的
罗马人的鞭子。

狄奥多西去世时把汪达尔人斯提里科作为托孤重臣，引起了西
哥特人阿拉里克的严重不满。罗马帝国分家后，斯提里科主要在西
罗马生活，照顾年幼的小皇帝霍诺留。东罗马帝国的大权落到了皇
室主管、高卢人鲁菲努斯的手里。在狄奥多西晚年立过大功的阿拉
里克始终没有能够接近权力核心，心里更加怨恨。这时，乌尔丁率
部侵入巴尔干北部。定居在此的西哥特人虽然受到的损失并不大，
但已经明显感到这里即将成为火药筒，三十六计，走为上策，阿拉
里克决定带领子民另外找一块远离匈奴压力的乐土。和罗马人商量
显然是白费工夫，还是刀剑有效。于是，阿拉里克于公元 395 年再
次扯起反叛的大旗。

西哥特人的南下打了阿尔卡狄乌斯和鲁菲努斯一个措手不及。
阿拉里克很快进入色雷斯，横越马其顿平原，一路势如破竹，根本
没有遇到像样的抵抗，因为东罗马军队的主体已经是西哥特人，当
然不会同室操戈。更有甚者，君士坦丁堡的卫戍司令盖纳也是西
哥特人，他已经暗中和阿拉里克打好招呼，西哥特军一来就开城
投降。

万般危急之中，阿尔卡狄乌斯决定向斯提里科求援。此时正
在高卢前线抵御日耳曼人入侵的斯提里科没有考虑这里面的政治后

果，即率军星夜赶往东罗马。在进入巴尔干半岛后，他要求恢复对东罗马军队的指挥权，因为狄奥多西临终时任命他做整个罗马帝国军队的总司令。阿尔卡狄乌斯没有别的选择，只好同意。

斯提里科果然厉害，在阿拉里克即将兵临君士坦丁堡之前居然奇迹般地追上了西哥特人，并最终把他们团团包围在色雷斯与希腊之间的丘陵地带。阿拉里克的所有突围尝试均被粉碎，西哥特民族眼看就要在历史上消失了……

心急如焚的阿拉里克使出最后一招：行贿东罗马帝国的实际主人鲁菲努斯，并承诺不再进攻君士坦丁堡。鲁菲努斯害怕斯提里科抢班夺权，在得到阿拉里克的明确保证后，开始向皇帝进谗言。小皇帝耳根子发软，把鲁菲努斯的话奉为天谕，不仅下令收回斯提里科对东罗马军队的指挥权，还派人谴责他肆意践踏本国领土、杀害百姓。斯提里科莫名惊诧，但对先帝的忠诚让他接受了这一现实，没有做出任何反抗即班师回国。

大难不死的阿拉里克早把昔日的誓言丢到九霄云外，令大军继续南下。鲁菲努斯的情报工作太差，大难即将临头时还乐颠颠地跑到军营里慰问，结果被哥特雇佣军一刀砍死。失去敌手的阿拉里克迅速进入希腊，底比斯、德尔斐、科林斯、斯巴达等历史名城先后被攻占。著名的雅典居然根本不进行抵抗，为了全城人的生命，情愿付出全体市民一半的财产。

为了活命，阿尔卡狄乌斯只好又向斯提里科求援。斯提里科不愿意背上抛弃幼主的罪名，再次出兵援助，在伯罗奔尼撒半岛包围了阿拉里克的大军。阿拉里克这次干脆不再寻找突围的道路，而是故技重施，直接向东罗马帝国的新"主子"、宦官奥特罗匹乌斯行贿，而且又让他成功了。

斯提里科气愤至极，下令放走西哥特人，随后收兵回国。没了援兵的东罗马政府只好使出招安的办法，把肥沃的巴尔干中部平原"赏"给阿拉里克，任命他做了那里的总督。和斯提里科的两次交锋让西哥特人损失不少，阿拉里克也觉得应该休整一下，于是给了东罗马帝国一个面子，接受了小小的总督职务。

阿拉里克虽然不再闹事，另一个哥特人、君士坦丁堡卫戍司令盖纳却坐不住了。原本想在叛乱中捞一把的盖纳对不争气的阿拉里克非常恼火，遂决定自己动手。公元399年，盖纳发动叛乱，迅速占领了首都。哥特雇佣军在城中大肆掳掠，连皇宫也没放过。不过让他们没有料到的是，君士坦丁堡的市民可不像希腊人那么软弱，罗马公民的尊严和荣誉感让他们自发组织起来，在夜间突袭了叛军的营地，杀死大批哥特雇佣军。盖纳仓皇逃出城，可是去哪里呢？投奔阿拉里克，实在没面子。盖纳决定率领残部到多瑙河沿岸讨生活。也是活该盖纳倒霉，此时的匈奴大王乌尔丁正准备和东罗马帝国搞好关系，盖纳不就是上好的见面礼吗？于是，乌尔丁毫不客气地摘下盖纳的人头，派使节给东罗马皇帝送去。

公元400年1月3日，匈奴使团来到君士坦丁堡。这是欧洲历史上明文记载的第一个匈奴使团，也是君士坦丁堡朝野上下第一次见到匈奴人。阿尔卡狄乌斯对匈奴人的厚礼大喜过望，立即宣布匈奴人是东罗马帝国最好的朋友，还为此建造了一根凯旋柱，上面刻上匈奴人纵马奔驰的英姿。这根柱子现在还保存着。

公元405年，乌尔丁又迎来了和西罗马帝国拉关系的好机会。东哥特人拉特给萨斯在匈奴的压迫下带领数十万哥特人及其他日耳曼民众越过阿尔卑斯山脉，出现在亚平宁半岛。拉特给萨斯的部众纯粹是一群拖儿带女的亡命之徒。绝境中求生存的欲望使他们的战斗力出奇强悍，兵锋直指罗马。斯提里科抵挡不住，只好备下重礼，向据说很友好的匈奴王乌尔丁求助。这是罗马帝国第一次向匈奴借兵。乌尔丁表现得非常慷慨，马上派出数万铁骑，亲自前往援救。

拉特给萨斯不熟悉意大利的地形，最后被匈奴——西罗马联军包围在佛罗伦萨附近的多斯加纳山中。拉特给萨斯父子以及大批战士战死，只有几千人幸免于难。这些幸存者被作为奴隶集体推上市场，结果引起市场奴隶价格暴跌。一个奴隶只能卖一个奥勒斯（古罗马货币名称），比牲口的价格还要低。

刚刚消灭了拉特给萨斯，阴魂不散的阿拉里克又冒了出来。在巴尔干休养生息的阿拉里克总觉得这里距离匈奴人太近，应该另外找一块地方。匈奴人成了东罗马的朋友，再向君士坦丁堡进军等于向匈奴人宣战，肯定是死路一条，唯一的方向是进攻西罗马。于是，从公元401年开始，阿拉里克就对意大利发起进攻。可是斯提里科总挡住他的去路，几次大战都没讨到便宜。西哥特人唯一的成果是让斯提里科把驻高卢的军队集中到意大利本土，使莱茵河防线非常虚弱，便利了其他日耳曼兄弟南下。

不过上帝似乎很钟爱阿拉里克。就在他一筹莫展之际，西罗马帝国内部突然发生内讧，斯提里科被皇帝霍诺留处决了！作为一个蛮族，掌握帝国大权，让很多正统的罗马官僚非常不满。他们一个劲儿地煽风点火，在皇帝面前诋毁他，元老院的元老们尤其卖力。忠于先帝的斯提里科也想和皇帝搞好关系，先后把两个女儿嫁给了他。可是霍诺留皇帝先天生理有问题，不能享受男欢女爱，只能喜欢男人。这个人人都知道的秘密，斯提里科居然一无所知！这嫁女儿不等于公开羞辱皇帝吗？被羞辱的霍诺留杀敌的本事没有，处死大臣的能力还是有的。公元408年8月22日，罗马帝国少有的忠臣良将斯提里科不明不白地掉了脑袋。

杀了斯提里科也就罢了，罗马贵族们居然把军队中的日耳曼雇佣军也当成仇敌，大肆杀戮。惨遭迫害的雇佣军们怀着对旧主的眷恋逃往异乡。很多日耳曼人为了替斯提里科报仇，跑到阿拉里克那里，向他求助。虽然和斯提里科打了那么多年，可英雄毕竟惺惺相惜，阿拉里克当即决定进军意大利。

处于混乱中的西罗马帝国根本无力抵抗西哥特人的入侵，阿拉里克的大军一路势如破竹，直扑罗马。霍诺留怕得要死，连忙带领家人、宠臣逃往拉文纳，并正式迁都到那里。

拉文纳城始建于公元前49年，后来被屋大维皇帝加固为全意大利最坚实的堡垒：他把城北的波河水引到城南，使它的南北两面被波河包围；城东是亚得里亚海；城西则是一望无际的大沼泽，只有一条小路可供进出。每当波河涨潮时，全城干脆就成了一座汪洋之中的孤岛，没有船只，外人休想接近它。糟糕的地理环境使这里的居民住得非常不舒服。波河涨潮带给城里遍地泥浆，卫生状况极差。不过，这也使拉文纳成为一座最容易防御的城市。为了活命，霍诺留在拉特给萨斯入侵时就曾经逃到这里避难。现在，他干脆待在这里不走了！

和脏、乱、差的拉文纳相比，富庶的罗马当然对西哥特人更有吸引力。阿拉里克下令包围住城墙，封锁了12座城门，并严密看守台伯河航道，严禁任何船只进入罗马，切断了罗马同外界的一切联系。阿拉里克并不急于攻城，他要等罗马人主动来求和。圣城罗马1000多年来还是头一次遭到如此沉重的打击。无能的罗马公民除了诅咒野蛮人，一点办法也没有。这时，一些别有用心的人散布谣言，硬说西哥特人是斯提里科的遗孀——塞雷娜公主招来的。自以为聪明的罗马人居然相信了，元老院毫无理由地判处塞雷娜死刑，把她残酷地绞死了。

令罗马人奇怪的是，西哥特人并没有因此撤军，相反，包围得更严密了。罗马出现了大饥荒，每天的面包供应从3磅减到半磅、0.3磅，后来干脆没有了。粮食价格飞涨，平时享受荣华富贵的元老们突然发现手中的珍宝居然只能换回一点点可怜的、连宠物都不愿意闻一闻的粗劣粮食。即便如此，饥饿的威胁还是逼着他们大口大口地吞食。数以千计的贫穷市民被饿死在家中或街头，腐烂的尸体散发出的臭气弥漫在昔日清爽的空气中。可怕的瘟疫接踵而至。

为了生存，很多人居然抛开"万能"的上帝，重新回到神庙，乞求早被他们遗忘多时的罗马诸神庇护。为了活命，元老院只好派出使者，去和阿拉里克谈判。

阿拉里克对使者不屑一顾，傲慢地提出议和条件：交出城里所有的金银，不论是公有的还是私有的；交出贵族所有的不动产；释放全部日耳曼出身的奴隶。

使者大着胆子问道："那么，尊贵的国王，你准备给罗马市民留下什么呢？"

"你们的生命。"

使者被弄得灰头土脸，决定硬一回："尊贵的国王，罗马城内还有很多士兵，大家每天都在操练，您的要求会让他们殊死抵抗！"

阿拉里克哈哈大笑："好啊！草长得越密，割起来越容易。"

大概是西哥特人也需要补充给养，阿拉里克后来主动降低了条件：5000磅黄金、3万磅白银、4000件丝绸袍子、3000件上等红衣服和3000磅胡椒。罗马人千方百计凑够了贡品，赶紧送过去，生怕野蛮人改变主意。阿拉里克倒是恪守约定，及时解除了对罗马的包围。

为了过冬，阿拉里克带着大批战利品南下来到温暖、富庶的托斯卡尼省。这里很快成了日耳曼籍奴隶的避难所。大约有4万多奴隶摆脱了罗马奴隶主的束缚，投到阿拉里克麾下。不久，他的内弟阿道法斯带着西哥特援兵历尽艰辛赶到这里。在援兵之中还有乌尔丁授意加盟的大批匈奴雇佣军。阿拉里克的实力得到进一步加强，于是，他决定卷土重来，再次发起对西罗马的进攻。

不知道是出于什么目的，阿拉里克强迫罗马城的三位元老作为自己的使节，前往拉文纳，主动提出议和。他开出的条件是：任命他做西罗马军队总司令；每年给西哥特人一笔丰厚的贡赋；把诺里康省（大致相当于现在的瑞士）割让给他。阿拉里克的条件让罗马人怀疑他的诚意，因为以他的条件，做皇帝都够了，会委屈做一个司令？诺里康省虽然扼守从意大利到多瑙河的交通要道，可紧邻着匈奴人的老巢，阿拉里克不怕匈奴人收拾他？拉文纳的实际权力控制者奥林匹乌斯因此断然拒绝了这个建议。

阿拉里克大怒，再次包围了罗马。罗马元老们纷纷谴责奥林匹乌斯祸国殃民。拉文纳很快发生内讧，奥林匹乌斯被赶下台，近卫军长官约夫乌斯、名将根涅里德掌权。可能是因为形势还不明朗，匈奴大王乌尔丁又给了根涅里德1万援兵。这1万援兵带来的辎重是如此丰富，"还驱赶着大群的牛羊，其数量之大不仅足以供给一支部队的给养，而且也足够建立一个殖民地之用"。得到匈奴支援的霍诺留，不久又迎来东罗马帝国的救兵，自以为有了依靠，于是命令正和西哥特人谈判的约夫乌斯不得接受敌人任何傲慢无理的要求。糟糕的是，霍诺留给约夫乌斯的信被人冒失地交给了阿拉里克本人。阿拉里克大怒，再次断绝了罗马的物资供应。

罗马元老们可不愿意再挨饿，他们迅速做出了一个惊人的决定：废黜霍诺留，另立和阿拉里克关系不错的阿塔卢斯做皇帝。阿塔卢斯披上紫袍后，马上宣布接受哥特人的所有条件。罗马的困局通过这一滑稽的方式得到缓解。

元老院拥有选举皇帝的权力，这是当年屋大维留下的遗产。霍诺留大惊失色，赶紧派人去见阿塔卢斯，宣布接受他和自己共同治理西罗马。不过阿塔卢斯实在没用，根本笼不住手底下这帮人。阿拉里克一气之下，又废了他。霍诺留以为时来运转，又开始强硬，拒绝和阿拉里克讲和。阿拉里克终于下定决心：进攻罗马。

公元 410 年 8 月 24 日午夜，罗马城里的奴隶们打开萨拉里亚城门，在兵器的撞击和战马的嘶鸣声中，西哥特人杀进罗马。这座罗马帝国的母亲之城终于在建立 1163 年后，被"野蛮人"攻破了。西哥特人在城中进行了残酷的报复，大批市民被杀戮、房屋被烧毁、妇女被奸污。只有教堂和躲在教堂里的民众幸免于难，因为西哥特人绝大部分是阿里乌斯派基督徒。跟随进城的匈奴雇佣军虽然不信教，但在哥特人的影响下，也放过了教堂。地狱般的罗马大大刺激了基督徒的心。在他们心中，罗马是神圣不可侵犯的，是世界的全部秩序的起点，是上帝最钟爱的地方，容不得半点兵祸。基督教里的世界末日观念首次占据基督徒们的心灵。一位叫卢姆的神甫哀叹："这是世界末日，我说不出话来，我的喉咙哽咽了……这座曾经制服世界的城市，如今也轮到它倒塌了。"为了慰藉基督徒失望的心情，著名的基督教哲学家圣·奥古斯丁创作了《上帝之城》一书，企图告诉人们罗马只是地上之城，毁灭了也不要紧，但崇高的天国是巍然永存的。阿拉里克只是上帝用来惩罚犯了罪的罗马人的鞭子。

经过持续 6 天的洗劫，罗马城变成了满目疮痍的废墟。阿拉里克也看不下去了，他决定率部离开罗马，到他心仪的地方去建立自己的独立王国。这回，他的目标指向了罗马帝国的粮仓——北非。临走前，阿拉里克顺手抢走了霍诺留的异母妹妹普拉西迪娅。

西哥特大军一路杀到亚平宁半岛南端的墨西拿海湾。在这里，他们大造船只，准备渡海到西西里岛，然后前往北非，在那里建立他们梦想已久的西哥特王国。墨西拿海湾是古希腊史诗《奥德赛》中所说的三头女水怪斯库拉和漩涡女妖卡金布迪斯居住的地方。这回似乎女妖真的要发威了，西哥特人的舰队下水不久就遭遇一阵突如其来的风暴，船只大批损毁，人员损失惨重。阿拉里克本人也染上了疟疾，不久病故。

西哥特人非常悲痛，他们命令罗马战俘排干一条河的水，在河床下修建了大墓。然后又把河水引回故道，并杀死全部参与建设的战俘。一代枭雄阿拉里克就这样离开了他的亲族，他的墓究竟在哪里，至今仍是个谜。

阿拉里克死后，他的儿子阿道夫斯继承了王位，并娶了普拉西迪娅。阿道夫斯不想去北非，他和霍诺留讲和，接受了将军头衔，然后率部离开意大利前往日耳曼人聚居的高卢。在那里，他碰到了世代仇敌、乌尔丁的另一个代理人——汪达尔人贡塔里克。

四、截断粮道：避实击虚的汪达尔人

汪达尔人比西哥特人聪明。西哥特人很像西楚霸王项羽，在正面战场上和秦朝大军拼个你死我活；汪达尔人更像刘邦，绕开敌人重兵把守的关口直取秦都咸阳，他们抢走了罗马帝国的粮仓——西班牙。项羽发怒了，大军直扑刘邦，上演了一出鸿门宴；西哥特人也不干了，抛开罗马，直奔西班牙。刘邦主动示弱，退守富庶的关中，养精蓄锐；汪达尔人放弃西班牙，杀向另一个更大的粮仓——北非。刘邦后来夺取天下，汪达尔人则杀进罗马再也不用到处流浪。

和西哥特人从正面进攻西罗马帝国、消耗其有生力量不同，汪达尔人为匈奴做出的巨大贡献是从侧面袭击了西罗马最重要的两个行省：西班牙和北非。

"汪达尔人"一词的原意是"流浪者"，大约在公元前2世纪上半叶，从波罗的海沿岸迁徙到今波兰西南部的西里西亚地区。汪达尔人的手工业比较发达，农业水平也不错。在历史上，汪达尔人并不以能征善战著称，大多数时间里他们都是附近强大民族的附庸或者罗马帝国的雇佣兵。他们的王子斯提里科能够成为狄奥多西大帝的托孤重臣，与他们的历史传统有很大关系。

　　和祖先不一样，公元3世纪初的汪达尔王戈德吉赛尔是个足智多谋的统帅，几次打得罗马人落花流水，弄得同胞斯提里科很没面子。戈德吉赛尔本人因此荣膺"上帝之鞭"的称号，比阿拉里克还要早一些得到这一殊荣。

　　公元406年，受匈奴的挤压，汪达尔人、阿兰人和苏维汇人一起冲过形同虚设的莱茵河防线，进入高卢北部。开始，他们的行动非常顺利，美因茨、沃尔姆斯、斯特拉斯堡等名城先后落到他们手里。但是，现在高卢的主人是法兰克人。对于入侵者，法兰克人一直在寻找反击的机会。公元406年12月，法兰克人向因连续的胜利而趾高气扬、疏于防备的汪达尔军营发动了猛烈的袭击。戈德吉赛尔和2万多汪达尔勇士当场阵亡。如果不是阿兰国王雷斯彭迪亚尔从莱茵河一带撤回的军队及时赶到，汪达尔人只怕要从地球上彻底消失了。戈德吉赛尔的两个儿子——贡塔里克和盖萨里克被阿兰人救出来。贡塔里克成为新国王。

　　当晚，贡塔里克率领汪达尔人和阿兰人、苏维汇人一起，摆脱法兰克人的追击，向高卢南部推进。在不到三年的时间里，他们从莱茵河一直杀到比利牛斯山。后来，罗马在高卢的军事力量有所加强，三族联军内部也出现了一些裂痕。阿兰人戈阿尔带领一部分士兵投靠了罗马。为了摆脱讨厌的罗马和法兰克人，三族联军决定翻越比利牛斯山脉，到伊比利亚半岛讨生活。伊比利亚半岛是西罗马帝国的西班牙行省所在地，是帝国重要的粮仓。当时，那里正发生大规模的奴隶反抗压迫的"巴高达"运动，闹得行省的统治者焦头烂额。三族联军到来后，迅速和巴高达运动结合在一起。不久，北部重镇巴塞罗那失陷。

到公元 411 年，整个西班牙行省全部落入联军手里。三个民族瓜分了半岛，阿兰人占据了现在的葡萄牙，苏维汇人占据半岛北部的加泰罗尼亚地区，其他地方归了汪达尔人。后来汪达尔人和阿兰人联合成立了汪达尔—阿兰王国，苏维汇人则自己建立了国家。西罗马帝国的粮仓只剩下北非。

公元 415 年，西哥特人在阿道夫斯大王的率领下来到高卢。受霍诺留皇帝的怂恿，阿道夫斯决定向汪达尔人开战，替自己的大舅子夺回西班牙。西哥特人兵多将广，国小力弱的苏维汇王国很快被灭亡。但是强悍的加泰罗尼亚人拒不接受哥特人的领导，阿道夫斯在这里被不明身份的刺客暗杀。

在西哥特人的进攻下，汪达尔人和阿兰人在贡塔里克的带领下且战且退，历时 7 年多，才被挤压到半岛南端的塞维利亚附近。这时，西罗马皇帝霍诺留驾崩，各派势力又开始夺权斗争。北非总督卜尼法斯为了在竞争中占据优势地位，急于平定本地如火如荼的奴隶、农奴和破产农民大起义。于是，他向新近即位的汪达尔王盖萨里克发出邀请。

盖萨里克抓住机会，于公元 429 年 5 月带领仅存的 8 万民众迅速渡过直布罗陀海峡，在北非登陆。彻底甩掉西哥特追兵的汪达尔人现在成了无人能敌的地头蛇。当地奴隶、农奴、破产农民纷纷加入他们的队伍，土著居民柏柏尔人也向他们伸出援助之手。到公元

431 年，除了迦太基、塞尔塔等少数大城市外，整个北非行省全部落入汪达尔人手中。北非是西罗马最后一个粮仓，为了维护后勤补给线，瓦伦蒂尼安三世皇帝被迫向盖萨里克求饶，双方于公元 435 年达成协议，除了迦太基，其他地区全部割让给汪达尔—阿兰王国。不过盖萨里克可没有那么仁慈，他在充分休整后，于公元 439 年对迦太基发出最后一击，10 月 19 日，迦太基陷落，罗马帝国在北非 500 余年的统治宣告结束。最后一个粮仓也没了，西罗马帝国只剩下唯一的依靠：东罗马的援助。靠别人施舍的国家是无法维持长远的，西罗马帝国的灭亡指日可待。

在西哥特人、汪达尔人"卖力"地替匈奴人冲锋陷阵时，乌尔丁完成了对帝国内部的整合。罗马的史籍已经开始称他为"多瑙河以外一切蛮族之首领"。派往西罗马的支援部队反馈回来的信息不太好：罗马虽然陷落，罗马军队的实力并没有受到太大的损伤。没用的阿拉里克只知道进攻罗马，根本没去和罗马大军主力打过一次硬碰硬的战斗。乌尔丁决定继续维持同西罗马帝国的友好关系，耐心等待机会。而近在眼前的东罗马帝国，实在找不到可用的代理人，看来只有自己亲自动手了。

公元 408 年，乌尔丁率领大军杀入东罗马，匈奴铁骑如入无人之境，战果丰硕。但是在他们带着大批战利品回国时，一部分日耳曼仆从军被东罗马政府诱惑，突然向匈奴人发起袭击。负责殿后的斯基尔部落几乎全军覆没，乌尔丁本人也受了重伤，后于公元 411 年去世。

第十四章
"撒旦"降生：阿提拉的早年事迹

基督教主教们把阿提拉称为"上帝之鞭"，在普通百姓眼中，他更像到处和上帝作对的魔鬼撒旦。魔鬼的降生总是充满了怪异之气，要么飞沙走石，要么异臭遍野。阿提拉的降生好像没有什么新鲜，大概上天也没把他当成未来的主宰，所以把他送到了罗马，当起了人质。

一、路加：乌尔丁外交政策的优秀继承者

路加大王青出于蓝，他不再劳师远征，而是用威慑换回了大批黄金，塞满了他的国库。在西罗马帝国，路加精心培养了一个亲匈派，把埃提乌斯扶上了帝国总司令的宝座。更走运的是，东西罗马帝国同时陷入女人政治的泥潭，怯懦的普尔喀莉娅姐妹给了路加大王莫大的"帮助"。

乌尔丁死后，多纳图斯和察尔托曾经短暂地接任东、西匈奴的大王，这是我们第一次知道东匈奴大王的名字。不过两个人好像在

王位上没坐多久就从人们的视野中消失了。奥克塔和他的弟弟路加成为新的统治者。奥克塔的事迹我们不是很清楚，只知道他大概是后来统一的匈奴帝国的缔造者，路加要听命于他。后来他曾经率部进攻莱茵河畔的伯艮第人，这是匈奴人第一次向德意志中西部地区进军。但是，胜利后的奥克塔过于大意了。公元431年，在莱茵河畔举行的一次宴会上，匈奴突然遭到伯艮第人的袭击，损失惨重，奥克塔本人也在这一次事变中去世。不过，到底是奥克塔突然去世引起的慌乱让伯艮第人抓住了机会，还是伯艮第人的袭击杀伤了奥克塔，已经无从知晓。反正奥克塔死掉了。

奥克塔死后，路加兼并了奥克塔的部众，成为第一个统治整个匈奴帝国的大王。作为第一个全体匈奴人的统治者，路加少不了要在内部折腾一番。因此，乌尔丁大王制定的远交近攻国策被他继承，并发扬光大。

早在公元422年和公元426年，路加作为东匈奴的领导，即曾两度进攻东罗马帝国，蹂躏了色雷斯和马其顿地区。彼时的东罗马实力尚存，基本上还能把匈奴的威胁限制在巴尔干半岛的中、北部。但是软弱无能的狄奥多西二世只知道沉溺于基督教神学，对匈奴人的侵扰一点办法也没有。路加大王很聪明，乘机压迫狄奥多西二世，逼迫他用金钱换和平。狄奥多西不敢不从，于是双方达成协议：东罗马帝国每年给予匈奴350磅黄金；匈奴同意不再侵入罗马边境地区，必要时还可以出兵帮助罗马人。匈奴帝国由此进入了一个靠军事威慑就能填充国库的时代。

公元 432 年，成为全匈奴唯一统治者的路加觉得有必要让东罗马增加贡赋，他需要用金银来安抚刚刚收降的奥克塔部众。因为匈奴的统治方法单一，基本靠暴力压迫，很多匈奴部落的民众先后外逃，进入东罗马境内居住。路加觉得抓住了把柄，派使节严词要求东罗马政府把这些逃民引渡给他。以前居住在多瑙河沿岸的一些日耳曼人小部落曾经和东罗马帝国签订过很多协定，路加认为所有居住在多瑙河北岸的日耳曼人都是他的属下，东罗马政府必须立即废除和他们的约定。

此时的东罗马政府软弱无力，让他们把逃民收集起来送还路加，实在是勉为其难。连匈奴大王都控制不了的"刁民"，他们哪有能力收集？没办法，他们只好使用"拖"来解决，尽量争取匈奴人的宽待。由于谈判进行得不顺利，路加决定动用武力。公元 434 年，路加调集大军，准备亲征东罗马。不料一道闪电正好击中他，凌云壮志还没来得及实践一下他就一命呜呼了。东罗马朝野欢欣雀跃，感谢上帝拯救了他们。不过没多久他们就会发现，匈奴人真正大规模的侵略，他们还没尝过呢！

和乌尔丁在西罗马各派力量之间纵横捭阖，暂时没有找到一个称职的代理人不同，路加大王精心选定了一个合作者：西罗马将军埃提乌斯。

在介绍埃提乌斯这个罗马帝国最后的英雄的生平之前，我们有必要先了解一下两个罗马帝国在 5 世纪初出现的一个共有的现象：女人政治。东罗马皇帝阿尔卡狄乌斯和他弟弟一样有着难以启齿的生理疾病。他年轻貌美的皇后叶夫多尼亚可不愿意压抑自己的情欲，风流倜傥的约翰伯爵成了她的公开情人。大家都相信约翰才是阿尔卡狄乌斯的继承人狄奥多西二世的真正父亲。不知道阿尔卡狄乌斯是真不知道还是装傻，反正他对这个小皇子非常喜爱。大概不到 4 年，叶夫多尼亚就因为一次不成功的流产丢了性命。公元 408 年，31 岁的阿尔卡狄乌斯在统治了 13 年 3 个月零 15 天后，终于死掉了。按照爱德华·吉本的说法："我们无法概括他的人品，因为在一个充满丰富史料的时期，我们一直无法弄清究竟哪一件事属于伟大的老狄奥多西的儿子所为。"

　　阿尔卡狄乌斯死后，狄奥多西二世继承了皇位，但权力掌握在仅比他大 2 岁的姐姐普尔喀莉娅手里。普尔喀莉娅聪明伶俐，16 岁时就被授予"奥古斯塔"封号。"奥古斯塔"是和"奥古斯都"相对应的女性封号，获得者意味着有权继承皇位。尽管普尔喀莉娅没有做皇帝，但人们相信这是因为她和另外两个姐妹很早就宣布要把自己献给上帝，所以不便于再沾染世俗的缘故。

　　在普尔喀莉娅别有用心的教育下，她的弟弟注定要在一群女人和宦官的包围中度过漫长的童年。罗马皇帝应该掌握的骑射本领、治国之道，狄奥多西二世一点也没学到，相反，脑子里被灌输了大量的繁文缛节。打猎和抄书成了他的爱好，并因此获得了书法家的美誉。在这点上，他和宋朝的徽宗皇帝很相像。宋徽宗也是整天不理朝政，沉醉于自己创造的"瘦金体"书法之中。不同的是，宋徽宗落得个金朝阶下囚的下场，狄奥多西二世则在打猎时直接摔断了脖子。

普尔喀莉娅还给弟弟选了一个美貌的媳妇：欧多里亚。欧多里亚是个虔诚的基督徒，在她的影响下，狄奥多西二世又迷上了基督教神学，比大主教还博学。不过，欧多里亚的权力欲很强，两个女人开始了长时间的竞争。结果大姑姐显然更胜一筹，欧多里亚被流放到她一直"向往"的圣地耶路撒冷。

公元450年，窝窝囊囊的狄奥多西二世死了，没有留下继承人。普尔喀莉娅这回只好亲自出面。她迅速地脱下修女的衣装，嫁给了马约安将军，然后把马约安扶上了皇帝宝座，自己以皇后的名义继续参与朝政，直到7年后马约安驾崩。

回头再看看西罗马。公元415年，西哥特国王阿道夫斯在巴塞罗那遇刺身亡。在临终前，他要求他的弟弟把自己的妻子、罗马公主普拉西迪娅送回罗马，并与西罗马政府实现和平。但是西哥特人不愿意和西罗马政府和解。临时的统治者斯格瑞查怀疑普拉西迪娅和阿道夫斯的死有关，还惩罚了她，牵着她在自己的马后步行了12英里。不久，瓦里亚当选为新国王，他继续和罗马作战，并把目标瞄向北非。不过，和他的祖先阿拉里克一样倒霉，瓦里亚的舰队也被狂风吹个一干二净。这时饥饿开始袭击西哥特军队，瓦里亚终于明白阿道夫斯的良苦用心，于是主动与西罗马政府联系，准备谈判。

公元416年，双方达成协议。霍诺留用60万担粮食迎回普拉西迪娅；瓦里亚作为帝国的盟友，有义务帮助帝国恢复在西班牙的统治。两年后，西哥特人在国王提奥多里克的领导下赶走了汪达尔人、阿兰人和苏维汇人，在伊比利亚半岛建立起自己的西哥特王国。

普拉西迪娅回到罗马后，军队总司令君士坦提乌斯强迫她嫁给了自己。普拉西迪娅为他生了两个孩子：女儿荷诺维亚、幼子瓦伦蒂尼安。公元421年，霍诺留被迫宣布妹夫君士坦提乌斯为西罗马的共治皇帝，但是东罗马帝国拒绝承认。君士坦提乌斯很生气，没几个月就死掉了。丈夫虽然死了，可历经磨难的普拉西迪娅却"成熟"了。生活在妹妹阴影下的霍诺留皇帝每天只好和自己钟爱的小鸟为伴。

但是，军队总司令的职位不能长期空缺，支持皇帝的一派和有着西哥特背景及前夫旧部支持的普拉西迪娅一派发生严重冲突。前者的代表是卡斯提努斯，后者的支持者是卜尼法斯。最后，卡斯提努斯获得胜利，荣任总司令。卜尼法斯被迫放弃大法官的职务，跑到北非做起了总督。普拉西迪娅和她的两个孩子被礼送出境，流放到君士坦丁堡，交给东罗马皇帝监管。不过卜尼法斯依旧支持他们，经常从非洲秘密送钱给他们母子。

公元423年，霍诺留去世。霍诺留比他的哥哥好一点。他曾经下令废止了延续了将近2000年的血腥游戏——角斗；还曾在西哥特人离开后下令减免受害地区的税收，并制定了吸引农民耕种荒芜土地的政策，而且效果还不错。霍诺留的死，开启了一个新时代——大英雄埃提乌斯登上历史舞台。

公元 390 年埃提乌斯出生在一个军官家庭，父亲高登提乌斯有日耳曼人血统，年轻时在近卫军中服役，后来晋升到上议院长官的高位。埃提乌斯的母亲是个门第高贵的罗马人，非常富有。埃提乌斯很早就被选入近卫军。因为父亲的地位很高，埃提乌斯不幸被作为人质送到阿拉里克那里待了 3 年，好在毫发无损。近卫军官卡尔皮里奥觉得这个家伙不错，把他招为女婿。著名的格雷戈里大主教对他的评价是："高度适中，相貌英武，身材匀称，既不十分瘦弱，也不十分笨重；他才智敏捷，手足灵便，是一个十分有经验的骑兵和熟练的射手；他对于枪矛乐而不疲。他天生是一个战士，却以谋求和平的策略而驰名；他没有贪婪之心，不为欲念所动摇，不为任何邪恶的煽惑而偏离志向。他以最大的宽容忍受委屈，并且热爱劳动。他对于危险毫无畏惧，在忍饥耐渴和熬夜方面，无人胜得过他。"溢美之词都快被他用尽了。

公元 411 年，他再次作为人质，前往匈奴王路加的宫廷。路加慧眼识珠，决定把他培养成匈奴忠实的朋友。埃提乌斯很快学会了匈奴人的语言，大大提高了自己的骑射技巧，并和很多匈奴贵族成了朋友，为他日后的飞黄腾达打下了坚实的基础。

在这里，埃提乌斯最大的收获是结识了日后的战略伙伴阿提拉。路加兄弟有三个，除了奥克塔，还有一个默默无闻的蒙狄祖克。蒙狄祖克虽然只是匈奴小王，但他有两个后来让欧洲人闻风丧胆的儿子——长子布列达、次子阿提拉。阿提拉生于公元 395 年，比埃提乌斯小 5 岁。在埃提乌斯来到匈奴之前，阿提拉已经被送到西罗马首都拉文纳，身份同样是人质。

对于阿提拉的人质生活，我们几乎一无所知。可以想象，作为友邦王子，他的生活待遇应该是很优越的。他肯定学会了一些拉丁语，但水平并不高，因为他日后在外交场合还需要翻译。他大概也能听懂一些希腊语，而且对希腊人很有好感。在意大利的生活丰富了他的知识——包括军事、经济和基督教，也拓宽了他的视野。通过学习罗马史，他无疑认识到了国家和民族分裂的坏处，但未必真正理解了罗马的文明，因为他的人质兼留学生活并没有持续很长时间。不知道是他不擅长交际，还是不屑于和那些虚伪的罗马贵族交往，反正在拉文纳他没有结交什么朋友。

在埃提乌斯结束人质生活之前，阿提拉"及时"回到了匈奴王庭。在这里，他和埃提乌斯一见如故，相识恨晚。在埃提乌斯回国后，两人还保持着频繁的书信往来。两人的交往对匈奴帝国的发展、对西罗马帝国的毁灭有着至关重要的影响。《剑桥中世纪史》的作者甚至因此把埃提乌斯活动的年代单独作为了一个历史时期。

霍诺留皇帝死后，西罗马皇室只剩下普拉西迪娅年仅4岁的儿子瓦伦蒂尼安一个男人。东罗马的狄奥多西二世似乎又看到了重新统一罗马帝国的机会，因此他隐瞒了霍诺留死亡的消息，并积极准备出兵西部，重现祖父狄奥多西大帝的荣光。但是卡斯提努斯的动作更快，西罗马帝国的首席公证员约翰长老被他推到前台，披上了象征皇权的紫袍。为了抵抗东罗马军队和可能出现的卜尼法斯叛军，已经升任宫廷总监的埃提乌斯临危受命，前往匈奴人那里借兵。约翰指示他,如果敌人先出现在意大利,埃提乌斯应该毫不犹豫地从后面袭击敌人。路加大王很给面子,一下子拨给他6万铁骑。

狄奥多西二世眼看统一的希望化为泡影,只好退而求其次,于公元424年派兵护送瓦伦蒂尼安母子回国争夺皇位。约翰纯粹是个篡权的"僭主",真正支持他的人很少,所以很快被击败。等埃提乌斯率领6万匈奴铁骑赶到的时候,约翰已经被处决3天了。第一次参与宫廷斗争就站错了队,埃提乌斯感到很尴尬,现在摆在自己面前只有两条路:一是指挥6万大军大干一场,干脆自己做皇帝;二是和新皇帝合作。埃提乌斯选择了后者,6万匈奴铁骑眨眼间变成了瓦伦蒂尼安的支持者。后人为此把瓦伦蒂尼安视为"匈奴铁骑的受惠者"。不过普拉西迪娅不想在身边留一个定时炸弹,立了"大功"的埃提乌斯被发配到高卢做了总督。不料,这反而给了埃提乌斯丰满羽翼的机会。

霍诺留死后,西哥特王国的国王提奥多里克认为机会来了,开始向高卢南部用兵。埃提乌斯虽然已经把匈奴大军送回多瑙河北岸,可手里还有一支人数不少的匈奴雇佣军。依靠这支雇佣军和自己的智慧,提奥多里克被赶回西班牙,重新做起了西罗马的"忠实"盟友。在解决了西哥特人的威胁后,埃提乌斯开始精心对付那些定居在高卢的日耳曼人。经过一番努力,以强悍的法兰克人为首的"野蛮人"都服从了埃提乌斯的领导,并为他制造出一支精干的日耳曼军团。埃提乌斯至此成了又一个"朱里斯·恺撒"。

约翰倒台后，卡斯提努斯被处决，菲利克斯接替了他的职务。菲利克斯和卡斯提努斯原本是一派，这让普拉西迪娅很不爽。她心仪的人选是卜尼法斯。可卜尼法斯正被北非蓬勃兴起的奴隶起义搅得焦头烂额，无力北上。为了帮助主子争夺大权，卜尼法斯不顾一切后果，主动邀请正被西哥特人赶得四处逃跑的汪达尔人到北非帮他平叛。汪达尔人到达后，卜尼法斯马上北上和菲利克斯打起了内战。由于哥特人卷了进来，卜尼法斯先胜后败，双方处于胶着状态。远在高卢的埃提乌斯则乐得坐山观虎斗，耐心等待机会。

公元 430 年，菲利克斯在拉文纳的一个教堂的台阶上被人刺杀，人们无一例外地把普拉西迪娅当成幕后的主使。埃提乌斯迅速南下，轻而易举地拿到了帝国总司令的头衔。在匈奴铁骑的大力支持下，埃提乌斯迅速平定了高卢新发生的叛乱，并恢复了罗马帝国在雷西亚（今奥地利南部）和诺里康省的统治。

埃提乌斯的成功让普拉西迪娅更加不安。她吹毛求疵地找出一个罪状，免去了埃提乌斯的职务，然后命令卜尼法斯火速北上，接任总司令。

公元 430 年，在瑞迷尼附近，埃提乌斯和卜尼法斯——被爱德华·吉本称为"最后的罗马人"的两位英雄，展开了一场决定命运的大战。糟糕的是，埃提乌斯输了！可还没等他缓过劲儿来，又传来天大的喜讯：在战斗中被刺了一剑的卜尼法斯死了！

卜尼法斯临死前预感到自己的家人要倒霉，于是嘱咐妻子——一个西班牙富翁的唯一继承人，让她嫁给埃提乌斯。埃提乌斯欣喜若狂，连夜向拉文纳赶去。可上帝似乎有意戏弄他。还没赶到首都，埃提乌斯就得到消息：卜尼法斯的女婿塞巴斯蒂安接任了岳父的总司令一职。不仅如此，自己还被安上一大堆罪名，普拉西迪娅明确宣布他是帝国的叛徒，命令没收了他的全部财产，并派军队捉拿他。埃提乌斯无奈，只好又跑到路加王庭求助。在那里，埃提乌斯受到热烈欢迎。路加拨给他大批军队，支持他回国争夺权力。

公元 433 年，埃提乌斯带领大军回到意大利。普拉西迪娅虽然未雨绸缪，招来大批和她保持密切联系的西哥特军助阵，可一点用都没有。在匈奴人面前，原本强悍无比的西哥特人顿时矮了半截，几乎没有真正开战，埃提乌斯就雄赳赳地进入了拉文纳。普拉西迪娅没有办法，只好罢免了塞巴斯蒂安，把他丢进监狱。埃提乌斯不仅收回了总司令职位，还获得了一大堆荣誉头衔。从此，埃提乌斯成了西罗马帝国的太上皇，普拉西迪娅和她可怜的儿子瓦伦蒂尼安成了傀儡。为了感谢匈奴人的帮助，埃提乌斯把潘诺尼亚省正式送给了匈奴。通过埃提乌斯，匈奴间接控制了西罗马，大王路加成了西罗马帝国的实际主宰。

17 年后，一生坎坷的普拉西迪娅皇太后病死在罗马。她坐在柏木椅子上的贵体被埋葬在拉文纳，她的坟墓保持了几代人的时间。因为在失去权力后，她只好用支持天主教来打发时光，并赢得了教士们的百般赞扬和爱戴，所以为了感谢她，教士们认真地埋葬了她，并为她的墓派了专职看守。

二、"战神"出世：辉煌的布列达、阿提拉共治时代

就在匈奴人成为最主要的敌人的时刻，东罗马人却在两个错误的时间、错误的地点和两个错误的敌人打了两场错误的战争。匈奴人毫不客气，一张嘴把贡金提高了三倍。

为了弥补军事才能的不足，上天及时地"赐予"阿提拉一柄战神之剑，倒霉的东罗马帝国因此成为战神的第一个祭品。

公元434年，路加去世，他的侄子布列达和阿提拉继承了王位，分别统率东、西匈奴。和以往不同，东匈奴的战略中心已经严重向西倾斜，进入多瑙河下游地区，正对着南面的东罗马帝国。西部广阔的乌克兰草原和顿河附近的广大地区已经不再是匈奴帝国的根据地，居住在那里的很多匈奴部落在事实上已经独立。在不远的将来，阿提拉需要重新挥舞战神之剑来收服这些"无政府主义者"。

布列达性如烈火，动辄诉诸武力，是典型的草原儿女。他的弟弟阿提拉则比较沉稳，不急不躁，擅长运用外交手腕来解决问题，不过他军事才能并不高，两人正好优势互补，相得益彰。在外交策略上，乌尔丁创造的远交近攻，胡萝卜加大棒政策被继续使用。倒霉的东罗马帝国刚刚还在为路加被上帝降下的闪电劈死而欢呼，现

303

在又要哀叹自己距离上帝太远了。

在公元434年路加准备大举南下的时候，软弱的狄奥多西二世曾经派使者前往匈奴议和。路加死后，布列达和阿提拉联合举兵南下，在马尔库斯碰到了这群使者。布列达和阿提拉按照匈奴人的习惯，骑在马上接见了他们。东罗马使者为了不丢面子，也只好颤颤巍巍地骑上马。后来的西方史学家编造说布列达兄弟之所以要在马上谈判，是因为自己个子太矮，坐下来太丢人，只有骑在马上才能掩盖先天的缺陷。

谈判高手阿提拉提出下列条件：匈奴现在有两个国王，所以每年的贡金要翻番，增加到700磅黄金，不得拖欠；立即归还逃到东罗马的匈奴子民；释放所有匈奴俘虏，东罗马战俘则由匈奴自行处理，除非东罗马政府愿意为他们支付赎金；废除东罗马政府与多瑙河北岸的日耳曼部落签订的所有条约；在边境设立市场必须征得匈奴政府同意，等等。东罗马使者知道只要有和平，狄奥多西二世什么条件都会答应，也懒得再费唇舌，对阿提拉的条件满口应承，全盘接受。公元435年，东罗马政府梦寐以求的和平协定、丧权辱国的《马尔库斯条约》终于签订了！

《马尔库斯条约》的签订，对匈奴则有着划时代的意义。它意味着罗马帝国以外的整个东欧、中欧都变成了匈奴人的天下。匈奴帝国的领土从多瑙河一直延伸到莱茵河，在莱茵河对岸则是匈奴帝国的亲密朋友——埃提乌斯治下的高卢。

罗马人为了表示诚意，很快把两个逃到君士坦丁堡政治避难的匈奴年轻贵族引渡给匈奴大王，性如烈火的布列达当即下令当着东罗马使者的面把他们酷刑处死。

收拾了东罗马后，布列达兄弟开始分头行动，向东西两线发起进攻。在东线，乌克兰草原上的匈奴索拉斯奇部于公元435年重新回到阿提拉的统治下；若干年后，另一个强大的、原本和阿提拉平起平坐的匈奴部落——阿卡吉里人也接受了帝国的统一领导，阿提拉的儿子埃拉克成了他们的主宰。在乌克兰草原以北的森林地带生活的斯拉夫人和芬人在这一时期也屈服于匈奴的统治，其中部分斯拉夫人以"匈奴人的仆役"身份进入东、中欧，后来成为当地的主体民族。

在西线，埃提乌斯再次帮了他们。在埃提乌斯眼中，北非已经无足轻重，纯粹是一块鸡肋，高卢的日耳曼人才是西罗马帝国的心腹之患。为此，他主动和汪达尔国王盖萨里克签订条约，把北非彻底让给他，交换条件是汪达尔人做西罗马帝国的盟友，每年缴纳一定的贡赋，特别是罗马人急需的粮食。

在北非实现和平以后，埃提乌斯集中精力对付高卢蓬勃发展的"巴高达"奴隶起义和不听话的伯艮第人和西哥特人。布列达派遣的大军成了埃提乌斯的依靠力量，里特洛斯是这支匈奴雇佣军的领导人。大约在公元436年，活动在沃尔姆斯和美茵茨一带的伯艮第人遭到布列达和埃提乌斯的联合打击，伯艮第人被杀得"只剩下两个人"，国王贡特阵亡。布列达终于为伯父奥克塔报了仇。不过伯艮第人的灭亡在日耳曼民族的心中留下了深深的创伤，在罗马人的长期熏陶下，文化已经大大发展的日耳曼人用民间传说记载了这段历史，几百年后演变为伟大的史诗《尼伯龙根之歌》。

除了伯艮第人，西哥特人也遭到了沉重打击。在德涅斯特河领教过匈奴厉害的西哥特人这次碰到了另一个灾星——里特洛斯。公元 439 年，里特洛斯率领匈奴铁骑严重摧残了西哥特王国的首都图卢兹。西哥特人被迫和埃提乌斯签订城下之盟，重新做起西罗马的顺民。原来被西哥特人驱赶的阿兰人借助外力迁居到奥尔良，在西哥特王国和高卢行省之间充当起缓冲器。实现了高卢和平的埃提乌斯志得意满地回到意大利。

就在布列达兄弟东征西讨的时候，东罗马帝国却开始拖欠贡金。东罗马的马尔库斯主教也来凑热闹。不知道出于什么目的，他居然偷偷渡过多瑙河，扒了匈奴王室的坟墓，偷走了里面的珍贵祭品。扒坟掘墓是匈奴人绝对不能容忍的事，何况还是自己的祖先墓穴。阿提拉大怒，联合布列达于公元 440 年大举南下，兴师问罪。整个巴尔干半岛北部，包括名城辛基度姆（今贝尔格莱德）都被匈奴大军踏在脚下。东罗马政府连忙道歉，补交贡金，交出罪魁祸首马尔库斯主教。

不过和平维持不到一年，匈奴大军又一次蹂躏了东罗马。这回拖欠倒不是主要原因，而是东罗马人在两个错误的时间、错误的地点和两个错误的敌人打了两场错误的战争。在东方，狄奥多西二世政府不想放弃亚美尼亚，于是向有意西进的波斯萨珊帝国派出了最后一支远征军。在南方，狄奥多西二世为了帮助新女婿瓦伦蒂尼安，联合出兵北非，进攻汪达尔王国。汪达尔王盖萨里克马上派人出使匈奴，希望联合对两个罗马帝国开战。匈奴人当然希望罗马帝国越软弱越好，万一他们在北非打了胜仗，腰杆又硬起来怎么办？于是，匈奴大军趁着东罗马国内无兵可用的机会，再次举起了屠刀。于是游戏又一次开始，东罗马使者又来谈判，这回是在当年瓦伦斯皇帝以身殉国的阿德里亚堡。

匈奴提出的条件差点儿把使者吓死：立即支付战争赔款6000磅黄金，同时每年的贡金增加到2100磅，交还所有的匈奴叛逃民众。无兵可用的东罗马只好又一次采用拖延的手段，先答应下来再说。公元443年，《阿德里亚堡条约》正式签订，匈奴人满载着黄金和大批战利品回到了多瑙河北岸。

前面说过，阿提拉的军事才能并不怎么样，主要靠军事威慑解决问题。真正冲锋陷阵的往往是大哥布列达。在草原民族眼中，会不会打仗是能否被视为英雄的前提。布列达的成功让阿提拉非常嫉妒，两人的关系开始恶化。因为一件小事，两人发生了激烈的冲突。阿提拉获得了一个著名的罗马喜剧演员，是个侏儒，后来还娶了位匈奴妻子。布列达听说后去向阿提拉要人，结果遭到了无情的拒绝。阿提拉决定最后摊牌。

公元445年，另一头神鹿适时地出现了。这头神鹿没有带给匈奴人另一条通往乐土的道路，而是把能征善战的布列达给顶死了！当时阿提拉的部队莫名其妙地出现在蒂萨河下游的布列达的营地。有人怀疑是阿提拉害死了兄长，可没有证据。为了表示对兄长的怀念，阿提拉为他举行了盛大的安葬仪式，几乎所有的匈奴贵族都参加了葬礼。阿提拉给予了他们大量的赏赐，希望以此来安抚人心。对那些不服从的人，则暗中处死。

为了弥补自己军事才能不足的缺陷，阿提拉制造了一个美妙的谎言：在葬礼举行的当天夜里，阿提拉做了一个梦：一个白须飘飘的老人把传说中的战神马尔斯之剑赐给了他，阿提拉拿着宝剑随风飞舞，征服了所有他经过的地方。

第二天早上，美梦变成了现实。一个牧羊人发现一头小母羊的脚受伤了，而且伤口笔直，像被刀砍了一样。他很奇怪，便沿着血迹寻找，血迹在草丛中的一个尖东西上停住了。牧羊人挖开泥土，赫然发现那居然是一把古剑。由于剑尖朝上露出地面，所以划伤了羊蹄子。牧羊人连忙把古剑呈献给了阿提拉。阿提拉认为这就是梦中的战神之剑，非常高兴，马上下令在草原上垒起祭坛，把古剑垂直插在祭坛顶上，大规模地祭奠。

杜撰出的另一个神话是：得到战神之剑的阿提拉大王拥有了一股奇怪的力量，可以从眼睛里射出来。觐见他的人不能直视他的眼睛，否则自己的眼睛会被神力烧伤！

阿提拉成为继路加之后匈奴帝国的唯一主宰者，成了欧洲最有实力的人。他的领土西起莱茵河，东至里海，北达波罗的海南岸，南抵多瑙河、高加索山脉，是当之无愧的欧洲第一强国。

战神出世了，谁会成为战神的第一个牺牲品呢？

第十五章
孤狼长啸：要做世界之王的阿提拉

在遥远的古代，充满血腥的杀戮和征服也能透露出一种残酷的"美感"。那时马背上的民族最要做的是两件事：扬鞭放牧和挥刀拼杀。前者是他们的经济，后者是他们的政治。草原孤狼的后代阿提拉也不能脱俗，现在，他也要把这种"美"发挥到极致。

一、东罗马：马尔斯之剑的第一个牺牲品

战神的宝剑当然不能总放在鞘里，多情少女荷诺维亚送来的戒指成了阿提拉动武的借口。丧权辱国的东罗马人想出了一个自认为绝妙的主意：暗杀。于是，一个负有特殊使命的奇特使团出发了。

虽然成了匈奴帝国的唯一主宰，阿提拉并没有马上挥舞他的战神之剑，因为治理庞大的国家是件非常麻烦的事情。从人口上说，作为一等公民的匈奴人处于绝对的劣势。潘诺尼亚的东哥特人和多瑙河以东的斯皮德人才是主体民族，此外，还有大量的阿勒曼

尼人、法兰克人、汪达尔人等日耳曼民族散布在帝国周围。为了争取大多数日耳曼人支持自己，阿提拉创造了一个金字塔形的权力体系。塔尖上是高高在上的阿提拉和他的亲信，这些人精通多国语言并擅长文牍工作。其下是东哥特人、斯皮德人以及曾经为匈奴帝国的兴起做出了重大牺牲的斯基尔人。东哥特国王瓦拉米尔、斯皮德大王阿达里克和斯基尔王埃德克因此成为阿提拉身边的红人，对阿提拉的决策有着至关重要的影响，其中的埃德克还跻身于阿提拉的核心决策层。

作为二等公民，东哥特等三个民族保留了自治权，不用纳税，也不用进入匈奴军队服役，只要在阿提拉召唤的时候及时出兵参战即可。其他日耳曼民族是边缘人，处在金字塔的最底层。他们不仅要交税，还要为匈奴大军提供军饷和后勤服务，青壮年则可能随时被征入伍。尽管有层次划分，但在阿提拉眼里，他们都是自己的奴隶，他们的生命和财富都是他赐予的，所以可以随时剥夺。

同南部高度发达、有着成熟官僚机构的罗马帝国相比，匈奴人的政治结构过于单一，甚至比他们称雄于蒙古草原的祖先还要差。和汉朝对垒的匈奴帝国至少还有一个比较稳定的继承制度，左贤王是公认的单于继承人，阿提拉的匈奴帝国连这一条也没做到，是典型的英雄政治，一旦金字塔尖上的大英雄倒下了，整个帝国都可能轰然坍塌。无数的历史经验证明，只有网状的统治结构才能保证一个政权的长治久安。阿提拉的帝国恰恰没有这个优势，甚至他的潜在继承者——为数众多的儿子们，也没有几个能进入决策核心。这些没有及时树立威信的继承人将来怎么能震得住东哥特人多势众的瓦拉米尔们？匈奴帝国在阿提拉死后迅速瓦解正是他亲手栽种的恶种结出的"硕果"。

阿提拉总算接受了祖先留下的一条经验，即驿递系统。被西方人称为马匹交换站的驿站成为匈奴帝国在地方的唯一政府机构。靠着这些驿站，阿提拉可以及时获得远在几千里之外的信息。

在巩固了国内统治后，阿提拉开始实践他世界之王的梦想。在他的南面有三大帝国：东、西罗马和波斯的萨珊王朝。对于曾经的手下败将波斯，阿提拉不屑于亲自动手，他要选择一个代理人。公元447年，匈奴阿卡吉里部从平起平坐的弟兄沦为阿提拉的属民。阿提拉的儿子埃拉克成为他们的主人。阿卡吉里人随即被委以重任，在埃拉克率领下南征波斯。因为波斯人也是游牧民族，为了增加儿子手中的筹码，阿提拉把大批骑兵拨给他调遣，这使得阿提拉本人手里的骑兵数量大大减少。潘诺尼亚草原虽然水草丰美，可地方毕竟太小了，养不起太多的游牧人口，匈奴帝国赖以兴国的铁骑数量也大为缩减。阿提拉手里的步兵越来越多，和他的日耳曼属民已经没有大的区别。这对未来的战争造成了不可估量的消极影响。

把波斯交给了儿子，近在眼前的东罗马就成了阿提拉检验战神之剑威力的试验品。理由很好找，因为布列达的属下很多不服自己的统治，逃到了东罗马，东罗马政府并没有及时把他们遣送回来（事实是他们没能力遣送这些厉害的家伙）。不过这个理由太不新颖，英明的君主需要一个更好的理由。这时，多情的少女、西罗马公主荷诺维亚主动送上门来。

荷诺维亚聪明伶俐，颇有乃母的风范，对政治很感兴趣。为了防止姐姐干政，瓦伦蒂尼安始终没让她出嫁，唯恐她的丈夫成为她的力量来源。荷诺维亚不甘寂寞，偷偷地和一个宫廷侍卫谈起了恋爱，而且似乎还怀孕了。瓦伦蒂尼安很生气，可家丑不便外扬，只好把姐姐秘密送到表哥兼岳父狄奥多西二世那里，软禁了起来。罗马人似乎没有辈分观念，隔辈人结婚是很常见的事情。瓦伦蒂尼安的母亲普拉西迪娅是狄奥多西二世的姑姑，狄奥多西二世一点也不忌讳，为了联络感情，照样把女儿送给姑姑当儿媳妇。

狄奥多西二世对这个表妹也没办法，于是把荷诺维亚交给自己的修女姐姐们看管。荷诺维亚可不愿意独守青灯，在几乎是修道院的深宫中了此一生。她买通了几个宦官，给阿提拉秘密地送去一封信，信中对阿提拉好一通赞美，然后表示愿意做他的侍妾，陪伴在他身边，并送了一枚戒指作为信物。为了保险起见，荷诺维亚给汪达尔王盖萨里克也发去同样内容的一封信。这回倒是辈分正确，因为不久前瓦伦蒂尼安刚刚同意把女儿欧多基娅嫁给盖萨里克的儿子。如果盖萨里克同意搭救自己，岂不是亲上加亲？可是盖萨里克没那么傻，君士坦丁堡远在千里之外，怎么去救？再说，和阿提拉争风吃醋，岂不是自找麻烦？于是，盖萨里克又把球踢给了阿提拉。

阿提拉倒觉得这是个好借口，于是马上派人到东罗马要人，并调集大军，南下惩罚敢于虐待自己未婚妻的东罗马罪人。公元447

年1月27日凌晨，君士坦丁堡发生强烈的地震，96座塔楼中有57座倒塌，城墙更是损坏严重。阿提拉趁机大规模出兵，带领一支庞大的军队渡过多瑙河，从下莫西亚杀进东罗马。但是由于这次率领的主要是步兵，所以前进速度很慢，走到索菲亚时，已经耗掉两个月时间，东罗马人有足够的时间修复城墙。勇敢的罗马将军阿纳吉古斯率部在乌特苏河畔和匈奴人展开激战。没有强有力的骑兵支援的匈奴军队在付出沉重代价后突破了东罗马人的防线，阿纳吉古斯战死疆场。此后的东罗马军队完全丧失了斗志，匈奴大军在巴尔干半岛畅通无阻，先后摧毁了70多座罗马城市。匈奴的先锋部队甚至杀到达达尼尔海峡，直抵君士坦丁堡城下。

狄奥多西二世只好于次年又一次求和。阿提拉提出如下条件：在多瑙河右岸制造一个宽度为15天路程的无人区，换句话说，即东罗马帝国把从辛基度姆到色雷斯省的摩维亚之间的广阔领土让给匈奴帝国；无条件释放匈奴俘虏，东罗马战俘则必须按照每人12枚金币的价格来赎回；立即遣返逃往东罗马的匈奴叛民。

在阿提拉的条件里并没有提到荷诺维亚，因为狄奥多西二世已经把这个烫手山芋送回了罗马。

对于贡金和战争赔款，阿提拉倒没有增加，因为他知道东罗马帝国也拿不出更多的钱，逼得太急了，弄不好会让东罗马政府解体。阿提拉只想让东罗马帝国成为他取之不尽的钱柜，不想摧毁它。因为骄傲的罗马人是不会接受他的直接统治的。钱虽然没增加，但有一个条件，必须立即支付，否则绝不撤兵。

　　为了筹集这笔巨款，东罗马帝国想尽了一切办法。"每一个元老都被课以某个数目的款子，往往大大超过他的实际财产。但凡是列在他名下的数目，不管他有与没有，都必须缴付……在有些情况下，贵族妇女的家藏珠宝，或者那些一生过惯豪华生活的人的家庭用具，都被拿到市场上出售。"看着这些琳琅满目的"商品"，历史学家普里斯科斯哀叹道："国家的财富和皇室的宝物，不是花费到正当的地方，而是挥霍于可笑的铺张、俗气的虚饰以及一切娱乐和一切荒淫无度的事情上。"

　　大概是为了给手下人一个发财的机会，阿提拉在东罗马帝国付清了赔款后仍然不时地派使节前往君士坦丁堡，因为罗马人绝对不敢得罪这些阿提拉身边的红人，肯定会给他们大笔的贿赂。

　　在匈奴人的重压下，东罗马的财政快要崩溃了。硬拼弄不好要亡国，焦头烂额的东罗马人想出了一个馊主意——暗杀阿提拉。但是他们选择的刺客居然是阿提拉的亲信之一——埃德克！

　　公元449年，阿提拉的两个亲信奥雷斯和埃德克出使君士坦丁堡。他们此行的目的是谴责东罗马没有忠实履行条约赋予的义务，要求他们立即执行约定，否则不惜再战。埃德克在闲谈中讲了几句对阿提拉不满的话，东罗马人居然根据这几句牢骚就认为埃德克可以策反！埃德克倒是满口答应，不过要求用50磅黄金作为酬劳。东罗马人这回倒是聪明了一回，表示在事成之后一定支付。

　　为了配合埃德克的行动，东罗马政府决定派一个代表团到匈奴王庭。按照惯例，使团出使需要事先制造一些喜庆的气氛，他们想到了阿提拉的另一个亲信——康斯坦丁。

康斯坦丁是希腊人，是埃提乌斯送给阿提拉的礼物之一。康斯坦丁是阿提拉最信任的助手，几乎是言听计从。康斯坦丁有一大理想：娶个富裕的罗马贵族的女儿做老婆。阿提拉很愿意帮这个忙，于是把这个艰巨任务交给他最"忠实"的朋友狄奥多西二世。狄奥多西二世不敢怠慢，赶紧物色了一位富裕的东罗马元老的女儿。可这个女子不识抬举，死活不愿意，他父亲也没办法，因为罗马的法律规定父亲不能强迫女儿服从她不满意的婚姻。这个女子有一个男朋友是君士坦丁堡卫戍部队的高级军官，听见这事很生气，就向这支部队的长官哭诉。长官也很生气，暗中指使军官们联名向皇帝抗议。这事不知道怎么传到匈奴人那里去了，已经付了彩礼的阿提拉很愤怒，说："如果是皇帝不遵守婚约，那我将到君士坦丁堡来；如果是皇帝手下的人，那我将帮助皇帝镇压他手下的人。"长官可担不起挑起战争的罪名，只好暗中让那个军官与元老的女儿私奔了。狄奥多西二世大为恼怒，可又找不到人，只得另外指定了一位富裕的罗马贵族的寡妇。这个寡妇也不答应，狄奥多西二世终于拿出了皇帝的权威，要寡妇在出嫁和受惩罚之间选择一个。寡妇无奈，只好同意。现在，这桩婚事派上了用场，使团就以商讨婚礼的名义前往，顺便商量一下能否拖欠下一年度的贡金。

这个使团的团长马克西明是个诚实的外交家，他对刺杀阿提拉一事一无所知。使团的翻译维季利乌斯才是这一秘密使命的负责人。历史学家普里斯科斯作为随员参加了这个奇特的使团，他沿途的记录成为我们了解匈奴帝国社会生活实况的第一份材料。

二、揭开阿提拉的另一副面孔：东罗马的使节之旅

　　东罗马使团一路艰辛，尝尽了苦头。不过，使团成员普里斯科斯也因此给我们留下了对匈奴帝国的鲜活传记。可惜他们的秘密使命并没有完成，还被一个"叛徒"大大挖苦了一把，不得不在辩论时狼狈逃窜。

　　公元449年夏天，东罗马使团和匈奴特使奥雷斯、埃德克一起离开君士坦丁堡，经过13天的跋涉，到达色雷斯。此时的色雷斯刚刚经过一场浩劫，到处是废墟。由于仍然属于东罗马的领土，罗马使团作为东道主有责任款待随他们一起行动的匈奴客人。好在当地残余的民众很"懂礼貌"，帮助使团准备了丰盛的牛、羊肉。酒酣耳热之际，宾主之间开始了一场有趣的辩论。

　　罗马人自豪地赞美他们的君主和帝国的光辉历史，匈奴人则认为他们连战连捷的大王才是最优秀的。这时，一个令罗马人尴尬的场面出现了。翻译维季利乌斯大概是喝多了，居然跳起来高呼："一个属于人的范畴的匈奴王和属于神圣身份的狄奥多西皇帝是不能相提并论的！"匈奴人大怒，抽出佩刀要和他拼命。马克西明团长和普里斯科斯赶紧出来打圆场，费尽唇舌才把话题岔开。宴会结束后，为了防止再一次节外生枝，马克西明特地搞来一些丝绸上衣

和印度产的珍珠等昂贵礼物送给匈奴人，以平息他们的怒气。负有特殊使命的维季利乌斯居然不知道在以酒量惊人著称的匈奴人面前应该主动示弱，打消他们的戒心，这个重任的结局可想而知了。

一行人又经过数天跋涉，来到伊里利亚省的奈苏斯（今塞尔维亚共和国的尼什）。这里是君士坦丁大帝的出生地，曾经非常繁华，现在却已经是满目疮痍。这里的居民不是被屠杀，就是被吓跑了，使团费尽了力气才在教堂的台阶上找到几个缺胳膊少腿的残疾人和病歪歪的老弱。

前面就是多瑙河，罗马使团极不习惯地挤进一条独木舟，提心吊胆地在波浪里漂流了半天，终于抵达对岸。过河后，奥雷斯等人和他们分道扬镳，提前赶往临时王庭汇报。这时的阿提拉就在附近活动，还没有回到"首都"。罗马使团有幸在行宫受到阿提拉的接见。不过，这只是一次礼节性会见，双方没谈正经话题。使团必须随着阿提拉的大军继续前进，待回到首都再正式会谈。出于保密的需要，阿提拉不允许罗马使团随军行动，他们只能自己走小路赶往匈奴首都。

不认识路的罗马人开始了他们艰辛的旅程。使团一行饱受惊吓之苦。不过，他们可以自由乘坐驿站提供的马匹。让他们不解的是，到了下一站时，匈奴人没作任何解释就夺走了他们的马匹。他们本来以为那些马是送给他们的。

一天，他们夜宿在一个大沼泽地的岸边。半夜，突然一阵暴风雨夹杂着雷鸣电闪袭击了他们。他们的帐篷被吹倒了，行李、寝具、粮食、餐具全都泡在水里。大家慌慌张张地跑出来，黑夜里分不清方向，又害怕掉进沼泽里，一群人只好大呼小叫地摸索着，一边高呼救命。这时，附近的居民听到了他们的叫喊声，纷纷举着火把前来救助。原来这里是布列达的遗孀居住的地方。布列达死后，不知道是害怕报复，还是生活习惯已经改变，反正阿提拉没有按照匈奴人"收继婚"的传统娶自己的嫂子，而是把她安顿在多瑙河附近一个偏僻的村庄，给她派了大批奴仆，让她在那里过着安逸的隐居生活。东罗马使团无意中成了她的不速之客。

匈奴人把使团成员接回村里，给他们生起熊熊大火，驱除寒意，还给他们准备了所需的一切东西。更让他们无法理解的是，布列达的遗孀居然给他们每个人送来一个漂亮姑娘，陪他们过夜。这一次历险让他们大大改变了对匈奴人的印象，甚至开始有些喜欢他们了。不过，普里斯科斯最感兴趣的是匈奴人的饮食：甜甜的蜂蜜酒、小米以及一种用大麦蒸馏酿造的怪味饮料。

不久，他们又遇到阿提拉的大队人马，跟随他们继续前进。在渡过蒂萨河后，他们碰到了另一支由西罗马帝国派来的使团。两个使团结伴而行，顺利抵达匈奴王庭。

匈奴王庭的准确位置现在已经无法知晓。有人推测是在匈牙利南部的赛格德，因为那里出土过大批匈奴饰物，不过缺乏更直接的证据。根据普里斯科斯的记载可知，匈奴人以不同凡响的仪式出城迎接他们的大王。秩序井然的妇女列队经过阿提拉面前。妇女们手里高举着一块白色亚麻布面罩，遮住队伍和队伍之间的缝隙，形成一道天幕。由未婚少女组成的合唱队隐藏在天幕下面，高唱着对阿提拉的赞美之歌。

阿提拉的王宫建在可以俯瞰首都的小山丘上，完全由木材搭成。其中一座高塔，较首都其他任何建筑都要高出许多。小丘四周设有围障，都是极高的围墙或木纹圆滑的木栅，中间看似不经意地点缀着高高的木楼。围障内是阿提拉的宫殿，每位王妃都有自己独立的宅院。所有这些宫苑都是用大块原木劈成两半，圆面向外，平面向里，合以筑成。在墙面上附着大片的兽皮，用来抵御冬天的寒风。在罗马人眼里，匈奴妇女出奇地开放，很多王妃都邀请他们到自己的宫里做客，对他们的拥抱也欣然接受。

马克西明有幸觐见阿提拉的王后克蕾卡。他没有放过观察王后寝宫的机会，这里有高大的圆柱、精美的木制工艺品，让马克西明非常吃惊。这和他心目中的野蛮人形象差距太大了！王后克蕾卡横躺在柔软的长椅上，马克西明对这种不礼貌的举止有些愠怒，不过很快被好奇心驱散了。马克西明就像刚刚走进大观园的刘姥姥，观察着克蕾卡王宫地上厚厚的地毯，围绕在她身边的美丽侍女和那些坐在地毯上用五彩丝线绣着骑士战袍的姑娘们。餐桌上摆满了希腊工匠精心制作的金银酒杯、盘子、酒壶，等等。

王庭里的普通住宅一般用稻草和黏土制成，大概是蒙古包的一种变体，纯粹的帐篷也不少。由于附近没有森林，只有富贵人家才造得起木房子。房屋的式样和主人的地位、财富、爱好紧密相连，装潢也有很大区别。有趣的是，住宅的位置似乎也有某些限制，地位越高，住得离王宫越近。在整个王庭，普里斯科斯只见到一座石头建筑，那是阿提拉的亲信康斯坦丁命令罗马战俘修建的希腊浴室。这个阿提拉最信任的人似乎不想放弃他原有的"文明生活"。

阿提拉用盛大的国宴招待了两个罗马使团。马克西明入宫后，先在宫殿外的露天大厅里等候，并在那里祈祷阿提拉国运昌盛。在接受了匈奴人敬酒后，他们才被允许进入大殿，分头坐在属于自己的位子上。阿提拉的餐桌设在大厅中央最突出的地方，桌椅上覆盖着洁白的亚麻布。阿提拉正襟危坐，身后站着两个披着蓬松毛皮大衣的卫兵。两个亲信坐在附近，使团后来得知，这两个人一个负责处理希腊文件，另一个替阿提拉打理与罗马皇帝及边境附近敌国省长的通信事宜。各路诸侯在两侧作陪，每张桌子边可以坐三四个人。右侧是上座，罗马使团被安排在左侧。

宴会开始，阿提拉从侍者手里接过装满葡萄酒的大酒杯，祝福上首的宾客健康幸福，然后一饮而尽。客人们则站起来，用相同的方式祝福伟大的帝王。同样的仪式逐一在宾客中进行，而且在进餐中重复了三次。

饮宴间，匈奴艺术家上演了奇妙的娱乐节目。先是两个朗诵演员站在阿提拉面前，朗诵自己创作的歌颂阿提拉丰功伟绩的诗歌。此时，大厅里一片沉默，年轻的武士们眼睛里闪着亮光，憧憬着未来创建卓越战功；失去驰骋疆场机会的老人们则因为回想起昔日的荣耀而泪流满面。接下来是喜剧。穿着滑稽的喜剧演员陆续登场，表演滑稽动作，或者把拉丁语、哥特语、匈奴语混在一起，博取人们的欢笑。大厅上顿时响起肆无忌惮的狂笑，只有阿提拉不动声色。直到他的小儿子埃尔纳克走进来时，阿提拉的严肃表情才缓和下来。他把孩子抱起来，轻轻地抚摸孩子的脸颊时，露出少有的微笑。

普里斯科斯还注意到一个怪现象：端到别的客人面前的都是精致的银盘子，阿提拉用的却是木盘子。别人用的是金银酒杯，阿提拉用的却是木酒杯。他的衣服也很朴素，"唯一引人注目的是他的衣服不加任何染色。无论是他悬在腰间的宝剑，还是他的凉鞋，或是他的马具都不像在匈奴人中流行的那样，用黄金或宝石来装饰"。看来阿提拉是个很朴素的人。不过，他对酒的酷爱和对美女的贪婪普里斯科斯没有发现。

让罗马人扫兴的是，在等待召见的时候，一个穿着匈奴服装的希腊人走过来。这个家伙原来是个商人，为了经商来到多瑙河畔的维纳西姆，结果"幸运"地被匈奴人俘虏，成了他们的奴隶。因为表现良好，被释放为自由人，还娶了一个匈奴老婆。普里斯科斯问他为什么不回到罗马帝国怀抱时，这个家伙却说出了一大堆令普里斯科斯万分惊诧的话。

他说："我认为，我现在的生活方式比我过去好得多。因为当战争过后，（这里的）人民过着安逸的生活，完全自由自在，毫无顾虑。但是，在罗马境内，人民在战争中容易遭受挫折，因为他们把安全的希望寄托于别人，而不是掌握在自己手里。他们的暴君是不容许他们使用武器的。可那些将军都是胆小鬼，根本不配领兵打仗。"他抱怨道："罗马人民在和平时期的境遇比受战祸还痛苦，你必须想到税吏所干的一切残暴行为，告密者的无耻以及司法方面的极不平等。如果一个富人犯了法，他总是可以逃避处罚；但是如果一个不明事理的穷人犯了法，他肯定会遭受严厉处罚，除非在法庭宣判前他已经死去。后一种情况，从法院的粗暴而导致的丑事中得到了证明。但是，我认为最可耻的事情是：一个人必须付钱来获得他的合法权利。因为一个受害的人，如果不先付一大笔钱给法官和官吏，甚至不能获得法院的受理。"他自己正是因为无法容忍罗马人才留在这里的，就是匈奴人的奴隶也比罗马奴隶幸福。

这个商人对罗马制度的指责基本都是事实，可外交官的身份让普里斯科斯不得不为罗马政府辩护，违心地给他讲解了半天阶层划分和征收赋税、制定复杂法律程序的必要性。这一席对话不禁让人想起当年中行说和汉使的辩论。只不过当年的汉使口才太差，没有普里斯科斯的三寸不烂之舌。

普里斯科斯的传记中唯一没有提到的是阿提拉的长相。哥特史学家约丹内斯替他完成了这一工作："他身材矮小，胸部很宽，上面顶着一颗硕大的头颅，灰色的小眼睛，鼻子扁平，皮肤黝黑。"不过，普里斯科斯对阿提拉的性格分析很到位："他傲慢地走过来，眼睛炯炯放光。通过他的举止，人们可以感觉到他的权力的存在。虽然他喜爱战争胜过一切，但他行事还是再三考虑的，大部分情况下都是受理智支配。在别人乞求他时，他表现出对他们的同情。对所有臣服他的人，他都宽宏大量。他既充满智慧又心存狡猾。当他威胁别人时，从不让人感觉到他的威胁。"

诚实的马克西明始终没忘自己的使命，通过他的斡旋，阿提拉同意东罗马以低廉价格赎回战俘，但贡金仍然不能拖欠。阿提拉和显贵们还赠送给他们很多精美礼物，外加每人一匹良驹。总算是有一些收获，马克西明基本满意自己的表现。现在，该维季利乌斯着急了，眼看使团要启程回国，自己的秘密使命还没有一丝进展，埃德克那边怎么一点动静也没有呢？

在临行前的宴会上，维季利乌斯有了答案。原来，埃德克早就把东罗马人的阴谋告诉了阿提拉。只不过阿提拉不想破坏自己的心情，才故意拖到使团即将回国之前。在饯行宴会上，阿提拉突然把维季利乌斯叫到面前，当面揭穿了他的阴谋。蒙在鼓里的马克西明差点儿晕了过去。阿提拉怒气冲冲地威胁要把维季利乌斯撕碎了喂鸟。看够了维季利乌斯屁滚尿流的丑态后，阿提拉宣布宽恕他，但要没收那50磅黄金，而且还要追加罚款50磅黄金。等大家平静下来后，阿提拉又十分幽默地把100磅黄金都还给了他，让他还给他们的皇帝，没有一个当事人受到处罚。

不过他派了一个特使跟随东罗马使团回到君士坦丁堡，给狄奥多西二世捎去一席话语："狄奥多西是名门子弟，阿提拉也是出身高贵的家族。我以我的行动来维护从父亲蒙狄祖克那里继承下来的尊严。但是狄奥多西丧失了你父母留下的光荣，以承诺纳贡来自贬于奴隶的地位。所以命运和功绩把阿提拉置于你之上，你应该尊敬他，而不是像一个邪恶的奴隶那样，暗中密谋反对你的主人。"

这么直接、痛快淋漓的侮辱会让任何一个血性汉子跳起来，可狄奥多西二世严格地执行了耶稣的训示：当别人打你的左脸时，你就把右脸也伸给他！没有辩解，没有反驳，有的只是乞求饶恕，并交付一笔巨款表示歉意。

公元450年，在权力欲极强的姐姐的阴影下生活了30多年的狄奥多西二世在打猎时从马上摔了下来，一命呜呼。普尔喀莉娅接过紫袍，当了一段时间的代理皇帝，这是罗马帝国历史上第一位女皇。不过普尔喀莉娅似乎不想在前台抛头露面，于是，她撕掉修女面纱，迅速嫁给一位资深元老马约安，并把他扶上了皇帝宝座。

马约安夫妇面临的第一个难题就是给匈奴帝国的巨额贡金。面对即将枯竭的国库，马约安决定走一步险棋。他把全部家当交给将军们，在多瑙河附近构筑了一条坚固的防线，然后派使节通报阿提拉，表示愿意维持友好局面，但不再支付贡金。阿提拉很生气，但是，历史经验告诉他不能竭泽而渔；东罗马在自己的几次打击下已经奄奄一息，整个巴尔干半岛和无人区没多大区别，这个原本富有的金驴子现在的确没有多少油水可榨了；再要强逼，说不定被这头发了脾气的犟驴踢上几脚，还是先让它消消气，等它重新养肥了再说吧。不过匈奴帝国的国库离不开罗马人的贡献，既然东罗马不行了，那就只好拿西罗马开刀了。

第十六章
兄弟反目：倾兵席卷法兰西

要当世界帝王的阿提拉感到口袋有点瘪，"帝国首席大将军"的薪水太少了。东罗马这匹金驴子发起了犟脾气，阿提拉只好去牵另一头听话的驴。可这头从来都很乖巧的驴子也发起了脾气，"老车把式"只好挥起皮鞭，准备教训教训它。

一、由挚友到仇敌：掉转枪口的阿提拉

善于外交的阿提拉这回犯了一个大错，居然让汪达尔人给涮了一把。匈奴大军在高卢遇到了拼死抵抗的日耳曼人，而且打起了并不擅长的攻城战，给天主教会制造了一个又一个编造上帝神威故事的机会。素来和阿提拉关系不错的老朋友埃提乌斯突然发现自己变成了光杆总司令，没办法，他只好去向昔日的对头西哥特人求助。

我们知道，在5世纪30年代，西罗马帝国的实际领导人埃提乌斯曾经三次借助匈奴人的力量镇压了高卢不安分的日耳曼部落。

匈奴和西罗马的关系空前亲热，大批匈奴人因为这种亲密合作而熟练掌握了拉丁语，对近邻东罗马人使用的希腊语却很少有人能熟练使用。为了加强这一关系，双方使节相望于道，络绎不绝。埃提乌斯还把自己的儿子——卡佩里奥送到匈奴王庭做了人质。但在整个40年代，我们几乎听不到西罗马的声音。在一个掠夺成性的主子面前，西罗马帝国一点血都不出就能获得长期和平，恐怕谁都不会相信。人们有理由相信西罗马帝国同样支付了大笔贡金。不过，西罗马人知道怎么保住面子，他们授予了阿提拉"帝国首席大将军"的称号，然后定期支付他一大笔"应得"的薪水。

然而，这一亲密关系在40年代末出现了裂痕。阿提拉越来越恼恨西罗马帝国，因为他们接受了大批匈奴帝国的逃亡者，而且百般拖延，拒不遣返。公元441年，匈奴在攻击东罗马时，锡尔敏市教堂的金器被一个商人趁乱偷走。后来这批金器被他抵押给了另一个家伙。这个倒霉的债权人后来成了匈奴人的俘虏，供出了这批金器的下落。但此时的金器已经辗转流落到西罗马政府手里。此后，阿提拉多次派人索要这批"属于"他的财产，西罗马人却以教堂的金器如果引渡会亵渎上帝为理由，拒绝交出来，还派出使者请求阿提拉宽恕那个债权人。东罗马使团在路上碰到的西罗马使者的任务，就是来交涉这批金器。金器归属问题迟迟得不到解决，让阿提拉更加怀疑西罗马人是否真的有做朋友的诚意。

阿提拉梦想做世界帝王，建立亘古未有的、从大西洋到幼发拉底河的大帝国。现在，西罗马人逼得他不得不动手了。西罗马帝国领土广大，从哪里动手呢？阿提拉选择了近在眼前的高卢。

促使阿提拉把攻击突破口选在高卢有如下原因：

公元 448 年，教士攸多西亚斯逃亡到匈奴王庭，他是高卢"巴高达"奴隶起义的秘密领导之一。他告诉阿提拉，高卢地区的下层民众恨透了西罗马贵族的残酷剥削和压迫，迫切希望有外来的力量帮助他们获得解放。如果阿提拉出兵，肯定会获得他们的支持。

汪达尔王盖萨里克自从在公元 447 年得到匈奴人的帮助后，觉得阿提拉是个可利用的冤大头，于是决定再利用一回。为了缓和两个日耳曼王国的紧张关系，西哥特国王提奥多里克曾经把女儿嫁给盖萨里克的儿子胡内里克。后来，西罗马皇帝瓦伦蒂尼安为讨好盖萨里克，保住北非粮仓，也许诺要把长女欧多吉娅嫁给盖萨里克的儿子。西罗马这个还没有瘦死的骆驼显然比从多瑙河下游一路逃来的这匹西哥特死马大得多。为了攀高枝，盖萨里克逼迫儿子和西哥特公主离了婚，还以莫须有的罪名把儿媳妇的鼻子、耳朵割掉，然后送回西班牙。西哥特人非常愤怒，摩拳擦掌，准备渡海杀向北非，为公主报仇雪恨。汪达尔人从来不是哥特人的对手，为了缓解自己的压力，借匈奴人的力量打击西哥特人，盖萨里克派人联络阿提拉，提出联合进攻西罗马的建议，由阿提拉进攻高卢，自己直接渡海进攻意大利本土。阿提拉信以为真，再一次充当了冤大头，盖萨里克则在战争起来后作壁上观。

就在盖萨里克运筹的同时，定居高卢的法兰克王国内部发生夺权内战，两个杀得你死我活的王子几乎同时向外国发出求救信号，只不过长子求助于阿提拉，幼子则把埃提乌斯当成了救命稻草。

现在万事俱备，就差一个合适的理由，阿提拉想起了那个自作多情的荷诺维亚公主。他向西罗马皇帝派出求亲使者，要求瓦伦蒂尼安把姐姐送到匈奴帝国，同时把西罗马帝国的一半领土作为嫁妆送给他，因为公主曾经信誓旦旦地表示她有帝国一半的继承权。

瓦伦蒂尼安虽然气得要死，但不敢公开发作，只好对使者解释说：公主已经出嫁（此前他已经把烦人的姐姐匆忙嫁给一个低级贵族），而且按照罗马法律，出嫁的女儿不再享有继承权。

阿提拉大怒，马上打着解救未婚妻的旗号挥师西进。

一场决定欧洲命运的大战开始了。

密布的战云吓坏了虔诚的教士们。据说通格勒市的主教阿拉瓦提乌斯跑到罗马，通过虔诚的斋戒和守夜，最后打动了上帝的使徒圣彼得。圣彼得对他说："最圣洁的人，你为什么要打搅我呢？上帝已经考虑过了，天意注定匈奴人要进入高卢，这块地方必须沦为废墟，就像被一阵疾劲的狂风暴雨扫过一样。因此你现在要听我的忠告：赶快回去把你的家里安排就绪，准备你的后事，预备一张洁白的裹尸布。因为正如我们的主——上帝所说的一样，你将离开肉体，你的眼睛也不会看到这族人在高卢做的歹事。"阿拉瓦提乌斯果然接受了上帝的旨意，回到通格勒，含泪告别他的教民，然后得了一场轻微的疟疾，灵魂离开了肉体。

阿拉瓦提乌斯的故事其实反映了西哥特人攻陷罗马后"世界末日"理论大行其道的现实。面对战无不胜的匈奴人，教士们没能力，也没信心救助上帝的子民，只好用上帝的末日理论为自己的无能遮羞，把教民受到惩罚的原因归罪于他们的罪孽和对上帝的不忠诚。阿提拉本人也因此在戈德吉赛尔、阿拉里克之后，被基督徒授予"上帝之鞭"的称号。其实，阿提拉自认为是战神，怎么会屈尊做一条上帝惩罚教民的鞭子呢？

公元451年年初，阿提拉在匈牙利草原上集结他的"多国部队"，向西进发。沿途又有多个日耳曼民族加入，匈奴帝国治下的所有民族都参加了战争，号称有50万人。在西罗马方面，高卢地区的所有日耳曼民族、伊比利亚半岛的西哥特人，甚至不列颠群岛上的凯尔特人、朱特人、撒克逊人也渡海赶来参战。几乎欧洲的所有民族都卷入了战争。

2月，阿提拉的大军抵达莱茵河畔。为了造渡船和木筏，他们几乎砍光了周围的树木。4月初，大军从科布伦茨附近渡过莱茵河，杀入高卢。瓦拉米尔率领的东哥特军迅速摧毁了巴塞尔、科尔马；斯皮德大王阿达里克则占领了斯特拉斯堡、施佩耶尔、沃尔姆斯和美因茨。滨河法兰克人则向他们的近亲法兰克人发起进攻，于复活节的前一天——4月7日，把重镇梅斯洗劫一空。梅斯城被一把火烧光，只剩下副主祭斯蒂芬的小礼拜堂完好无损。

这下基督教主教们又有了宣扬上帝神力的机会。他们杜撰了一个荒唐的故事：在敌人来临之前，一个教民在幻觉中看见神圣的副主祭斯蒂芬在向圣彼得和圣保罗求救，希望上帝放过梅斯，不要让匈奴人把这里烧光，至少不能让自己的小礼拜堂焚毁，以便让人们知道上帝的威力是确实存在的。结果圣彼得说："最亲爱的弟兄，放心去吧。这座属于你的小礼拜堂将会在烈火中单独豁免。至于全城，我们无法获得这种恩惠，因为神圣审判的判决令已经发下。人们的罪恶日益深重，他们的罪行的音响已经上达天庭。由此之故，这座城必须被火烧掉。"于是，小礼拜堂保住了。

教会还刻意编造出一个贞女乌尔苏拉。据说这位圣洁的英格兰少女为了阻止阿提拉对不列颠的入侵，主动带着11000名少男少女渡海去见匈奴人，而且还真让她见到了。可是，阿提拉要求把这11000名上帝的孩子变成奴隶作为补偿。乌尔苏拉坚决反对，结果和这些孩子们一起被杀。连孩子都杀，可见匈奴人有多么残酷，这才是教会蓄意编造故事的初衷。

不过基督教主教们说的也不全是谎话，兰斯主教的故事就是真实的。洗劫梅斯后，匈奴大军又杀奔兰斯、里昂，轻而易举地占领了这些没有抵抗能力的城市。兰斯大主教为了拯救全城信徒，唱着《圣经·旧约》里的诗篇，手持圣器，穿着全套法衣走向匈奴人，劝说匈奴主将放过兰斯。结果话还没说完，脑袋就搬了家。

4月下旬，阿提拉杀到塞纳河畔的路得西亚（后来改名为巴黎）近郊。全城一片慌乱，争相走避。年仅7岁的小修女吉诺维却临危不乱，大喊着要全体市民冷静下来，以坚定的信念祈求上帝的拯救。很多妇女听从了她的劝告，不再逃亡，而是来到教堂虔诚地祈祷。男人们却对此嗤之以鼻，因为他们知道一旦匈奴人进城，妇女们充其量沦为奴隶或被奸污，自己则肯定没命。他们纷纷向吉诺维丢石头，甚至威胁把她丢进塞纳河。

大主教日耳曼觉得吉诺维有胆有识，于是派她去见阿提拉。吉诺维穿着一袭白衣走向阿提拉，预言他将走向灭亡："在撕裂良心的谴责下，你将带着你的军队尖叫着向东撤退。"阿提拉看着这个诅咒自己的小姑娘，感觉很可笑。大概是看厌了马屁精们的笑脸，乍一被人诅咒，让他感到很有趣。路得西亚不是他的目标，没必要在这里耗时间，于是他同意了小姑娘的请求，率军绕过路得西亚城，向南杀去。

路得西亚市民欣喜若狂，把小姑娘当成了先知和城市保护神。吉诺维死后，巴黎市民把她安葬在圣保罗教堂的地下墓室里保存。不过，天主教会并不希望一个女孩成为圣人，他们把"圣"字加封给了大主教日耳曼。至今，巴黎仍然有一支世界足坛劲旅以"巴黎圣日耳曼"做自己的队名。

阿提拉的大军继续向南挺进。在路过特鲁瓦城的时候，城里的主教洛普派了7个人去和阿提拉谈判，结果全被杀了。根据教会文献的记载，洛普主教后来自己出城，问阿提拉："你是谁？来这里干什么？"阿提拉回答："我是'上帝之鞭'，奉天主的命令来惩办罪人。"洛普说："你要是'上帝之鞭'的话，那就应该按照上帝的旨意行事，不得胡作非为。我这里没有罪人，你走吧！"于是，阿提拉灰溜溜地撤退了，洛普主教后来也因此功劳被教廷封"圣"。这段记载纯粹杜撰，阿提拉怎么可能自贬为上帝的工具呢？不过，阿提拉确实没有攻占特鲁瓦城，因为洛普主教表示愿意为他在高卢的征战充当向导。

二、"匈奴人在这里被香槟吞噬": 二流军事家阿提拉导演的卡泰隆尼战役

在卡泰隆尼原野,掉进香槟酒缸里喝得醉醺醺的阿提拉指挥了一场拙劣的战斗,把匈奴人积攒的荣誉全丢光了。不过阿提拉倒是出尽了风头,先是发表了一通比罗马演说家还激昂慷慨的战前演讲,随后又拒绝学习先辈丢下士兵率先逃命的传统,而是给自己堆起一堆马鞍、布具,随时准备投火自焚。

已经占领达半个高卢的阿提拉继续向南挺进,这次他的目标是奥尔良。

在发动战争之前,阿提拉曾经分别给西罗马帝国皇帝瓦伦蒂尼安三世和西哥特王国的国王提奥多里克去信,向前者承诺不会进攻意大利,表示自己的目标是屡次从眼皮底下溜走的西哥特人,希望和西哥特人有仇的西罗马政府行方便,只要把高卢作为荷诺维亚公主的嫁妆送给他即可;对后者,阿提拉说了类似的话,希望西哥特人能帮助自己消灭罗马人,至少不要卷进来。

对罗马统帅埃提乌斯而言,要打败阿提拉,唯一的依靠就是西哥特人的支持。可匈奴人打到里昂的时候,西哥特人仍然表示他

们会奋勇保卫家园，但要让他们出兵到高卢，免谈。埃提乌斯没办法，只好带着一支无论是数量还是战斗力都明显不足的罗马军团前往高卢抗战。这时，元老阿维图斯被重新请出山，前往西哥特王国首都图卢兹做说客。

阿维图斯巧舌如簧，对西哥特国王提奥多里克说，阿提拉是一个胸怀大志、希望统治整个地球的征服者，只有所有的被压迫者联合起来才有可能打败他。随后，他又百般描述匈奴人压迫西哥特人的历史，而且说匈奴人仍然不想放过西哥特人，他们会杀过比利牛斯山，继续打击西哥特人。西哥特人基本是基督教徒，阿维图斯巧妙利用了这一点，说高卢地区居住的野蛮人只知道保护自己的葡萄园不受侵犯，只有虔诚的西哥特人才会勇敢地保卫上帝的教堂和圣徒的遗骨。这些话虽然很受用，但是仍然改变不了提奥多里克。

可是，阿提拉对奥尔良的攻击改变了提奥多里克的态度。阿提拉如果把目标锁定在意大利本土，应该早就东进波河流域。可阿提拉仍然幻想盖萨里克会出兵亚平宁，所以兵锋依旧南指。这一战略性错误成为扭转战局的关键。

奥尔良是高卢的南大门，阿提拉突破奥尔良后，肯定会向图卢兹进军。现实的压力迫使提奥多里克和西罗马政府结盟。他派人对埃提乌斯说："你们罗马人的愿望实现了，你们终于成功地让我们和阿提拉反目成仇。无论他到哪里，我们都将追踪他。假如他还因为他那诸多的胜利而吹嘘不已的话，哥特人知道要和这个傲慢的家伙进行一场战争。"西哥特人态度的改变，使法兰克人、伯艮第人、撒克逊人、萨尔马特人、莱提人、布雷翁人等摇摆不定的日耳曼部落坚定了态度，纷纷加入埃提乌斯的阵营。埃提乌斯于是带着这支庞杂的队伍赶往奥尔良。

此时的阿提拉正在围攻濒临卢瓦尔河的高卢最大的城堡——奥尔良。被西哥特人从葡萄牙地区赶到这里的阿兰酋长桑吉班暗中私通阿提拉，准备做第五纵队。但是奥尔良市政当局识破了他的鬼主意，拒绝接受他的援助，准备自力更生迎接敌人的挑战。

城里的基督徒纷纷跑到大主教阿尼亚努斯那里，因为主教大人不久前曾经拜访了埃提乌斯，并得到了肯定援助的回答。阿尼亚努斯吩咐大家和他一同祈祷，恳求上帝解救善良的教民。阿尼亚努斯一边祈祷，一边派人到城上瞭望，看有没有援兵的踪影，可是连续看了三次都失望而回。守军快要顶不住了，攻城车已经让城墙塌了一个角。阿尼亚努斯也开始打投降的主意，毕竟活命要紧。这时，有人报告远处好像从地面上腾起了一片乌云，阿尼亚努斯大叫："那就是上帝的援救。"等待已久的援兵终于赶到，冲在前面的是西哥特王子托里斯蒙德。这一天是 6 月 14 日。

意外地看到西哥特人，阿提拉很惊讶。他赶紧命令军队解除对奥尔良的围困，不过还是在城外吃了一个不大不小的败仗。埃提乌斯和阿提拉进行了简短的谈判，两位老朋友达成协议，允许匈奴大军撤退，但不得带走三心二意的阿兰人。阿提拉表示同意，随即渡过塞纳河，撤退到北部的香槟平原。在这里，平坦的地形有利于骑兵队形展开，不过阿提拉此时最关心的是怎么把这几个月掠夺的物资平安带回去。

埃提乌斯关心的正相反。如果让阿提拉全身而退，自己肯定会被元老们的唾液淹死。战场谈判只是为了赢得整合队伍的时间。埃提乌斯命令部队追击匈奴人。充当前锋的法兰克人在夜晚突袭了阿提拉后卫部队的营帐，充当阿提拉军后卫的斯皮德人付出了 1.5 万战士的生命后才勉强阻止住法兰克人的攻击。一场大战的帷幕逐渐拉开。

在得知这个消息后，阿提拉认识到自己已经无法从高卢全身而退。他在第二天上午回军列阵，准备作战。匈奴大军驻扎的这块地方是马恩河畔的卡泰隆尼原野，长约 240 公里，宽约 160 公里，很适合大兵团作战。这场决定欧洲命运的大战因此被称为卡泰隆尼战役（关于此战的地点争议很大，卡泰隆尼是比较普遍的观点）。

在原野上有一块不大不小的、向西倾斜的丘陵可以作为制高点。不幸的是，这个制高点被西哥特王子托里斯蒙德占去了，匈奴军几次试图夺回来都没有成功。阿提拉感觉不妙，于是招来占卜巫师。巫师没有像匈奴祖先那样观察月亮的形状，而是通过观察牲畜的内脏来占卜战斗的吉凶。这是匈奴西迁后从阿兰人那里学来的"先进"方法。

巫师的结论模棱两可，本方会吃败仗，但是敌军主帅将会阵亡。阿提拉认为打这一仗还划得来，为了鼓舞士气，阿提拉决定像古罗马雄辩家那样做一次激动人心的战前演讲（这大概是他做人质时学来的为数不多的古罗马文化之一）：

士兵们，在击败了那么多的民族，征服了那么广阔的土地之后，你们终于站到这个原野上！因此，我认为自己在现在这种环境下，用演说来激励你们的士气，显得有些多余和愚蠢，好像你们还不明白，目前我们面对的是怎样的情况。不过对一位新入伍的士兵，或一支从未参过战的部队来说，这可能还会起点作用。事实上，我也的确想不出什么你们乐意听的话了。这世界上还有什么东西，比战争更让你们熟悉呢？对一位勇敢的武士来说，还有什么事情，比亲手复仇更加甜美呢？满足自己复仇的欲望，是天母赐予我们匈奴人的伟大礼物。所以，让我们立即向敌军发动猛烈的攻击吧！哪一方首先开始战斗，就说明他们比敌人更勇敢。两军相逢勇者胜，让我们蔑视这些乌合之众吧！

我们的敌人只是杂种民族与杂牌军队，一群懦夫与另一群懦夫的联合，依靠同盟的力量保护自己，恰好是他们懦弱的证明。在我们的攻击还没有开始之前，他们的心中已经满怀恐惧。瞧，他们现在正忙着占领丘陵和高地，并为自己贸然下到开阔地带和我们作战而后悔呢！你们知道，罗马人的武器轻得就像灰尘一样，一点小伤就足以使得他们士气低落，而且还是在他们保持着阵形、高举着盾牌的时候！用你们习惯的耐力去战斗吧，不要去关心敌人兵力的多寡！让我们冲垮这些阿兰人，压碎这些在我们剑下逃脱的西哥特人！在这敌军主力所在的核心地带，我们最容易迅速地赢得战争的胜利。当我们的第一条弓弦被拉断的时候，他们的队伍必然会发生动摇，敌军阵形的骨架就支撑不住它的躯干了。这便是你们运用你们的勇气、发泄你们熟悉的怒火之时！战士们，我阿提拉请求你们，拿起你们的武器来！谁要是受伤了，就要用敌人的死亡来回击！谁要是还没有挂彩，就要用敌人的血肉填饱自己的饥肠！胜利者是永远不会被敌人击中要害的，那些战死者在和平时期一样也会死。

是谁为我们的祖先打开了从莫提斯海到这里的通路？是谁在保佑我们的军队上百年来所向披靡？是谁在正牙牙学语时的你们的腰间别上刀剑？又是谁把正蹒跚学步的你们扶上马鞍？是那永生之神，我的勇士们！我在你们的面孔上为什么看到了不安和恐惧？如果天神自己并不准备把胜利赐予他人的话，为什么匈奴人多年来百战百胜的幸运之路要在这里结束呢？

你们知道，匈奴人犀利的目光向来是其他民族不能承受的，神谕已经做出了对我们有利的裁决。今天你们脚下的这块战场，已经许诺给予我们辉煌的胜利。你们不要让我为与胜利擦肩而过而懊丧，请迅速把敌军主将的首级提来给我吧！让敌人的财富填满你们的钱袋，让敌人的骷髅装饰你们的胸膛吧！愿苍天和众神和你们在一起！我阿提拉和你们在一起！我本人将向敌人射出第一支箭。如果哪个可怜虫胆敢不照我的样子行动，他一定会死得很痛苦！[1]

阿提拉的演说让人很难相信出自一位匈奴大王的口中，粗犷

---

[1] 约达尼斯.哥特史［M］.罗三洋，译.北京：商务印书馆，2012.

的草原英雄居然有如此高超的演说技巧！匈奴大军的士气重新振作，斗志高涨。阿提拉趁机布置作战队形：以阿提拉本人为首，匈奴嫡系铁骑居中；左翼由东哥特人充任；右翼交给斯皮德大王阿达里克。其他的小民族，像图林根人、滨河法兰克人等分散布置在三路。

埃提乌斯的布阵显得更有理智，颇有些"田忌赛马"的味道：正对着阿提拉的是桑吉班统帅的三心二意的阿兰人；以重装骑兵为核心的生力军西哥特人被安排在右翼，直接面对他们的同族兄弟东哥特人；埃提乌斯本人统率左翼，对付刚刚遭受严重损失、士气低落的斯皮德人。

明眼人一看就明白，把阿兰人安排在正中，明显是被当成了牺牲品。东哥特人战斗力强，而且没有受过损失，让士气正旺、战斗力最强的西哥特人对付他们，至少还有一半的胜利把握。斯皮德人是匈奴联军中目前战斗力最弱的，埃提乌斯把软柿子留给自己，明显有私心。此时的罗马军团编制、装备都已经发生很大变化，人员缩减到1000多人，从前惯用的重型标枪被一种轻型标枪替代，虽然穿透力大减，但是射程超过50米。全金属的盾牌取代了木制盾牌，防护性虽然增强，但重量大增，非常不利于步兵冲锋。罗马军团的战术因而变得很保守，一般都是组成盾牌龟甲阵被动等待敌人来进攻。让罗马军团对付无心恋战的斯皮德人，至少不会输。战前布局上的失策证明阿提拉的军事才能的确不怎么样。一将无能，累死千军，匈奴联军要倒霉了。

　　下午，战斗正式打响。经过相互射箭、投掷标枪的短暂的战前火力准备，匈奴铁骑开始向正对面的阿兰人发起猛攻，软弱、犹豫的阿兰人显然经不起匈奴骑兵的冲击，没多久就败下阵来。匈奴骑兵迅速把罗马联军的左右两翼分割开，切断了他们的战场联系。但是，阿提拉没有擒贼先擒王的远见，士气正盛的铁骑不是扑向埃提乌斯的后路，而是转向左翼，配合东哥特人全力向西哥特军冲击。西哥特国王提奥多里克身先士卒，带头冲锋，结果被东哥特贵族安达吉斯发现，一支标枪投过去，当即把他刺下马。受伤的国王马上被冲上来的士兵所淹没，被自己骑兵的马蹄踩成肉泥。战前的预言实现了，匈奴联军的士气更盛。这时，托里斯蒙德率军从丘陵制高点冲下来，混乱的阿兰人和西哥特人逐渐稳住阵脚。这时，阿提拉突然发现自己所在的中军因为冲得太猛，把左右两翼的步兵都甩在了后头，自己不仅没了支援，反而把两侧完全抛给敌人，没有一点保护，随时有被敌人包围的危险。如果被敌人的人海围困，骑兵的优势就变成了劣势，根本冲不起来，相反会成为标枪的活靶子。阿提拉赶紧下令后撤。夜幕的降临帮助了匈奴人，使他们较为顺利地撤回了自己的军营。

　　这场大战历时不过一个小时左右，可损失却大得出奇。一说是16.2万人，一说是30万人，尽管都可能被夸大了，可也能让人感受到此战的异常残酷。一位历史学家毫不夸张地说："帝王们一个小时的疯狂完全可以把整整一代人全给消灭了。"维克多·雨果哀叹："匈奴人在这里被香槟（地区）吞噬了。"

漆黑的夜色让战斗的双方都有些慌乱，阿提拉下令烧掉马鞍和没用的装备，迅速在军营四周垒起一道土墙，运辎重的大篷车点缀其间，准备打一场匈奴人并不擅长的阵地防御战。他本人甚至做好了战败自杀的准备。一直呆愣愣地向前冲的托里斯蒙德则在夜色中脱离了大部队，闯进了匈奴人的战车阵。如果不是匈奴人不知道他的身份，加上手下卫兵拼死保护，这位勇猛的王子恐怕要追随他的父亲而去了。

狡猾的埃提乌斯损失最小，因为斯皮德人无心恋战。在夜色中他也混进了一批斯皮德散兵的中间，然后顺利溜掉了。

次日，艳阳高照，阿提拉龟缩在营地里不出战，西哥特人忙着寻找国王，谁也不想打仗。费了半天力气，提奥多里克的尸体总算在死人堆里找到了。西哥特人放声大哭，在战场上为国王举行了简单的葬礼，然后用一面大盾牌把托里斯蒙德举起来，庆祝他带领士兵们取得了胜利。提奥多里克被埋葬在卡泰隆尼附近的一个小树林里。这里现在仍然矗立着 5 个小土丘，据说那是阵亡将士的坟墓。

为了替父王报仇，托里斯蒙德指挥他的重骑兵向阿提拉的营垒发起猛攻。匈奴人在雄壮的军乐鼓舞下，从各个角落向外射箭，拼命冲击的西哥特人不是被彻底压制、动弹不得，就是被雨点般的飞箭尽数歼灭。这时候大家才发现阿提拉是一头"埋伏在洞中以无比的愤怒威胁着敢于走近它的猎人的狮子"，"这位君王的愤怒才是最直接的难以避免的威胁"。埃提乌斯赶紧拦住这种毫无价值的冲击，决定采取长期围困的办法，消耗阿提拉的给养，直到他被迫出营挑战或签下丢脸的条约。

这时，日耳曼民族文化的弱点暴露了出来，托里斯蒙德反对长时间地等待，认为这是软弱无能的表现。埃提乌斯不想让阿提拉真的全军覆没，因为离开了匈奴人的威胁，日耳曼人，特别是西哥特人肯定要把目标瞄向西罗马帝国。匈奴人虽然厉害，可他们没有主动吸取罗马文化的意识，完全靠军事威慑统治欧洲，注定不会长远。倒是这些非常迅速地吸收了罗马文化的养分、文明程度大大提高、有着坚忍强悍的身体素质的日耳曼人，会对帝国构成长远的危害。与其让他们羽翼丰满，不如暂时给他们保留匈奴这个强大的对手。有了这一对冤家，自己的位置也能长期保持。否则，鸟尽弓藏，罗马那些对自己恨之入骨的贵族们迟早会对自己动手。于是，埃提乌斯诚恳地建议托里斯蒙德收兵回国，"以阻止他的怀有野心的弟兄们占据图卢兹的王座和财富"。

一句话点醒梦中人，托里斯蒙德赶紧收兵，连夜往回赶。还真让埃提乌斯说中了，托里斯蒙德的两个弟弟提乌德里克、弗雷德里克确实在准备抢班夺权。托里斯蒙德虽然及时赶了回去，还是没有解决问题。公元 453 年，在内战中，托里斯蒙德兵败被杀。

西哥特人撤走后，埃提乌斯用同样的办法打发走法兰克人，其他日耳曼部众也先后撤离。为了以防万一，阿提拉命令部队缓缓地向莱茵河前进，直到平安返回匈奴帝国。法兰克人在墨洛温国王的率领下小心翼翼地跟在匈奴人后面，一点点收复失地。匈奴人撤退后，法兰克人对追随阿提拉的图林根人进行了残酷报复。图林根人的人质和俘虏全被处死，200 余位妇女被用车裂等酷刑折磨致死。这一段仇杀的历史对后来法、德两个民族的发展造成了深远影响。

卡泰隆尼战役被英国学者克瑞西勋爵评为"世界史上最重要的十五次会战之一"，因为它"阻止了欧洲野蛮化"。

第十七章
条条大路通罗马：阿提拉野性的最后一搏

阿提拉决定亲征意大利。条条大路通罗马，西罗马政府甚至不知道该在哪里抵御铺天盖地而来的野蛮人。光杆司令埃提乌斯硬着头皮跑到君士坦丁堡求救，怯懦的瓦伦蒂尼安皇帝竟然吓得抛弃了易守难攻的拉文纳，跑回几乎不设防的罗马。大概这里对他逃往东罗马避难更方便吧？

一、上帝之光：说退匈奴大军的罗马教皇

怒气冲冲的阿提拉不放过任何一个抵抗者，富庶的阿奎利亚成了他的出气筒，被损毁得只剩下了墙基。在米兰，阿提拉用一种文雅的方式教训了高傲的罗马人。在罗马，"勇敢"的罗马教皇委屈地爬上马背，用"激昂"的言辞加上大笔金银和沦为奴隶的教民，总算把这条"鞭子"哄走了。

卡泰隆尼战役的失败并没有让匈奴帝国伤筋动骨，只是让自诩

为战神的阿提拉丢尽了面子。为了挽回脸面，阿提拉在公元452年春天再一次集结起一支规模更大的军队，发兵西罗马。这回，他不再相信该死的汪达尔人，也不想再去高卢没有意义地和日耳曼人打一架，他的马鞭直接指向了意大利本土。

理由和上次一样，还是为了荷诺维亚公主。现在瓦伦蒂尼安大概要后悔当初不听岳父狄奥多西二世的劝告了。狄奥多西曾经建议女婿在国力衰弱的时候暂时夹起尾巴做人，把麻烦的姐姐送给阿提拉，附带一笔丰厚的嫁妆。这样既甩掉了包袱，又让阿提拉失去了宣战的借口。可西罗马人根本不懂韬光养晦的道理，只知道这样做太丢脸了，宁可亡国也不接受。现在，恶果出现了！

条条大路通罗马，阿提拉的大军轻而易举地翻越阿尔卑斯山，出现在亚平宁半岛。现在，埃提乌斯借助匈奴人打天下的弊端彻底显现出来。除了身边一支由匈奴人组成的卫队，他几乎无兵可用。谁也不会想到刚刚打了败仗的阿提拉还不到一年就能再一次兴风作浪，散布在各地的帝国军队根本来不及征调，西哥特人自然也不会来管闲事，西罗马帝国的总司令居然成了光杆司令！

匈奴大军迅速包围了半岛北部的阿奎利亚城。阿奎利亚是亚得里亚海滨最富有、最繁华的商业城市，有20万居民，当时被誉为"北方的罗马"。匈奴人不善于攻城，但是他们可以驱赶成千上万的当地居民、俘虏充当炮灰，可以重金聘请罗马的技术人员为他们制造攻城器械。于是，"阿奎利亚的城墙受到成批善斗的山民移动炮楼，抛掷石头、标枪和火球的猛烈攻击"。但是阿奎利亚人有抵抗侵略的传统，当年阿拉里克就曾在这里吃尽苦头，一筹莫展。现在，他们还得到了一部分哥特雇佣军的帮助，斗志更加高昂。匈奴人在这里猛攻了3个月，毫无进展。阿提拉的后勤补给开始出现困难，被迫走上阿拉里克的老路，下令明天一早就收拾帐篷，撤退回国。

心不甘、情不愿的阿提拉知道，一旦撤退，不仅上次的面子挽不回来，还得再往脸上抹一层灰。就在他骑着马愠怒、失望地绕城行进时，他突然发现一座钟楼上的老鹳正准备带着幼鸟离开鸟巢，飞往乡下。这是一种家鸟，除非钟楼即将坍塌、废弃或者找不到食物，否则绝不会轻易离开老巢。鹳鸟搬家，说明城里的给养也快耗尽了。大喜过望的阿提拉马上下令停止撤退，再一次发起猛攻，特别是在老鹳搬家的这段城墙。阿奎利亚人终于支撑不住了。匈奴人集中全力在老鹳搬家的地方打开一个缺口，不顾一切地从这里向里冲，终于攻占了这座"英雄"的城市。

进城后的匈奴兵大肆破坏，连城墙的墙基都捣毁了。阿奎利亚被从地球上彻底抹掉了！

在围攻期间，阿提拉造了一座土山以祭祀曾经到过此地的匈奴帝国的奠基人乌尔丁，该地后来发展为以乌尔丁的名字命名的乌迪内市。因为纪念乌尔丁而诞生的城市还有德国的乌尔丁根。

阿奎利亚的陷落大大打击了西罗马人的斗志，阿尔提努姆、康科迪亚、帕迪阿相继变成一片瓦砾，维罗纳、维琴察、曼图亚、米兰等内地城市随后遭到沉重打击，米兰和帕维亚干脆不做抵抗，献出全部财富投降了。

当阿提拉进入米兰皇宫的时候，意外地发现一幅让他很反感的油画。画面上是皇帝和一群王子端坐在宝座上，下面跪着一大群摇尾乞怜的匈奴贵族。大概是考虑到米兰人还算顺从，阿提拉没有下令进行报复，而是耐心地请画师把画中的人物形态调了过来：匈奴人端坐在上面，罗马皇帝和王子则从口袋里掏出金银财宝，谦恭地献上。

离开米兰，匈奴大军杀奔意大利中部的波河平原。都灵、摩德纳、科多姆等名城相继沦陷。埃提乌斯不敢再眼睁睁地看着西罗马城市一个个垮掉，只好带着有限的军队前往应战。不过他的部队只能起到骚扰的作用，根本不可能和匈奴大军正面作战。胆小的瓦伦蒂尼安皇帝别说御驾亲征，连易守难攻的拉文纳也不敢久留，干脆逃回了昔日的旧都罗马。阿提拉随即跟进，包围了罗马城。这座圣城眼看就要再一次沦陷于"野蛮人"手中了。

这次，"聪明"的瓦伦蒂尼安不再像以前那样死扛，等待东罗马亲戚的援助。他知道，东罗马人从来不是阿提拉的对手，即便援军赶到，也得变成匈奴人的盘中餐。在臣僚的建议下，瓦伦蒂尼安皇帝主动派出使团去和阿提拉谈判。由类似后来国会议长的元老院首席元老阿文努斯、前任近卫军卫队长特里格提乌斯和罗马大主教——事实上的天主教教皇利奥一世组成的西罗马使团的阵容、规格空前。

依据惯例，西罗马使团成员颤颤巍巍地爬上马背，开始和阿提拉会谈。据说利奥一世的滔滔演讲、威严的外表和华丽的主教服征服了阿提拉，让他感受到了上帝力量的伟大。后来，圣彼得和圣保罗又拿着宝剑在阿提拉面前显圣，威胁他如果不撤兵就砍下他的脑袋。阿提拉终于屈服在上帝的使者面前，同意撤兵回国。这一传奇故事后来被著名画家拉斐尔绘成一幅壁画，保存在梵蒂冈，广为传扬。

这显然是杜撰的故事，骗不了人。事实是使团承诺缴纳巨额赎金，同意阿提拉把在北方掠夺的全部财富带回匈奴帝国，同意在交换俘虏时只要军官和士兵，放弃所有妇女、儿童和没有人身自由的奴隶。和平协议中似乎再一次忽略了荷诺维亚公主。愚蠢的西罗马人再一次错过了甩掉这个麻烦公主的大好机会。

其实气候也是阿提拉决定撤军的重要原因。意大利的地中海气候的特点是夏季干热少雨，这让来自中欧湿润海洋气候下的匈奴联军很不适应，讨厌的疟疾开始在军中流行，严重削弱了战斗力。另外，按照爱德华·吉本的说法："士兵们的士气由于获得大量财富和那地方使人整天懒洋洋的温和气候而完全松弛下来。一般以牛奶和生肉为主要食物的北方牧人，现在都拼命吃面包，喝葡萄酒，并大量享用经过烹饪技术制作过的肉类。"追求享乐的士兵是没有战斗力的，阿提拉决定见好就收，避免重蹈在高卢贪得无厌、一味南进的覆辙。迷信心理似乎也影响了阿提拉。当年，阿拉里克进入罗马后不久就病死在南征的路上，让阿提拉很忌讳。宁可信其有，不可信其无，阿提拉于是决定不进罗马。另外，埃提乌斯千方百计求来的东罗马援军即将杀到，阿提拉可不想被人断了后路。

不管怎么说，阿提拉总算是带着全部掠夺来的财富离开了意大利，回到他自己的安乐窝。在撤退之前，阿提拉留下狠话：马上把荷诺维亚公主送到匈奴王庭，否则他还会回来，给予更残酷、更无情的打击。但西罗马人管不了那么多，先享受几天幸福时光再说。

阿提拉对西罗马的破坏是非常严重的，欧洲人说："凡是阿提拉的马蹄踏过的地方，连草都不长。"不过这位好战的匈奴大王、欧洲人眼里的屠夫，却为意大利留下了一份礼物：威尼斯。威尼斯原本是西罗马帝国本土的一个省，这里有50余座繁华的城市，阿奎利亚无疑最有名。匈奴大军杀入威尼斯后，大批有钱人逃离城市，跑到附近的岛屿上。这不是什么新鲜事，当年阿拉里克围攻罗马时，罗马的有钱人就曾经塞满了台伯河中的小洲。不同的是，现在这帮难民对匈奴人的恐惧深入骨髓，他们无论如何不敢再回大陆。他们就像在狼窝中筑巢的小鸟，相互偎依着生活。锦衣美食再也不敢去想，海里的鱼成为他们餐桌上的必备食品。为了彼此联系，小船成了他们的交通工具。在12个主要岛屿上的人们后来干脆选出自己的保民官、法官，然后组成一个共和国，过起了世外桃源般的生活。罗马的传统与文化因为威尼斯共和国的存在而得以部分保存。

在威尼斯，人们逐渐学会了煮盐。盐是人们的生活必需品。因为盐，威尼斯人重新拿起商业武器，和周边岸上的人们进行贸易，罗马的商业精神在这里又复活了。在南欧被日耳曼人控制的时候，以商业为生的威尼斯注定要成为欧洲的百老汇。两栖的威尼斯甚至使6世纪最后一支占据意大利的日耳曼人——伦巴德人不敢进犯他们。200年后，实力强大的威尼斯共和国竟然可以和查理大帝分庭抗礼。这里成了一块由"野蛮人"推动建设的而"野蛮人"又无力进犯的土地。匈奴人"制造"出来的威尼斯共和国日后成为欧洲商业的中心，成为资本主义萌芽的地方，成为揭开中世纪黑幕的文艺复兴的发源地，这大概也应算作阿提拉的一大贡献吧。

二、英雄气短：死在新娘臂弯里的阿提拉

满载而归的阿提拉把多情的荷诺维亚公主抛到了九霄云外，年轻貌美的伊尔迪科小姐成了他的新宠。倒霉的是，崇尚战死疆场的草原英雄这回意外地死在新娘的臂弯里，丢尽了大英雄的脸面，而且给多事者留下了无尽的想象空间。

大英雄总是惺惺相惜，阿提拉走后不久，埃提乌斯也离开人间，到天国找老朋友斗智斗勇去了。倒是汪达尔人盖萨里克捡了个大便宜，轻而易举地杀进罗马，完成了阿提拉未竟的事业。

阿提拉返回本土后，随即派出一支军队攻打高卢三心二意的阿兰人，结果西哥特人又来管闲事，匈奴军被迫撤回。不过西哥特

人这回失算了，在匈奴人的"帮助"下，西哥特国王托里斯蒙德弟弟的势力迅速壮大，在第二年干掉了这个曾经让阿提拉吃尽苦头的哥哥。

公元453年夏天，阿提拉好色的毛病又犯了。荷诺维亚被彻底丢在脑后，伯艮第公主伊尔迪科成了他的新宠，给数量已经很庞大的后宫嫔妃们又添了个金发美人。不过，伊尔迪科也是阿提拉妃子中最倒霉的一个。

嗜酒如命的阿提拉在婚礼上痛饮到半夜才回洞房。第二天，他的侍卫们没有像往常一样在清晨叫醒他。可是，出奇的安静引起了他们的怀疑，他们开始在宫外大吵大闹，希望吵醒阿提拉。眼看没有效果，侍卫们只好硬着头皮冲进寝宫。他们被眼前的情景惊呆了：阿提拉直挺挺地趴在床上，血从他的嘴角流出来，已经没了呼吸，但身上没有一处外伤。新娘伊尔迪科坐在床边，用面纱捂着脸啜泣。

按照哥特史学家约丹内斯的记载："当阿提拉酒酣后躺在床上熟睡时，他的鼻子里突然涌出一股鲜血，血没有向外流，而是流回咽喉，将他窒息而死。"

匈奴贵族们为他举行了隆重的葬礼。阿提拉的遗体被陈列在大草原中央扎起的丝绸灵堂里，精心挑选出来的几个匈奴武士围着灵堂唱赞歌，讴歌他们伟大帝王的丰功伟绩。在场的贵族们按照匈奴礼俗剪下一绺头发，划破脸颊，用鲜血和泪水来哀悼自己的领袖。阿提拉的大墓修建在一条大河的河床上，棺椁分为三层，外面是铁壳，中间是银椁，最里面是金棺。这样的埋葬方式我们在埋葬阿拉里克时已经领略过了。有人认为阿提拉的大墓在蒂萨河的下游一带，但只是推测，没有得到实际证明。与阿拉里克不同的是，匈奴人哀悼阿提拉的挽歌被保留了下来：

> 阿提拉，蒙狄祖克之子，神圣的伟人，匈奴人的统帅，勇士的君王啊！你以无人能及的伟大力量，独立统治着西徐亚草原和日耳曼尼亚；你威胁着两个罗马帝国，征服了它们无数的城市；为了保证其他城市的安全，它们全部向你纳贡称臣。在获得了所有这些成就之后，你最终既不是由于仇敌的陷害，也不是由于下属的背叛，而是在最为快乐的幸福中，在你民族的辉煌中，毫无痛苦地离开了人世。既然没有凶犯可以让我们为你复仇，那又有谁能说这是你生命的结束？

传说就在阿提拉去世的当晚，东罗马皇帝马约安梦见阿提拉的弓弦断了。这大概是唯一一个宣扬神力，却不是出自教士口中的故事。

新婚之夜神秘地死在新婚妻子臂弯里，难免让人产生无尽的猜想。100 多年后，有人传说是伊尔迪科在交欢后用匕首刺死了阿提拉，目的是为了给自己的亲族报仇。后人还据此编出了很多剧本到处传唱。这其中最有名的是德国中世纪叙事史诗《尼伯龙根之歌》和威尔第 1844 年创作的歌剧《阿提拉》。

《尼伯龙根之歌》又名《尼伯龙根族的惨史》，全诗 2379 节，每节 4 行，共 9516 行。史诗的大致内容是：

尼德兰王子西格弗里是个勇士，他曾经诛灭过毒龙，用龙血沐浴，全身皮肤刀枪不入。但在沐浴时，有一片菩提叶落在他的背部，因此这里没有沾到龙血，给他留下了一处最致命的弱点。

（这和希腊神话中的"阿喀琉斯之踵"很相像，应该是受了南欧文化影响的结果。）

西格弗里拥有尼伯龙根的宝物，还有一柄巴尔蒙宝剑和一件隐身衣。他仰慕伯艮第国王恭泰的妹妹克琳希德的美貌，准备向她求婚。恭泰正准备向冰岛女王布伦希德求婚，但那位女王有超人的武艺，她曾经声明：任何求婚的人必须和她比赛三项武艺，样样胜她，才能获得她的爱情。若有一样失败，求婚者就要将首级留下。缺乏自信心的恭泰向西格弗里请求帮助，西格弗里表示同意，但要求事成之后把克琳希德嫁给他，恭泰欣然应允。

于是西格弗里化装成恭泰家臣，披上隐身衣，暗中帮助恭泰战胜了女王，恭泰于是把女王带回首都瓦姆斯，两对新人同时举行婚礼。知道真相后的女王很难过，拒绝了恭泰的求欢。第二天晚上，恭泰又依靠西格弗里的帮助制服了女王，但西格弗里乘机偷走了女王的腰带和戒指，交给了自己的妻子。

后来，克琳希德和布伦希德为了进入教堂的先后次序发生争执，布伦希德说克琳希德是家臣的妻子，而克琳希德说她是人家的姘妇，没有做王后的资格，还把腰带和戒指拿给她看，作为证据。布伦希德又羞又怒，决意报复。恭泰的朝臣哈根，看到王后受辱，答应替她报仇。他设下阴谋，到克琳希德那里骗出了西格弗里背部的秘密要害，随后在西格弗里在泉边喝水时，用枪刺中他的要害，将他害死。

克琳希德经历了这样的惨变，蓄意报复。她叫人把尼伯龙根的宝物运到瓦姆斯来，大事布施。哈根怕她培植自己的势力，偷偷地将宝物沉入莱茵河。

克琳希德为了报仇，最后向匈奴大王艾策尔求助，表示愿意嫁给他，并把全部尼伯龙根的宝物作为嫁妆，条件是帮她杀死她的仇人。艾策尔接受了她的求婚，派使节前往瓦姆斯，向恭泰求亲。恭泰同意。后来艾策尔和克琳希德设计，在新婚之日突然出动大军，包围了正在吃喜酒的伯艮第人，把他们全部杀死。克琳希德报了杀夫之仇，自己也死在混乱之中。

很显然，《尼伯龙根之歌》不是纯粹的文学作品，而是真实的历史的曲折反映。这里有匈奴和伯艮第人的仇杀，有荷诺维亚公主的影子，有阿提拉对黄金和美色的贪恋，有新婚之夜猝死的奇情。正因为有太多历史的影子，以至于很多人相信尼伯龙根的宝物确实存在，从而踏上了寻宝之路。

威尔第的《阿提拉》是一部三幕歌剧，于1846年3月17日在威尼斯第一次公演，大获成功。歌剧的剧情大致是：

公元452年，阿提拉围攻意大利的阿奎利亚城，俘虏了美女欧得贝拉并赐给她一把短剑。欧得贝拉的父亲死于匈奴人手中，她决心替父报仇。曾经在高卢打败过阿提拉的罗马将军埃齐尔提出和阿提拉合作，条件是把意大利送给他做领地，但遭到拒绝。欧得贝拉的情人弗洛斯特误解了她，以为她投靠了敌人，为了洗刷耻辱，决定刺杀阿提拉。阿提拉很喜欢欧得贝拉的个性，决定娶她。欧得贝拉在新婚之夜和弗洛斯特等人合作，用阿提拉赐给她的短剑杀死了阿提拉。

两部伟大的作品有一个共同之处，即不管阿提拉是正面人物还是反面形象，都没有被歪曲和丑化。《尼伯龙根之歌》诞生于阿提拉死后近700年，诗中的艾策尔勇敢、有智慧、男人气十足，似乎不是日耳曼人的仇敌，而是亲密的朋友。这也难怪，毕竟阿提拉曾经把很多流散的日耳曼部落重新收拢，并给予了很好的安置。何况日耳曼人最大的敌人是罗马帝国，阿提拉的出现让他们省了很多力气，提前完成了颠覆罗马帝国的目标。威尔第对阿提拉的正面描写可能更多的是出于剧情的需要，毕竟，女英雄刺杀一个英武的帝王，总比刺杀一个猥琐暴戾的帝王更让人兴奋。

就在阿提拉死后不久，他的老朋友埃提乌斯担心的事情终于发生了。西罗马人开始讨厌这位总司令，瓦伦蒂尼安皇帝也撕毁了婚约，拒绝把女儿欧多里亚嫁给埃提乌斯的儿子。埃提乌斯没有及时隐退，而是怒气冲冲地去找皇帝理论，结果一生软弱胆小的瓦伦蒂尼安居然勇敢地拔出宝剑，一剑刺穿埃提乌斯的胸膛。皇帝身边的弄臣宦官也不甘落后，上去一通乱砍，身中百余刀的埃提乌斯就这样窝囊地死在了皇帝脚前。埃提乌斯终于可以到天国和老朋友叙旧了。

埃提乌斯的死激起了全国民众的愤慨，一个罗马人当众对皇帝说："我完全不知道，陛下，你这是为什么和出于什么动机。我只知道你用自己的左手砍掉了自己的右手。"

瓦伦蒂尼安是个好色之徒，到处采野花。母亲和总司令先后死掉，更让他无所顾忌。元老马克西穆斯的妻子也被他侮辱。马克西穆斯十分愤怒，秘密准备叛乱。不过，埃提乌斯的卫兵奥普提拉和特劳斯提拉抢在了前头。当瓦伦蒂尼安在战神马尔斯广场就座准备向群众发表演说的时候，两人冲上前，用剑刺穿了他的心脏。两人没有遇到阻拦，皇帝的随从们似乎都很愿意看到这个家伙的死亡。狄奥多西家族的最后一个皇帝就这样死掉了。

瓦伦蒂尼安死后，马克西穆斯夺取了皇位。为了报复，他把皇后叶夫多基亚强娶过来。叶夫多基亚忍受不了被人霸占的屈辱，秘密派人向汪达尔王盖萨里克求助。盖萨里克不像阿提拉那么信邪怕死，带领大队人马勇敢地杀进罗马城。马克西穆斯赶紧外逃，在路上被愤怒的群众和士兵拦住，用石块猛砸这个招来敌人的丧门星，马克西穆斯当场毙命。

利奥主教被迫又一次出马，这回盖萨里克只同意不烧杀，但要纵情抢掠。汪达尔人在罗马城大肆抢掠，害得罗马最后仅剩下7000名市民。阿提拉没有完成的任务终于由昔日的假盟友盖萨里克完成了。

盖萨里克撤退回国时，携走了3万余名罗马富豪、贵妇，包括前任皇后和她的两个女儿。这些人大部分沦为奴隶，汪达尔人首开了日耳曼人奴役罗马人的先例。

阿提拉的子孙们

中国有句古话："家贫出英才。"阿提拉对美女有着无尽的欲望，来自不同民族、数不胜数的后妃给他生下一大堆儿子。这些富家子弟会给匈奴帝国带来什么呢？除了瓜分遗产，这群败家子什么都不会做。辉煌一时的匈奴帝国在他们手里像一颗流星，迅速消失在天际尽头。

19世纪中叶，投入日耳曼人怀抱的阿尔帕德大公的后裔们终于开始讨厌那些一身鱼腥味的穷亲戚。匈牙利人把自己的祖先定格在乌拉尔山麓，再也不愿向东看一眼。

驮着战国、秦汉，蹄踏着新莽、西晋两个政权，狂飙卷起欧洲诸多民族大迁徙的硝烟，一代天骄——匈奴，这个曾经无比鼎盛的王朝在公元500年前后终于走完其辉煌的历程，像一颗无比耀眼的巨星，陨落在恒久的历史天空。

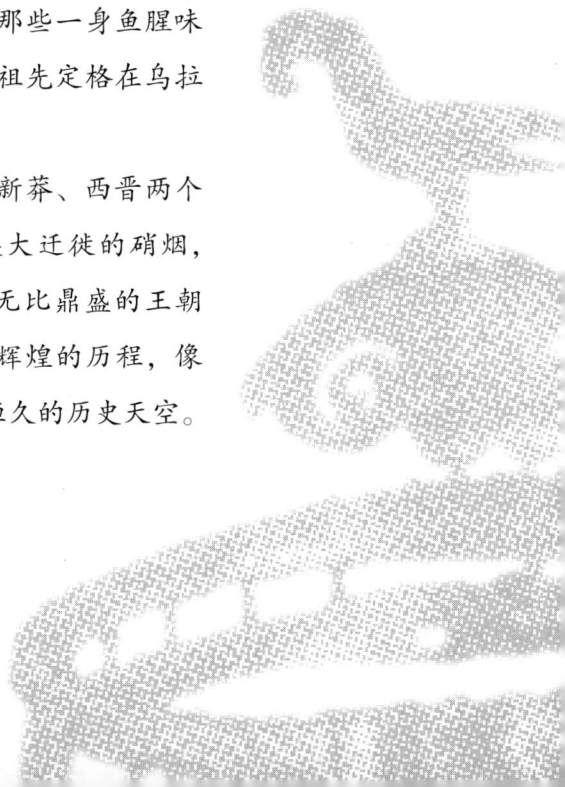

崇拜英雄，依赖英雄，是草原民族文化的先天弱点。阿提拉，作为匈奴西迁后最伟大的英雄，创建了庞大的匈奴帝国，把东方的草原文明强行移植到罗马文化圈，在欧洲产生史无前例的巨大震撼，极大地加速了腐朽的罗马帝国的灭亡，对欧洲的封建化进程做出了巨大贡献。但是，在先王的巨大光环"阴影"中成长起来的子孙们往往不是英雄。阿提拉的子民秉承了草原先民的传统，财富任由英雄取，美女任由他先选。偏偏阿提拉对美女有着无尽的欲望，来自不同民族、数不胜数的后妃给他生下一大堆儿子。在这些儿子中选择继承人无疑是一项艰巨的脑力劳动。阿提拉的意外死亡，使他没有机会完成这项重任，辉煌一时的匈奴帝国也因此像一颗流星迅速消失在天际尽头，没有留下一丝痕迹。

阿提拉的匈奴帝国实行的是金字塔状的统治架构，属下的日耳曼民族依据力量强弱分别处于不同的等级。因为时间短暂，这个临时的民族聚合体还根本没有形成共同的民族观念。大家只是因为惧怕阿提拉的威权或羡慕他的武功，才走到一起。阿提拉死后，长子埃拉克继承了王位。但是埃拉克并没有什么可以服众的军功，唯一一次独立率军进攻波斯还大败而回。他的弟弟们纷纷提出要封地，要求把父王属下的各个日耳曼部族瓜分，让他们像埃拉克当年统治阿卡吉里人那样。他们的母亲来自不同民族，这些娘家人成了他们各自的依靠。匈奴帝国面临着四分五裂的危险。

原来处于二等公民地位的、人多势众的东哥特、斯皮德、斯基尔等部族现在谋求的是独立或自治，他们在耐心地寻找着机会。

公元 454 年年底，埃拉克希望杀鸡儆猴，出动大军驱逐了争权夺利的埃尔纳克等王子，把他们一直赶到黑海岸边。但在回师到匈牙利内塔德河畔的时候，埃拉克突然发现，一支实力远远超过自己的日耳曼民族联军正等待着他的疲惫之师。

有关这场战斗的情况模糊不清，我们只能推测战场是一片灌木丛生的沼泽地，日耳曼人占据着高处的丘陵，匈奴骑兵和弓箭的优势无法发挥，而另一些日耳曼人临阵叛变又截断了他们的归路。在这场决定性的战斗中，"斯皮德人的长矛、哥特人的短剑、匈奴人的弓箭、斯基尔人的步兵、赫鲁利人的轻巧武器和阿里人的重武器，或互相结盟，或互相为敌，打在了一起"。最后，日耳曼人取得了胜利，匈奴人损失 7000 余，埃拉克也喋血沙场。

埃拉克死后，匈奴帝国正式瓦解，日耳曼人瓜分了阿提拉的帝国。东哥特人占领了肥沃的潘诺尼亚，斯皮德人进驻现在的罗马尼亚一带，斯基尔人停留在多瑙河与提苏河之间的土地上。他们先后被东罗马帝国授予同盟者的身份。

退守乌克兰草原的匈奴人在休养生息了 7 年后，在阿提拉之子邓格西克的率领下再次西进，试图恢复帝国的荣光。公元 462 年，他们绕开斯皮德人，直接突袭了潘诺尼亚草原上的东哥特人。东哥特人勉强抵抗了一阵，像他们的祖先一样仓皇退走。不过，此时的匈奴人毕竟势单力薄，人口稀缺成了他们的致命伤。在坚持了几年后，卷土重来的东哥特人又把他们赶出了匈牙利。无路可走的邓格西克决定沿多瑙河南下，进攻昔日的手下败将东罗马帝国。但是，此时的东罗马已经恢复元气，公元468年，匈奴骑兵在东罗马境内遭到坚决的阻击，邓格西克当场毙命，首级被割下来送往君士坦丁堡展览。这场胜利对于东罗马来说无异于一次解脱，从遭受匈奴人残酷打击的深深创伤中解脱。人们像庆祝阿提拉本人死亡一样庆祝阿提拉儿子的阵亡。匈奴人的最后一次西进努力宣告失败。

剩下的大部分匈奴人退回到乌克兰草原，恩内泽尔、乌尔丁达尔两位王子带领部分族众占据了达西亚，另外有一些小股的匈奴人散落在潘诺尼亚草原和东罗马帝国各地。对于这些已经不构成威胁的匈奴人，东罗马政府没有赶尽杀绝，而是授予他们与日耳曼人同样的"同盟者"身份。因为这些人可以替东罗马政府开垦荒无人烟的土地。另外，匈奴雇佣兵的勇敢善战很受东罗马人喜爱，此后200多年里，几乎每一次大规模战争中都能看到匈奴人的影子。这其中最有名的无疑要数阿提拉的孙子、斯皮德国王阿达里克的外甥蒙克。

公元532年，君士坦丁堡发生严重骚乱，查士丁尼大帝的皇后提奥多拉从城外召来军队镇压暴民。这支部队的步兵司令是著名的贝里萨留，骑兵司令就是蒙克。胜利后的蒙克被查士丁尼大帝封为伊利里亚省总督。但伊利里亚的东哥特人很快又开始叛乱，蒙克和他的儿子在敌军中被砍死。从此以后，再没有阿提拉的子孙出现在人们的视野之中。

　　匈奴人和西罗马帝国的关系一直不错，尽管曾经刀枪相见，但拉文纳当局对匈奴雇佣兵依然十分欣赏。阿提拉的亲信奥雷斯的老婆是罗马贵族，匈奴帝国崩溃后，奥雷斯顺理成章地带着大量黄金和一批匈奴雇佣军回到罗马，投到帝国总司令里西梅尔麾下。里西梅尔的父母分别是苏维汇人和哥特人，蛮族出身使他一直不敢称帝，只能充当幕后人物。他把一个又一个皇帝扶上台，然后又一个接一个地废黜。奥雷斯对里西梅尔忠贞不贰，直至坐到副总司令的高位。里西梅尔死后，奥雷斯也学着他的样子立了三个傀儡皇帝，最后干脆把皇位送给自己的儿子罗慕洛。

　　这时，阿提拉的另一个亲信埃德克的影子出现在奥雷斯面前。埃德克对匈奴帝国忠心耿耿，阿提拉死后，他尽心扶持埃拉克，埃拉克死后，埃德克回到自己的民族中间。他的儿子奥多亚克后来成了西罗马的雇佣兵，并迅速成长为领袖。奥多亚克要求获得同盟者身份和三分之一的意大利国土作为领地，遭到奥雷斯的拒绝。奥多亚克马上起兵，攻占拉文纳，废黜了罗慕洛。

　　废黜了皇帝后，奥多亚克把西罗马帝国的国徽送给了东罗马皇帝芝诺。芝诺犹豫不决，没敢接受，但是西罗马帝国从此失去了皇帝。历史学家们因此把公元 476 年作为西罗马帝国正式灭亡的时间。末代皇帝罗慕洛和罗马城的建立者、传说中母狼哺育的所谓战神之子罗慕洛名字完全一样。西罗马帝国就在这样一种充满讽刺的历史氛围中走到了历史尽头。阿提拉没有完成的任务，就这样由他的两位股肱大臣完成了，人类历史上最伟大的一个政权就这样间接地被另一个伟大的东方政权驱赶过来的野蛮人消灭了。

随着埃尔纳克逃到黑海北岸的匈奴人逐渐分裂为两大部落：乌屈古尔部和库特古尔部。前者主要居住在顿河以东一带，后来曾经在伏尔加河上游一带建立大保加尔王国；后者在顿河以西游牧，一度回到巴尔干半岛，建立黑保加尔王国，也就是现代保加利亚的前身。

乌屈古尔部不忘昔日的帝国荣光，曾经多次向多瑙河流域的帝国故地进军，但遭到东哥特人的顽强阻击，徒然为对手增加了几段可供追忆的光辉历史。但是在东罗马帝国面前，他们却依旧可以纵横无阻，从公元493年到535年，乌屈古尔部连续三次渡过多瑙河，进犯色雷斯和马其顿等地。

为了解除外在压力，东罗马政府开始运用外交手段和巨额贿赂，挑拨匈奴两部的关系。最后，乌屈古尔部上钩，掉头进攻库特古尔部。后者在毫无防备的情况下遭到沉重打击。无缘无故遭到打击的库特古尔部非常愤怒，把怒火完全撒到幕后黑手东罗马帝国头上。公元558年库特古尔部在国王扎伯尔干率领下大举讨伐东罗马。查士丁尼大帝虽然奋力阻击，仍然不起作用，君士坦丁堡又一次被匈奴人围困。最后，还是老将贝里萨留出马，才把敌人赶走。

扎伯尔干撤兵后，怒气未消，开始对乌屈古尔部展开报复行动。两个部落之间的残杀从此成为匈奴人的唯一主题。不过，他们的战斗没进行多久，就停了下来，因为东方来了一个更横的家伙，这就是阿瓦尔人。

　　阿瓦尔人也就是中国史籍中所说的柔然人。他们是蒙古草原的第三个主人。不过运气比较差，柔然民族南下时碰到了他们的前辈，刚刚开始汉化、野性尚存的鲜卑人。拓跋鲜卑人建立的北魏政权坚决阻止了柔然人的南进，并给予了他们很大的打击。柔然人无奈，只好走上匈奴人的老路——西迁。

　　面对新对手，匈奴两部依旧没有悔改，仍然各自为战，结果没费多少工夫就被阿瓦尔人吞并。叱咤风云 700 余年的匈奴民族终于退出了历史舞台。

　　在本书开头，我们提到有一批匈牙利人向政府提出申请，要求恢复他们匈奴族的身份。那么，匈牙利人到底和匈奴人有没有关系呢？

　　匈牙利人是欧洲唯一不属于印欧民族的群体。目前比较一致的看法是：匈牙利民族起源于伏尔加河流域，最早以渔猎为生，后来过渡到游牧。大概从 5 世纪中叶开始，匈牙利人开始从乌克兰草原向西移动，并经过了亚速海北岸的大沼泽，进入第聂伯河和多瑙河下游一带。10 世纪时，7 个部落结成联盟，其中马扎尔部最强大，他们的领袖阿尔帕德被推选为大公。匈牙利人因此被欧洲人称为马扎尔人。

　　阿尔帕德大公后来率众参加了东罗马帝国对保加利亚国的战争，但老巢因此空虚，被拜谢涅人抢走了。阿尔帕德大公无奈，只好率众向喀尔巴阡盆地退却，最后辗转来到匈牙利平原。此时的日耳曼人已经完全变成定居农民，面对跃马横枪、飞箭四射的马扎尔人手足无措，不断发出"上帝保佑我们免遭马扎尔人毒手"的恐慌祈祷。但是后来，他们败在德国国王鄂图一世手下，欧洲人宣称他们只有 7 个人生还。

阿尔帕德大公的后裔圣·伊斯特万几经坎坷，于公元 1000 年正式建立了匈牙利王国。

从匈牙利人的早期历史来看，他们和匈奴似乎脱不了干系。5 世纪中叶，正是匈奴由盛转衰，向乌克兰草原撤退的时候。匈牙利人向西进发，所过之处正是匈奴人的领地，双方不可能没有任何关系发生。另外，在匈牙利草原上，还有很多小股的匈奴人没有走，他们选择了留下来的定居生活。19 世纪以前的匈牙利学者，也不否认本民族和匈奴人的联系。19 世纪初，著名学者克勒希·乔莫·山多尔还曾亲自前往中亚寻找本民族的摇篮。

但是，1867 年匈牙利被兼并进奥匈帝国后，情况发生了变化。由奥地利哈布斯堡王朝支持的"芬兰—乌格尔"学派的观点被官方采纳。这一学派依据语言学研究成果认定匈牙利语属芬兰—乌格尔语系，由此认定匈牙利人的祖先同芬兰—乌格尔民族比较亲近，与匈奴人没有关系。但是，处于二等公民地位的匈牙利人并不认可这一观点，因为他们的阿尔帕德大公本人就曾宣称自己是阿提拉的曾孙。在匈牙利民间流传着："阿提拉活了 150 岁，统治了全世界 100 年。如果士兵们在战场上仰望星空，就能看见他和他的儿子们正在为匈牙利的独立同德国侵略者（奥地利人和德意志人同属于日耳曼民族）奋战。"

我国学者何震亚早在 20 世纪 30 年代就曾撰写《匈奴与匈牙利》一文，指出匈牙利人的生活习惯中有很多同匈奴人类似。如朝拜日月、以左为尊、脱帽谢罪，等等。何先生还举了很多语言上的例子。如匈奴称父亲是"阿爸"，匈牙利人称"Apa"；匈奴称母亲是"唉起"，匈牙利语是"Anya"；匈奴称儿子是"格给"，匈牙利人称"Gyerek"；匈奴称伯叔是"霸给"，匈牙利人称"Bacsi"；匈奴叫马是"马瑞"，匈牙利人称"L—O"（同"骡"相近），等等。其他学者也有类似的研究成果。

不过，匈牙利独立后，政府并没有改变奥匈帝国时的观点，现在，官方历史结论依旧认为，匈牙利人的祖先最早来自欧亚大陆交界地带乌拉尔山麓附近的一支游牧民族，他们不是匈奴人，也不是匈奴人的亲戚。可问题是，这支游牧于乌拉尔山麓的民族又是从哪里来的呢？匈牙利"一战"后才获独立，作为欧洲的一个"新"成员，在战后欧洲的三个大国中，他们至少需要融入其中的一方。

驮着战国、秦汉，蹄踏着新莽、西晋两个政权，狂飙卷起欧洲诸多民族大迁徙的硝烟，一代天骄——匈奴，这个曾经无比鼎盛的王朝在公元 500 年前后终于走完其辉煌的历程，像一颗无比耀眼的巨星，陨落在恒久的历史天空。

参考书目

1. 林幹. 匈奴通史 [M]. 北京：人民出版社，1986.

2. 陶克涛. 毡乡春秋·匈奴篇 [M]. 北京：人民出版社，1987.

3. 夏遇南. 罗马帝国 [M]. 西安：三秦出版社，2000.

4. 邵维国，张竹云. 罗马帝国的不速之客 [M]. 长春：长春出版社，1995.

5. 征服和远征. 台北蓝灯文化事业公司编印.

6. 赫·乔·韦尔斯. 世界史纲：生物和人类的简明史 [M]. 吴文藻，等译. 北京：人民出版社，1982.

7. 麦高文. 中亚古国史 [M]. 北京：中华书局，1958.

8. 齐思和，耿淡如，寿纪瑜，编译. 中世纪初期的西欧 [M]. 北京：商务印书馆，1962.

9. 汤普逊. 中世纪经济社会史 [M]. 耿淡如，译. 北京：商务印书馆，1961.

10. 格雷戈里. 法兰克人史 [M].O.M. 道尔顿，英译. 寿纪瑜，戚国淦，译. 北京：商务印书馆，1981.

11. 爱德华·吉本. 罗马帝国衰亡史 [M]. 北京：商务印书馆，

1997.

12. 布鲁斯·林肯. 死亡、战争与献祭［M］. 晏可佳，译. 上海：上海人民出版社，2002.

13. 汉斯－克里斯蒂安·胡夫. 发现米诺斯王国［M］. 北京：中国社会出版社，2000.

14. 温盖尔·马加什，萨博尔奇·奥托. 匈牙利史［M］. 阚思静，龚坤余，李鸿臣，译. 哈尔滨：黑龙江人民出版社，1982.

15. The Cambridge Medieval History（Volume 1），H.M.Gwatkin、J.P. Whitney，Cambridge University Press，1975.